ENSINO JURÍDICO E(M) CRISE

ensaio contra a simplificação do Direito

Lenio Luiz Streck

ENSINO JURÍDICO E(M) CRISE

ensaio contra a simplificação do Direito

SÃO PAULO

2024

CONTRACORRENTE

Alameda Itu, 852 | 1º andar |
CEP 01421 002
www.editoracontracorrente.com.br
contato@editoracontracorrente.com.br

EDITORES
Camila Almeida Janela Valim
Gustavo Marinho de Carvalho
Rafael Valim
Walfrido Warde
Silvio Almeida

EQUIPE EDITORIAL
COORDENAÇÃO DE PROJETO: Erick Facioli
REVISÃO: Douglas Magalhães
PREPARAÇÃO DE TEXTO E REVISÃO TÉCNICA: Amanda Dorth e Beatriz Duarte Lopes
DIAGRAMAÇÃO: Gisely Fernandes
CAPA: Maikon Nery

EQUIPE DE APOIO
Carla Vasconcelos
Regina Gomes
Nathalia Oliveira
Geovanna Sales

Dados Internacionais de Catalogação na Publicação (CIP)
(Câmara Brasileira do Livro, SP, Brasil)

Streck, Lenio Luiz
Ensino jurídico e(m) crise : ensaio contra a simplificação do direito / Lenio Luiz Streck. -- São Paulo : Editora Contracorrente, 2024.

Bibliografia.
ISBN 978-65-5396-194-4

1. Direito - Brasil - Miscelânea 2. Direito - Filosofia 3. Ensaios jurídicos 4. Epistemologia 5. Positivismo jurídico I. Título.

24-207153 CDU-34(04)

Índices para catálogo sistemático:

1. Ensaios jurídicos 34(04)
Aline Graziele Benitez - Bibliotecária - CRB-1/3129

@editoracontracorrente
Editora Contracorrente
@ContraEditora
Editora Contracorrente

Para Rosane, sempre!

Agradecimentos aos integrantes do Dasein – Núcleo de Estudos Hermenêuticos, especialmente Henrique Abel, Bianca Roso, Gilberto Morbach, Francisco Campis, Ziel Ferreira Lopes, Luã Nogueira Jung, Luisa Giuliani, Angela Espíndola, Vinícius Quarelli e demais membros do DASEIN.

SUMÁRIO

PROLEGÔMENOS

AS SUTILEZAS NA EXPLICAÇÃO DA CIÊNCIA E POR QUE NEM TUDO É TÃO EVIDENTE: AS NECESSÁRIAS RETRANCAS EPISTÊMICAS

A alemã Sabine Hossenfelder, pesquisadora do Instituto de Estudos Avançados de Frankfurt, escreveu *A Ciência Tem Todas as Respostas?*,[1] denso livro em que procura explicar de forma didática vários dos temas mais populares da física, como a origem do Universo e as teorias quânticas. "Muitos divulgadores científicos tentam deslumbrar as pessoas, especialmente na cosmologia. Tudo sobre o início do Universo e teorias quânticas é cheio de 'uau!', de grandes mistérios", diz. "Mas acho que as pessoas ficam em parte confusas e em parte decepcionadas quando descobrem que quase tudo isso é bobagem".

E eu quero que as pessoas saibam a verdade, diz. "Quero que saibam o que realmente está acontecendo na física, o quanto

---

1 Cf. HOSSENFELDER, Sabine. *A Ciências tem todas as respostas?* São Paulo: Contexto, 2023.

sabemos e o que é bláblábla". Ou, para usar a formulação chique do seu livro: "Isso não é ciência. É religião mascarada de ciência sob o disfarce da matemática".

Sabine questiona dados da ciência considerados como uma espécie de "mito do dado". Por vezes, o que os pesquisadores estão fazendo quando defendem certas teorias nem pode ser chamado de ciência, pela impossibilidade de as evidências mostrarem se as teorias estão certas ou erradas.

"Mas não é como se tudo fosse bobagem", diz na entrevista ao jornalista Uirá Machado.[2] "Há algumas boas pesquisas em andamento e há grandes questões sobre o quanto realmente podemos descobrir. Deveríamos falar sobre isso de forma honesta, deixando claro o que a ciência pode descobrir e o que não pode".

Ela disse que tem consciência de que suas críticas duras não fazem amigos e, pior, têm sido usadas por inimigos da ciência para reforçar o negacionismo. Como se fosse possível apontar para ela e dizer: "tá vendo, ciência é tudo besteira!"

> Não sei se há algum jeito de consertar isso. Não importa o que você faça, sempre haverá pessoas que tiram conclusões precipitadas e atribuem opiniões a você. O melhor que posso fazer é explicar que há sutilezas.

Pois é a partir do livro de Sabine que, já na introdução, pretendo explicar as razões pelas quais é necessário colocar retrancas epistêmicas quando escrevemos, mormente quando a pretensão é a de criticar todo um "sistema de ensino e a dogmática jurídica que o sustenta".

---

2 FOLHA DE SÃO PAULO. *Big Bang e multiverso são religião, não ciência, diz pesquisadora*. Disponível em: https://www1.folha.uol.com.br/ciencia/2023/10/big-bang-e-multiverso-sao-religiao-nao-ciencia-diz-pesquisadora.shtml. Acessado em: 17.02.2024.

Nestas reflexões busco desmi(s)tificar determinados modos de ensinar, interpretar e aplicar o Direito. Como o livro de Sabine, minhas críticas não querem dizer "tudo o que está aí é bobagem" ou "o que está aí é ruim". Se tivesse que dizer, a cada frase, algo como "aqui ressalvo as boas práticas, os bons livros e os bons autores", não teria sentido escrever.

É claro que tenho consciência de que as críticas podem ser utilizadas por "negacionistas jurídicos", aqueles que dizem "de fato, o Direito não serve para nada, a não ser justificar o poder ou permitir que dele se apoderem", ou coisas assim. É o risco que corro. Não só com este livro, mas com todos os demais.

Parafraseio o que afirmou Sabine ao repórter: não sei se há algum jeito de consertar o ensino jurídico e a dogmática tomados pelo senso comum e pelo criterialismo. Não importa o que você faça – e trabalho nesse tipo de crítica há décadas –, sempre haverá pessoas que tiram conclusões precipitadas e atribuem opiniões a você, como a de que "é contra o Judiciário" (quando meu maior trabalho é buscar a construção de um Judiciário democrático); "é contra a dogmática jurídica" (como se fosse possível substituir a dogmática pela crítica); "ao defender a legalidade, é um positivista" (como se positivismo fosse uma teoria prescritiva); e mais um conjunto de afirmações semelhantes que se fazem a quem critica as afirmações da física ou da matemática.

Ainda com Sabine, afirmo: "o melhor que posso fazer é explicar que há sutilezas". Há complexidades. Muitas. Embora também como ela, tendo a pensar que a doutrina e a jurisprudência continuem a negar a existência dos problemas aqui denunciados. Mas não posso desistir antes de começar.

Quem escreve sempre pode ser descontextualizado. O que se escreve, sempre pode acabar instrumentalizado. Porém, não é por isso que devemos deixar de escrever. Kelsen não teria escrito a Teoria Pura do Direito. Não teríamos uma das maiores obras da história do pensamento jurídico se seu autor não a tivesse escrito por saber que se diria por aí que "o positivismo legitimou o nazismo", ou que Kelsen pregava a "aplicação da letra fria da lei".

Ora, é exatamente porque há o negacionismo que escrevo. Para que, no futuro, haja menos negacionismo. Exatamente para que não se digam bobagens (uso aqui a palavra no sentido de que fala Sabine), como essa sobre o Kelsen. Para ficar só nesse exemplo.

Há sutilezas. Sempre. Entendo bem o que Sabine quer dizer ao escrever o seu livro. E não é porque há quem ignore as sutilezas que elas não devem ser trabalhadas. Pelo contrário. É exatamente por isso. Esse é o paradoxo que não é um paradoxo. Percebem a sutileza?

Por fim, na verdade, por começo, invoco a *caridade epistemológica*, principalmente a partir de Donald Davidson.[3] A caridade epistemológica é algo que rege a interpretação dos outros e impõe ao intérprete uma maximização da verdade ou a racionalidade daquilo que o sujeito diz. Davidson defende a possibilidade de falar em objetividade, uma vez que, se a comunicação entre pessoas ocorre, então é porque uma parte considerável do que partilhamos é comum. A primeira pessoa perde seu privilégio ontológico e epistemológico e passa a ser vista como um polo em relação com o mundo e com as outras pessoas, pois o homem está inserido em um mundo social e natural, interagindo com ele.

Essa é a pretensão com a (e na) presente obra.

---

3 O princípio foi muito bem estudado por Laura Patrício em: ARRUDA, Laura Patricio de. *Interpretação Radical e Princípio de Caridade*: conceitos-chave da filosofia de Donald Davidson. Rio Grande do Sul: PUCRS, 2008. (Dissertação de Mestrado).

CAPÍTULO I

O QUE É ISTO: A CRISE DO ENSINO JURÍDICO? UMA BREVE INTRODUÇÃO

Este livro pretende tratar da crise do ensino jurídico que é, antes de tudo, uma crise do Direito, que, por sua vez, é uma crise de paradigmas, assentada em uma dupla face: uma crise de modelo e uma crise de caráter epistemológico.

Tratarei basicamente (mas não só) do ensino jurídico dos cursos de graduação, base da crise. De todo modo – e a conclusão será do(a) leitor(a) –, a pós-graduação resta espelhada nesse universo e igualmente merecerá análise. Para o "bem e para o mal". Afinal, os professores dos cursos de graduação que possuem formação em Mestrado ou Doutorado estudaram em algum curso de pós-graduação *stricto sensu*. São mais de 150 programas em todo o país. Porém, dada a diversidade desses programas, uma análise exigiria a feitura de outra obra.

Nesse contexto do ensino jurídico dos cursos de graduação, tenho que, de um lado, os lidadores do Direito continuam reféns de uma crise emanada da tradição liberal-individualista-normativista (e iluminista, em alguns aspectos);[4] e, de outro, a crise do paradigma epistemológico da filosofia da consciência, infelizmente desdenhada na expressiva maioria das análises acerca do ensino jurídico, assim como o são as complexidades da Teoria do Direito; até mesmo textos críticos sobre o ensino tratam de forma superficial a temática mais importante do Direito – à problemática do positivismo, dos paradigmas filosóficos e as suas consequências na aplicação do Direito.[5]

Dezenas de textos críticos tratam do tema como se pudesse ser reduzido à contraposição positivismo-jusnaturalismo – o que significa um grave equívoco nas críticas às críticas. Por vezes, a crítica cria mais problemas que soluções. Aliás, interessante notar que há um consenso nos diversos autores que tratam da temática "ensino jurídico e crise": a da falta de "formação crítica". Isso pode

---

4 Eis um bom tema para levar para a sala de aula dos cursos de Direito. A discussão pode começar assim: as palavras e mormente conceitos político-filosóficos são polissêmicos e seu sentido depende do contexto. Quando me refiro a "liberal" aqui, aponto para o formalismo do Direito burguês do século XVIII e XIX, em contraposição aos modelos de Estado Social emergentes principalmente após a segunda metade do século XX. Essa ressalva é importante porque, como sabemos, a ideia de liberalismo político em termos teóricos é representada por autores da relevância de John Rawls e Ronald Dworkin, os quais, em que pesem suas diferenças, conciliam em seus projetos a liberdade as demandas por liberdade *e* igualdade a partir de uma perspectiva teórica intersubjetiva. É claro que, no Brasil, o conceito cotidiano de liberalismo perpetua-se como sinônimo de intervenção estatal mínima, *laissez faire*, com pitadas de golpismo e desinteresse pela institucionalidade do Estado Democrático de Direito. O mesmo cuidado é devido em relação ao conceito de iluminismo. Afinal, em um país onde houve 700 mil mortes em virtude de negacionismo científico, a crítica ao Iluminismo (de matriz empirista e reducionista) não pode desconsiderar a relevância das ciências naturais e da busca por esclarecimento. Nesse sentido, cf. PINKER, Steven. *O novo iluminismo*: em defesa da razão, da ciência e do humanismo. São Paulo: Companhia das Letras, 2018.

5 Desde longa data, tenho denunciado expressamente essa crise de dupla face no ensino jurídico. Ver STRECK, Lenio Luiz. *Hermenêutica Jurídica e(m) crise*. 11ª ed. rev. atual. e ampl. Porto Alegre: Livraria do Advogado, 2014.

ser visto, por exemplo, no importante levantamento feito por Samuel Mendonça e Felipe Adaid.[6] Todavia, é intrigante que, em nenhum dos textos[7] e livros críticos sobre o ensino jurídico, inclusive no artigo denominado "Tendências teóricas sobre o Ensino Jurídico entre 2004 e 2014: busca pela formação crítica", de Mendonça e Adaid, é atacado o problema do realismo jurídico (ao menos o realismo à brasileira), para referir apenas um dos pontos centrais da crise do sistema de justiça, com o empoderamento crescente do Poder Judiciário. Na maior parte dos escritos, o positivismo é visto a partir da velha dicotomia jusnaturalismo-positivismo, como se esse fosse o problema maior do positivismo. Na verdade, o positivismo é visto a partir de um espantalho do que se diz sobre o positivismo.

Uma tese importante sobre ensino jurídico e que retrata a problemática do positivismo é de Élcio Aláudio Silva Morais, intitulada *A educação jurídica positivista e as diretrizes do ensino jurídico: currículo e prática pedagógica no curso de Direito da UFPA no horizonte das competências e habilidades*. Todavia, o realismo (positivismo fático) foi deixado de fora.

Registre-se que no banco de teses e dissertações da Capes, assim como na plataforma Google (investigação sobre artigos científicos), as buscas sobre as temáticas "crise do Direito e ensino jurídico" – e suas variações – e a problemática decorrente da má ou superficial explicação sobre temas centrais como positivismo e

---

6 Cf. MENDONÇA, Samuel; ADAID, Felipe Alves P. "Tendências teóricas sobre o Ensino Jurídico entre 2004 e 2014: busca pela formação crítica". *Revista Direito FGV*, vol. 14, nº 3, set./dez. 2018.

7 Isso se pode notar em "Novo Marxismo e Críticas das Formas Sociais", nos *Anais do IV Seminário Crítica do Direito e Subjetividade Jurídica* (p. 616), em que o positivismo é tratado a partir do conceito clássico que o identifica com direito vindo do Estado e com o exegetismo (textualismo), deixando de lado os demais positivismos e sua característica principal que mina as bases da Constituição: o discricionarismo. Também a jurisprudencialização do Direito (realismo) ficou ausente no debate.

jurisprudencialização (realismo jurídico)[8] mostram que as pesquisas não vêm dando importância a esses pontos, mormente na relação causa e efeito. Desde logo, registro que "jurisprudencialização" é sinônimo de criação judicial do Direito ou "Direito criado pelo Judiciário", não guardando relação com o conceito de "jurisprudencialismo" de que trata Castanheira Neves. No posfácio desta obra, há um Glossário explicativo sobre os temas como realismo, positivismo etc.

Do exame, constata-se que há dissertações que anunciam tratar de (i) ensino jurídico e formação crítica e humanística; (ii) sobre a crítica à desinformação do ensino, mostrando como solução a profissionalização da docência; (iii) outras que buscam a superação da dogmática; (iv) também sobre o ensino como emancipação da cidadania e desafios do ensino na relação com a inteligência artificial. Porém, todas sem aprofundar – algumas nem tocam no assunto – os problemas centrais da dogmática jurídica e do ensino, isto é, o realismo e o positivismo ensinado de forma superficial (problema de Teoria do Direito, Filosofia do Direito), sendo que muitas das dissertações nem mencionam o senso comum teórico dos juristas, por exemplo, tampouco problematizam a realidade de uma sociedade excludente – e o papel do Direito Penal. Igualmente é frágil a produção de dissertações e teses sobre o tema "teoria da decisão" e "subjetividade do julgador", questões que impactam sobremodo a aplicação do Direito.

Por outro lado, existem dissertações que tratam do tema (v) "crise do ensino e colonialismo" e (vi) "a discussão da crise do ensino a partir da literatura", envolvendo o tema positivismo e senso

---

8 Para compreender a complexidade do realismo jurídico, veja-se a tese de doutoramento FERREIRA, Daniel Brantes. *Realismo Jurídico Norte-Americano*: uma contribuição para o ensino jurídico. Rio de Janeiro: PUCRJ, 2011. O trabalho não trata do problema brasileiro e, sim, do caso norte-americano. Também recomendo o verbete "Realismo jurídico" do meu *Dicionário de Hermenêutica*. No decorrer da obra esse tema será recorrente.

comum de Warat. Entretanto, não enfrentam o cerne da crise – que é a jurisprudencialização do Direito (e seus desdobramentos, como o pragmatismo e o ceticismo).

Das teses de doutorado – e me refiro àquelas dos anos 2000 para cá – esperar-se-ia bem mais, mas o panorama se altera muito pouco. Há uma tese que busca apontar as insuficiências do ensino jurídico, aparentando um maior fôlego. Todavia, peca, como a maioria, por não abordar os temas centrais da crise. Nela, a abordagem sobre o positivismo é frágil, restringindo-se à tradicional crítica ao positivismo como letra da lei e formalismo (com o equívoco – que é recorrente na dogmática jurídica e no ensino – de contrapor o "enrijecimento das regras *versus* abertura proporcionada pelos princípios", fragilidade, aliás, que se repete em outras teses). Já sobre pós-positivismo, a mesma tese dedica, em um universo de mais de quinhentas páginas, apenas duas delas a esse tema, além de o fazer a partir de um único trabalho. Kelsen também recebe tratamento insuficiente – se levado em conta o propósito da tese.

Em algumas dissertações e teses sobre o ensino jurídico, Kelsen nem aparece ou, quando é mencionado, só o é de passagem. É recorrente esse problema. Ademais, é muito comum que trabalhos sobre a crise do ensino jurídico não apresentem críticas a um problema que vitamina o ativismo judicial (protagonismo dos juízes), a malsinada "ponderação", que no Brasil representa uma espécie de pedra filosofal pela qual se diz qualquer coisa sobre qualquer coisa nas decisões. O uso descriterioso da ponderação (ver Glossário) é forte incremento da jurisprudencialização – forma de positivismo fático denunciado por autores que vão de Luis Alberto Warat a Matthias Jestaedt e Bernd Rüthers.

Ou, indago,

(a) não importa ao ensino jurídico que os tribunais utilizem, de forma equivocada, um conceito que causa incomensuráveis prejuízos nas diversas áreas de aplicação?

(b) e não tem importância o modo como o ensino jurídico trata do tema do ativismo e da judicialização da política, num país em que o Judiciário determina desde internamentos hospitalares, remédios, regula políticas como a compra de ônibus para crianças, abre vagas em creches, altera currículos escolares, sendo responsável até por implementação de trevos em rodovias e plantação de begônias?

(c) teses e dissertações que fazem críticas ao ensino jurídico – e às suas insuficiências – não deveriam questionar a proliferação da vulgata da teoria alexyana feita por parcela considerável da dogmática jurídica e que, desse modo, é reproduzido nas faculdades, causando o aumento do protagonismo judicial?

De todo modo, o grande ausente nas temáticas nos trabalhos é exatamente o maior problema do Direito, é dizer, o realismo jurídico, que, se não for problematizado nos cursos jurídicos, acaba reforçando o declínio da doutrina.

É intrigante que o ensino jurídico não se dedique a estudar esse fenômeno chamado "realismo jurídico", mormente se pensarmos que fazemos parte do *civil law* e que, paradoxalmente, temos como vetor central o poder legiferante do Judiciário, a ponto de juízes editarem enunciados que possuem, em algumas áreas, força normativa (especialmente nos juizados especiais, local em que a exclusão social é visível, cujas Turmas Recursais possuem poder "quase-plenipotenciário"), em face da radical jurisprudência defensiva que impede recursos ao STJ e STF.

Esclarecendo já desde o início, porque o tema e o conceito aparecerão com muita frequência no decorrer da obra, os realismos norte-americano e escandinavo foram os principais movimentos do realismo jurídico. Fixo-me no realismo norte-americano, cuja máxima historicamente tem sido "*o Direito é aquilo que os tribunais dizem que é*" (essa frase também será recorrente, em face das práticas judiciárias que serão analisadas). O realismo escandinavo tem uma feição (mais) epistemológica, diferentemente do norte-americano e do praticado no Brasil. Essa problemática é explicada no Glossário da presente obra.

Por tais razões, realmente não é de causar espanto que estudiosos como José Luis Martí[9] chegam até mesmo a colocar em dúvida a possibilidade de compatibilização entre o realismo e os ideais políticos democráticos e liberais. Eis um bom tema para seminários na graduação e na pós-graduação.

Martí alerta que o ceticismo realista sobre a intepretação jurídica – ao deslocar toda a aplicação do Direito do plano do conhecimento para o plano da vontade – acaba produzindo *incompatibilidades incontornáveis* com o princípio da separação dos Poderes, com o Estado Democrático de Direito, com a proteção de direitos individuais (cuja preservação passa a depender unicamente da vontade dos magistrados) e com a própria noção elementar de democracia, na medida em que as noções de representação política e de exercício popular do poder pressupõem normas jurídicas anteriores que as fundamentem.

A decorrência lógica da postura cético-realista se materializa, também, no fato de que, se as normas não podem ser conhecidas aprioristicamente, então não faz mais sentido falar em previsibilidade jurídica, segurança jurídica e, ao fim e ao cabo, nem mesmo em leis gerais, abstratas e preexistentes. Até mesmo a coisa julgada, olhada ceticamente, acaba sendo fragilizada.

Tudo isso é facilmente perceptível – embora praticamente ausente das discussões em dissertações e teses. Para além das práticas que evidenciam a tese "ao fim e ao cabo o direito é o que os tribunais dizem que é", juízes e tribunais chegam a utilizar enunciados (que imitam súmulas e teses) feitos em foros externos ao Poder Legislativo.

---

9 Cf. MARTÍ, José Luis. "El realismo jurídico: una amenaza para el liberalismo y la democracia". *Revista Isonomía*, Cidade do México, nº 17, jun. 2002, pp. 259-282.

Constroem as teses e depois eles mesmos as aplicam. Trata-se de um realismo que se retroalimenta constantemente. Inclusive com "insumos" externos ao sistema, como é o caso de enunciados de fóruns estatais e paraestatais.

Importante registrar que, nos casos em que são elaborados por fóruns que tratam de juizados especiais, os enunciados acabam por ter validade superior às leis e aos Códigos, pela impossibilidade de se recorrer ao Superior Tribunal de Justiça contra violação de lei. Isto é: o fórum elabora um enunciado *contra legem* e, na medida em que se torna impossível recorrer da decisão que aplica o enunciado, tem-se que um enunciado editado pelo Fórum Nacional de Juizados Criminais – FONACRIM (para falar apenas deste, porque há vários fóruns desse jaez) tem valor superior à legislação.

Esse assunto parece não ser problematizado em salas de aula de graduação e da pós-graduação. De que modo um enunciado elaborado em um Fórum de Magistrados (ou de Advogados) pode substituir um texto legislativo? Ou alterar um texto produzido legitimamente pelo Legislativo? Ao que se conhece, não há qualquer dissertação ou tese sobre esse tema.

Outro grande ausente nas temáticas de salas de aula, inclusive na pós-graduação, é a discussão acerca do papel dos Tribunais Superiores na edição de teses e precedentes, cujos enunciados (ou verbetes), na prática, funcionam como "leis gerais e abstratas" (e por isso mesmo não podem ser nominadas como precedentes se entendermos corretamente o conceito do instituto surgido no *common law*) para resolver casos no futuro (nesse sentido, é indispensável a leitura do verbete "Precedentes" no Glossário).

Ora, o ensino jurídico é um *locus* privilegiado para discutir e refletir acerca das práticas que levam à crise da própria operacionalidade. Não se encontram, na expressiva maioria das dissertações e teses (e artigos ou livros), críticas e/ou reflexões mais aprofundadas acerca do papel de mero coadjuvante da doutrina jurídica, transformada em "glosadora"[10] das decisões tribunalícias. Em vez de "doutrinar", a doutrina é "doutrinada". E nem na pós-graduação isso é levado em conta (suficientemente), fazendo com que dia a dia se fortaleça o realismo jurídico. E se forma um círculo vicioso.

O ponto fulcral é que teses, dissertações, estudos, pesquisas que pretendem tratar da crise do ensino jurídico não enfrentam, com rigor conceitual, o problema do realismo jurídico e o liguem ao problema da discricionariedade (ou arbitrariedade) – para falar apenas desses dois pilares do próprio conhecimento jurídico. Com essas omissões, acabam sendo exemplo arquetípico da própria crise.

O problema de uma concepção que diz que "Direito é aquilo que os tribunais dizem que é" (ou que aceita isso, ou não enfrenta esse problema) é parte fundamental da crise do ensino. O diagnóstico nem começa quando se quer fazê-lo sem considerar o problema do realismo. E, conforme explico amiúde no *Dicionário de Hermenêutica* e no *Dicionário Senso Incomum*, o realismo à brasileira (que denomino de realismo retrô) tem especificidades que o tornam uma simples teoria política de poder, porque sequer é uma Teoria do Direito.

Um adendo: não estou falando dessa ou daquela tese ou dissertação, desse ou daquele estudo, desse ou daquele autor, desse ou daquele orientador. Refiro-me ao fenômeno "ensino".[11] Trato

---

10 Aqui a palavra é utilizada de forma a mostrar a forma passiva com que se comportam os lidadores do Direito diante do Direito produzido pelo Judiciário no Brasil. Isso reduz a doutrina a um plano secundário. A título de elucidação histórica, a escola dos Glosadores na Itália inicia a ciência do Direito. Faziam comentários curtos, à margem dos textos sobre as normas de Direito, a fim de elucidar o significado das palavras presentes em textos de lei e outras fontes. Nesse sentido, conferir CAMARGO MASSAÚ, G. "A Fé e o Direito: a Escola dos Glosadores (o início da ciência do Direito)". *Razão e Fé*, vol. 8, nº 2, 2019, pp. 49-80.

11 Desnecessário referir o reconhecimento dos esforços até hoje feitos sobre o tema "ensino jurídico". Não é objetivo desta obra fazer uma

de um Direito que ainda não enraizou uma boa compreensão dos conceitos como:

(i) Positivismo e sua enorme complexidade;

(ii) Pós-positivismo e o perigo de suas vulgatas;

(iii) Metodologia Jurídica (sem problematizar o conceito);

(iv) Jusnaturalismo (simplificado como contraponto do Positivismo);

(v) Ponderação (transformada em uma autorização para subjetivismos);

(vi) Teoria da argumentação (estudada como simples vetor de racionalidade justificatório);

(vii) Neoconstitucionalismo e suas vulgatas;

(viii) Ativismo e Judicialização (cujos conceitos continuam misturados e bem mal misturados);

(ix) Conceito de epistemologia, que é simplificado ao ser confundido com a análise do objeto;

---

reconstrução histórica das pesquisas (críticas) sobre o tema. Não se desconhecem as obras de Horário Wanderley Rodrigues, Carlos Alberto Bittar, Edmundo Arruda Jr, Aurélio Vander Bastos, Roberto Lyra Filho, José Eduardo Faria e Tercio Sampaio Ferraz Jr., referidos em MENDONÇA, Samuel; ADAID, Felipe Alves P. "Tendências teóricas sobre o Ensino Jurídico entre 2004 e 2014: busca pela formação crítica". *Revista Direito FGV*, vol. 14, nº 3, set./dez. 2018, sendo alguns também citados na presente obra. Registre-se que Luis Alberto Warat fundou, nos anos 1970 do século passado, a *ALMED – Associação Latino-americana de Metodologia e Ensino do Direito*, que foi provavelmente o projeto mais consistente em termos de crítica à dogmática e ao ensino jurídico. A UFSC se tornou um centro de pesquisa modelo para o Brasil, de onde se sobressaíram pesquisadores como Leonel Severo Rocha, hoje na Unisinos, notável crítico do funcionamento da dogmática jurídica.

(x) A problematização da dogmática jurídica, que vem substituindo o próprio direito, assumindo uma perigosa autonomia;

(xi) Além da ausência de uma discussão acerca dos Paradigmas Filosóficos que sustentam o Direito, o que inclui a discussão do Direito no contexto de uma sociedade díspar como a brasileira, com o passado escravista e os obstáculos epistemológicos que dificultam até mesmo a análise da estrutura jurídica no interior da história do país;

(xii) Por último, as preocupações principais em e de cada disciplina, como, por exemplo – e cito somente pontos mínimos –, (i) o papel do sistema acusatório no processo penal; (ii) a seletividade do Direito Penal; (iii) o papel dos tribunais, do processo e a "cultura dos precedentes"; (iv) o pamprincipiologismo, utilizado para vitaminar o protagonismo judicial principalmente no âmbito do Direito Civil, em que regras são derrotadas por princípios sem normatividade; (v) o Direito Tributário e a função da advocacia pública (o recebimento de honorários de sucumbência cria uma nova espécie de relação "contribuinte como inimigo do Estado"? Do mesmo modo, o recebimento de bônus por parte de servidores da Receita Federal estabelece que tipo de relação Estado-cidadão-contribuinte?); (vi) a jurisprudencialização crescente do Direito Administrativo e a fragmentação de diversos ordenamentos (União, estados e municípios); (vii) a judicialização crescente das demandas contra o INSS que transforma o órgão no maior litigante do Poder Judiciário: qual é o papel da Administração Pública?; (ix) os juizados especiais transformados em órgão quase-plenipotenciários; (x) a aplicação do Direito a partir do incremento, no Poder Judiciário, do uso de robôs e seu impacto na efetividade qualitativa das decisões; (xi) o crescimento descontrolado da jurisprudência defensiva sem a contrapartida do controle das decisões de primeiro e segundo graus, o que se pode constatar pelo descumprimento dos dispositivos do artigo 489, parágrafo primeiro, do CPC (espelhado no artigo 315, do CPP), em sua imbricação com o artigo 1022 do CPC, que trata dos embargos de declaração; (xii) a "naturalização" do papel legiferante da Justiça do Trabalho, por meio de OJs e súmulas – todas questões oriundas dos diversos ramos do Direito que impactam diretamente a cidadania e que deve(ria)m ser analisadas, já nas salas de aula da graduação e em dissertações e teses na pós-graduação, sob a perspectiva da construção de uma República, exigência constitucional do artigo 3º, pelo qual o Brasil é uma República que visa a erradicar a pobreza, fazer justiça social etc.

São esses alguns dos pontos delicados que devem estar no centro das pesquisas e ensinamentos. Todavia, o atual estado da arte do ensino e da operacionalidade do Direito não parecem trazer motivos para otimismos.

Não deve(ria) ser assim. Porque o resultado está aí: mixagens teóricas, importações pela metade, diversas leituras inadequadas sobre os autores mais fundamentais que, em última análise, formam aquilo que já se escreveu sobre o Direito. O que é isto – o Direito? Essa é a primeira questão. Sem ela, não se responde a nada.

Como resultado dessa(s) crise(s), tem-se um Direito alienado da sociedade, questão que assume foros de dramaticidade se compararmos o texto da Constituição com as promessas da modernidade incumpridas. O papel da jurisdição constitucional em um país periférico e os limites desse poder deveriam ser alvo de seminários cotidianos[12] na graduação e na pós-graduação, além da discussão acerca da eficácia dos direitos fundamentais em um país periférico.

---

12 Nesse sentido, a bibliografia é farta. Entre tantas outras obras importantes, cf. (i) ABBOUD, Georges. *Processo constitucional brasileiro*. 4ª ed. São Paulo: Thomson Reuters Brasil, 2020; (ii) STRECK, Lenio Luiz. *30 anos da CF em 30 julgamentos*: uma radiografia do STF. Rio de Janeiro: Forense, 2018; (iii) CANOTILHO, José Joaquim Gomes *et al*. *Comentários à Constituição do Brasil*. 2ª ed. São Paulo: Saraiva Educação, 2018; (iv) DE OLIVEIRA, Marcelo Andrade Cattoni. *Teoria da Constituição*. Belo Horizonte: Conhecimento Livraria e Distribuidora, 2023; e (v) SARLET, Ingo Wolfgang. *A eficácia dos direitos fundamentais*. 7ª ed. Porto Alegre: Livraria do Advogado, 2007.

CAPÍTULO II

HÁ ALGO DE NOVO NO *FRONT* DO ENSINO JURÍDICO?

Na tentativa de superação da crise que vem se propagando no tempo, pouco se viu de novo desde a década de 1990. Nem mesmo medidas reformistas. O que se viu foram alterações pontuais que, no entanto, não atingiram o ensino jurídico.[13]

E o ensino se fragiliza cada vez mais. Dados do Ministério da Educação (MEC) mostram que cerca de um terço dos cursos de Direito de instituições privadas "reprovaram" no Conceito Enade, que avalia o desempenho dos estudantes por meio do Exame Nacional de Desempenho de Estudantes (Enade). Observe-se que, isolado, falar sobre o "Enade" pouco representa. Afinal, trata-se de um exame superficial que segue o modelo objetivo praticado nas primeiras fases de concursos públicos e da própria prova da OAB.

---

13 Por meio do Ofício n. 01/2023, de 13 de dezembro de 2023, o MEC – Ministério da Educação instituiu uma Comissão Especial para Revisão das Diretrizes Curriculares Nacionais do Curso de Graduação em Direito, presidida pelo Corregedor do CNJ – Conselho Nacional de Justiça. Estranhamente, a composição da Comissão não incluiu membros ligados diretamente às pesquisas e estudos sobre a crise do ensino jurídico.

De todo modo, ele revela que 32,7% desses cursos (privados) obtiveram os conceitos 1 e 2, os mais baixos da avaliação que varia de 1 a 5. O percentual de cursos em universidades públicas que obtiveram conceitos mais baixos é bem menor: 8,6%. Metade dos cursos privados de Direito obteve a nota 3, e 15,2% deles, o conceito 4. Os dados mostram que o sinal de alerta para alguns cursos já está vermelho e que é preciso corrigir isso. No ano de 2022, os números diziam que havia 671,7 mil alunos cursando Direito. O estado do Rio Grande do Sul é o quinto estado em graduações na área, com 91 cursos. O MEC discute se autorizará cursos de Direito na modalidade a distância. Dos mais de 600 mil estudantes, 105.267 participaram da prova. São os concluintes. O que quer dizer que mais de 100 mil novos bacharéis entrarão no mercado em breve.

Hoje já existem mais de um milhão e quinhentos mil advogados. Sem contar os bacharéis que não passam no Exame da OAB. A prova do Enade é composta por 40 questões, das quais 10 são relacionadas à formação geral e 30 à formação específica. Dessas, 5 questões são discursivas e 35 são de múltipla escolha.

Na medida em que este país é o paraíso das resoluções e portarias (há um incrível número de órgãos com poder normativo), tem-se a Resolução n. 9, promulgada em 2004, estabelecendo as Diretrizes Curriculares Nacionais do curso de graduação em Direito, que pretendeu alargar o ensino para outros campos. Também o Poder Judiciário, anos depois, expediu resoluções buscando introduzir disciplinas de humanismo nos concursos públicos. Contudo, não houve avanços perceptíveis nem no ensino do Direito, nem nos concursos públicos. Mudou-se para que tudo continuasse como estava.

É bem verdade que os anos 1990 foram movimentados e bastante legiferativos. Movidos pelas diretrizes do Documento Técnico 319, do Banco Mundial (1996),[14] que culminou com o "I Pacto de Estado em favor de um Judiciário mais rápido e republicano" e este

---

14 DAKOLIAS, Maria. "O Setor Judiciário na América Latina e no Caribe: elementos para reforma". *Documento técnico*, vol. 319, 1996.

com a Emenda Constitucional n. 45/2004, os três Poderes (Executivo, Legislativo e Judiciário) intencionaram dar o tom às prioridades, bem como dar direção à onda reformistas já iniciada. O cenário, contudo, era o das políticas neoliberais.

Cinco anos depois, o "II Pacto Republicano de Estado por um sistema de justiça mais acessível, ágil e efetivo", que construiu o caminho para o Código de Processo Civil de 2015, não encontrou cenário muito distinto.

Nesse contexto reformista, o ensino jurídico não teve melhor sorte. A Portaria 1886/1994 surgiu com a intenção de romper com o ensino dogmático e acrítico. As Diretrizes Curriculares Nacionais dos cursos de graduação em Direito (Parecer CES/CNE 0146/2002) trouxeram "parâmetros" para a expansão e a qualidade dos cursos de Direito no Brasil. Desde então, outros marcos regulatórios emergiram, e as novas DCNs, sendo a mais recente o Parecer CNE/CES n. 5/2018, com alterações em 2021, mantêm inalterada a crise de dupla face do ensino jurídico no Brasil.

O movimento do acesso à justiça dos anos 1980, recepcionado pelas políticas neoliberais dos anos 1990 no Brasil, trouxe como sintoma a hipertrofia do Poder Judiciário e, com ele, o ativismo judicial (ver verbete respectivo no Glossário) nos tribunais e o realismo jurídico nas universidades. As ondas reformistas no Judiciário ou nas universidades não tiveram o condão – ou não foram suficientes – para atacar pela raiz os problemas paradigmáticos. O resultado foi o aprofundamento de uma crise que, desde então, se protrai no tempo. E, num contexto de virada tecnológica, intensifica-se ainda mais, provocando recuos nos poucos avanços que conseguimos identificar.

As consequências podem ser facilmente constatadas, quando, por exemplo, por ocasião dos debates sobre a garantia da presunção de inocência, nos anos 2016-2019, no Supremo Tribunal, discutia-se a decisão da Corte que negava a dicção clara do Código de Processo Penal e da Constituição (ADCs 32, 44 e 54), 63% dos advogados se mostrava contra a garantia.

Em termos formais, efetivamente houve um pacto de Estado, firmado entre os Poderes Executivo, Legislativo e Judiciário, com a pretensão de que o sistema de justiça fosse mais rápido e republicano (por exemplo, com a instituição de subsídios, cujo avanço, porém, foi superado com o tempo pela sucessão de vantagens extra teto, mormente nos tribunais dos estados).

A Reforma ocorrida em 2004, na realidade, empoderou sobremodo o Judiciário e o Ministério Público, com a criação das súmulas vinculantes e, mais tarde, já em 2015, o "sistema de precedentes" com a aprovação do Código de Processo Civil, transformando o Judiciário em um superpoder legiferante. Surgiram, por conta de uma parte da doutrina, as "Cortes de Precedentes". A cada decisão, os Tribunais Superiores constroem teses, modo eufemista de denominar regras gerais e abstratas para o futuro, usurpando o poder de legislar.

O contexto da Reforma de 2004 foi terreno fértil para a constituição da Comissão de Juristas para a Reforma do Código de Processo Penal e da Comissão de Juristas para a Reforma do Código de Processo Civil, a primeira formada em 2000, a segunda, em 2009.

Lamentavelmente as reformas operadas nas últimas três décadas não passaram de "gatopardismos", para lembrar a máxima de Lampeduza "*há que mudar para que tudo continue como está*". Algo como alterar textos sem mexer na estrutura do pensamento. A justificativa está em uma espécie de cegueira deliberada produzida não só pela força do paradigma dominante, mas sobretudo pelo excesso dele na construção da dogmática jurídica e na consolidação do senso comum teórico do jurista.

Registre-se que dispositivos como os dos artigos 371, 489, 926 e 927,[15] colocados pelo legislador no Código de Processo Ci-

---

15 Registre-se que esses dispositivos foram introduzidos na fase final do Código, depois de muitas críticas ao modelo original, cujo formato aproximava nosso Direito do *common law*. De todo modo, os resultados práticos são muito insuficientes, em face de uma espécie de *backlash* hermenêutico feita pelo Poder Judiciário, que pouca importância vem

vil com o intuito de limitar o poder interpretativo e de introduzir efetivamente o poder de fundamentar (previsto na Constituição no art. 93, IX), foram, aos poucos, desconsiderados e/ou redefinidos, a ponto de o STJ estabelecer, *contra legem*, uma dicotomia entre precedentes qualificados e precedentes persuasivos. Aqui está um problema ausente nas discussões sobre a dogmática jurídica: o seu criterialismo, pelo qual os conceitos substituem o próprio Direito.

Sem reformas estruturais, o ensino jurídico ministrado nas Faculdades de Direito está em franca decadência, com a proliferação de baixa literatura, como livros explicitamente "desenhados", "resumidos", "sinopses", "esquemas", enfim, uma cultura *prêt-à-porter* destinada a concursos públicos e exame da Ordem dos Advogados. Ao lado, uma indústria crescente de cursinhos de preparação para concursos públicos, fortalecida nas últimas duas décadas. A produção de apostilas, manuais e compêndios é o sustentáculo dessa reprodução estandardizada do Direito. Para esse tipo de produção "literária" (e em sala de aula), o Direito não passa de uma mera racionalidade instrumental. Uma espécie de ferramenta. Há visivelmente uma lenta simbiose entre o ensino nos cursos jurídicos e o conteúdo de cursinhos de preparação para o exame da OAB e dos exames para concursos públicos em carreiras jurídicas e outros cargos da Administração Pública.

Em termos teoréticos, a discussão acerca do ensino jurídico deveria ser feita no contexto das duas grandes revoluções copernicanas que atravessaram o Direito e a filosofia no século XX: o constitucionalismo (afinal, nossa área é do Direito) e o giro linguístico-hermenêutico. Além disso, deveria ser discutido o sentido atual da dogmática jurídica (sugiro a leitura do Glossário, em que desenvolvo o conceito de dogmática jurídica).[16] Isto para iniciar a discussão.

---

dando aos artigos 371, 926 e 489. E, é claro, as salas de aula dos cursos jurídicos espelham esse abandono dos aludidos dispositivos.

16 Sobre a desnaturação da dogmática, Otávio Luiz Rodrigues Jr. tem sido um crítico incansável, buscando recuperar a sua dignidade

Denuncio, há décadas, que a dogmática jurídica continua refratária a essa ruptura paradigmática, reproduzindo ainda um ensino jurídico estandardizado. O que é isto – a dogmática? Provavelmente poucos docentes saberão explicar.

Por isso, é necessário construir as condições para a formatação de um discurso apto a superar as insuficiências teóricas do ensino, obnubiladas pelo senso comum teórico dos juristas. Aqui deve entrar o papel da epistemologia, conceito tornado banal nos últimos tempos no âmbito da dogmática jurídica, como explicitado no Glossário deste livro. O enunciado chave continua sendo: senso comum teórico dos juristas. Enfim, esses são alguns elementos dessa(s) crise(s) que apresento à comunidade jurídica.

Qual é o ponto, aqui? Investir e insistir na criação das condições de possibilidade para que não dependamos, em última instância

---

epistemológica. Em texto escrito com William Galle Dietrich, bem a propósito intitulado "Dogmática e Dogmatismo", os autores lembram que "seria injusto não mencionar os doutrinadores nacionais que, já há algum tempo, denunciam a desnaturação da dogmática", mencionando STRECK, Lenio Luiz. *O que é isto*: decido conforme minha consciência? 2ª ed. rev. e ampl. Porto Alegre: Livraria do Advogado, 2010; RODRIGUES JUNIOR, Otavio Luiz. "Dogmática e crítica da jurisprudência (ou da vocação da doutrina em nosso tempo)". *Revista dos Tribunais*, vol. 891, out. 2010; MARTINS-COSTA, Judith. *Modelos de direito privado*. São Paulo: Marcial Pons, 2014 (o capítulo "Autoridade e utilidade da doutrina: a construção dos modelos doutrinários"); REIS, Thiago. "Dogmática e incerteza normativa: crítica ao substancialismo jurídico do Direito Civil Constitucional". *Revista de Direito Civil Contemporâneo*, vol. 11, abr./jun. 2017, pp. 213-238; LEONARDO, Rodrigo Xavier. "O pensamento tipológico no Direito Civil e os tipos contratuais gerais". *Revista de Direito Civil Contemporâneo*, vol. 16, jul./set. 2018, pp. 121-135; CAMPOS, Ricardo Resende. "A fórmula Barroso e as frágeis fundações do (neo)constitucionalismo". *Revista de Direito Civil Contemporâneo*, vol. 6, nº 20, jul./set. 2019, pp. 367-382. Embora não possua esse enfoque crítico, não pode deixar de ser mencionada a obra fundamental: FERRAZ JUNIOR, Tercio Sampaio. *Função social da dogmática jurídica*. 2ª ed. São Paulo: Atlas, 2015.

(perdoem o trocadilho), nem da opinião pessoal do juiz, nem do professor em sala de aula.

A raiz de nossos problemas é o nosso ensino jurídico. Como é possível que as faculdades de Direito formem tanta gente que "não gosta do Direito"? Ora, a resposta parece ser simples: porque se ensina o Direito como se este fosse mera técnica. Instrumento. Um jogo político. Ferramenta. Falo mais sobre isso no capítulo em que brinco, alegoricamente, com os modelos de professor.

De todo modo, a questão é a mesma: a quem interessa um ensino jurídico que já parte da premissa de que Direito é aquilo que o tribunal diz que é e "é assim porque é assim"? Ou a quem interessa um ensino jurídico que apresenta, como "novidade", a dicotomia "formalismo-textualismo-positivismo" *versus* "jusnaturalismo"? Ou formalismo *versus* voluntarismo? A quem interessa um ensino que naturaliza um conceito equivocado como "ponderação" sem qualquer metodologia? Bem, não pode ser assim. E aqui novamente invoco a retranca epistêmica feita no início destas reflexões, a partir do livro de Sabine Hossenfelder, *A Ciência Tem Todas as Respostas?*

Ao trabalho, pois. Não sem dizer, antes de iniciar, que, fazendo o recorte de minha discussão neste livro, não me ocuparei propriamente dos aspectos institucionais do ensino superior no país, envolvendo suas políticas e gestão educacional. Todavia, darei pinceladas.

Também não focarei as discussões em teoria da educação e todos os meandros de sua "pedagogização" para a sala de aula. Reconheço que ambos os aspectos da questão são importantes e podem aparecer aqui, de passagem, em alguns momentos.

Contudo, o meu foco é o de um jurista preocupado com os aspectos paradigmáticos do conhecimento de minha área e com a maneira como eles são negligenciados em seu ensino.

Meu ponto central serão as deficiências formativas dos professores sobre as teorias do Direito, que explicam o fenômeno jurídico e lhe dão sentido. Minha hipótese, construída ao longo de anos de ensino e de contato com professores de Direito, é de que a defasagem nesses temas de base impacta todo o resto do curso, levando à reprodução dos piores vícios de um dogmatismo elitista e autoritário pelos estudantes. Tal problema de base interfere circularmente nos aspectos institucionais e pedagógicos do ensino jurídico.

Meu lugar de fala teórico é a tradição hermenêutica da filosofia, que marca minha maneira de entender tanto o Direito como a Educação, como áreas do conhecimento constituídas por um regime verdadeiramente interpretativo, intersubjetivo e condicionado pela historicidade (mas por ela não determinado).

Deixo claro que, para concordar com a maioria das reflexões que proponho, o leitor não precisa partilhar das mesmas referências teóricas, bastando acompanhar o senso de rigor epistemológico com que o Direito deve ser tratado.

Isso implica recusar o "complexo de vira-latas" que acomete vários juristas, os quais consideram o Direito como sendo uma área meramente retórica (no pior sentido da palavra), em que não haveria qualquer exigência de cientificidade na formação dos estudantes. Em tempos de neoempirismo radical e de recusa do valor das Ciências Humanas e das Ciências Sociais, nosso dever é entender a natureza do empreendimento intelectual do qual fazemos parte e ressignificar a importância do ensino crítico.

CAPÍTULO III

A CRISE DE PARADIGMAS E O SENSO COMUM TEÓRICO DOS JURISTAS COMO HORIZONTE DE SENTIDO DA DOGMÁTICA JURÍDICA

No plano do imaginário dos juristas, há uma (dupla) crise de paradigmas que se sustenta em um emaranhado de crenças, fetiches, valores e justificativas por meio de disciplinas específicas – o que é denominado por Luis Alberto Warat de "senso comum teórico dos juristas" – e legitimadas mediante discursos produzidos pelos órgãos institucionais como os parlamentos, os tribunais, as escolas de Direito, as associações profissionais e a Administração Pública. E, é claro, pelos cursinhos de preparação para concursos, que se tornaram, nas últimas décadas, importantes vetores de capilarização dos velhos vícios da dogmática tradicional, cujo conceito está delineado no Glossário ao final da presente obra. Incluem-se aqui também os *influencers* digitais que pretendem "ensinar" "o Direito".

É espantoso o crescimento do imaginário "*coach*" e de "*marketing* jurídico". Na Conferência Nacional da OAB realizada em Belo Horizonte, em 2023, os painéis mais concorridos foram os que trataram dessas "inovações". Às centenas os advogados corriam para esses painéis, deixando de lado os tradicionais sobre Direito Constitucional, por exemplo.

O conceito de senso comum teórico dos juristas traduz um complexo de saberes acumulados, apresentados pelas práticas jurídicas institucionais, expressando, destarte, um conjunto de representações funcionais provenientes de conhecimentos morais, teológicos, metafísicos, estéticos, políticos, tecnológicos, científicos, epistemológicos, profissionais e familiares, que os juristas aceitam em suas atividades por intermédio da dogmática jurídica. Um fenômeno que bem representa esse conjunto de elementos é aquilo que Dworkin denomina de "criterialismo", sobre o qual falarei mais à frente.

O senso comum teórico "coisifica" o mundo e compensa as lacunas da ciência jurídica. Interioriza – ideologicamente – convenções linguísticas acerca do Direito e da sociedade. Trata-se de um "subproduto" do senso comum como contraponto do discurso científico. O senso comum é tudo aquilo que nos parece evidente, o que sempre foi e o que é "a olhos vistos". É aquilo que é tornado tal por uma aceitação passiva e irrefletida.

Parafraseando um escritor do século XVII (Manzoni), aquilo que é, aquilo que existe mesmo, fica escondido por medo do senso comum. Kant dizia que "apelar ao senso comum é um dos mais sutis achados do nosso tempo, que permite o mais insipido tagarela querer medir-se com o engenho mais profundo". O senso comum serve para a experiência como o cinzel para entalhar a madeira, mas, assim como, para uma incisão, se requer o buril, para a especulação, se necessita da razão crítica.[17]

A dogmática jurídica, nos moldes como hoje se encontra, está indissociavelmente entrelaçada com o senso comum teórico

---

17 Cf. PAREYSON, Luigi. *Verdade e interpretação*. São Paulo: Martins Fontes, 2005, pp. 252 e ss.

dos juristas. O império da simplificação fagocita, de algum modo, o que resta de sofisticação daquilo que se convencionou denominar de dogmática jurídica.

Difusamente, o senso comum teórico é o conhecimento que se encontra na base de todos os discursos do Direito e sobre o Direito. O senso comum teórico institui uma espécie de *habitus* (Bourdieu), ou seja, predisposições compartilhadas, no âmbito do imaginário dos juristas. Isso porque, segundo Bourdieu, há, na verdade, um conjunto de crenças e práticas que, mascaradas e ocultadas pela *communis opinio doctorum*, propiciam que os juristas conheçam de modo confortável e acrítico o significado das palavras, das categorias e das próprias atividades jurídicas, o que faz do exercício do operador jurídico um mero *habitus*, ou seja, um modo rotinizado, banalizado e trivializado de compreender, julgar e agir com relação aos problemas jurídicos, e converte o seu saber profissional em uma espécie de "capital simbólico", isto é, numa riqueza reprodutiva a partir de uma intrincada combinatória entre conhecimento, prestígio, reputação, autoridade e graus acadêmicos.

Quatro são as funções do senso comum teórico dos juristas especificadas por Warat.

(i) A primeira é a função normativa, por intermédio da qual os juristas atribuem significação aos textos legais, estabelecem critérios redefinitórios e disciplinam a ação institucional dos próprios juristas.

(ii) A segunda função é ideológica, uma vez que o senso comum teórico cumpre importante tarefa de socialização, homogeneizando valores sociais e jurídicos, silenciando o papel social e histórico do Direito, projetando e legitimando axiologicamente os deveres jurídicos.

(iii) Num terceiro momento, o senso comum teórico cumpre uma função retórica, que complementa a função ideológica, pois sua missão é efetivá-la. Nesse caso, o senso comum teórico opera como condição retórica de sentido, proporcionando um complexo de argumentos (lugares ideológico-teóricos para o raciocínio jurídico).

(iv) Por último, em quarto lugar, o senso comum teórico cumpre uma função política, como derivada das demais. Essa função se expressa pela tendência do saber acumulado em reassegurar as relações de poder. Por isso, é fácil perceber como o conhecimento jurídico acumulado consegue apresentar os dispositivos do poder – plurais, dispersos e dependentes de tendências – como um conjunto unívoco e bem ordenado aos fins propostos.

A partir de tais premissas, é possível afirmar que a realidade do cotidiano dos lidadores do Direito – a sua relação com a lei (texto normativo) –, por si só, não é significativa. Porém, ela se apresenta dessa maneira graças ao senso comum teórico no ato de conhecer.

Pode-se afirmar que o criterialismo – e essa é uma discussão nova que proponho à comunidade jurídica brasileira – substituiu o próprio Direito (ver Glossário).

Eis o ponto. Por isso é possível afirmar que a dogmática se transformou em um "lugar plenipotenciário do Direito", produtora e produto ao mesmo tempo. A dogmática se assume paradoxal, porque é um discurso de poder sobre o qual não se pode especificar o ponto de partida – porque é, ao mesmo tempo, o ponto de chegada.

E o que sustenta esse discurso é o criterialismo. Afirmativamente, a dogmática jurídica praticada no Brasil é criterialista. Um exemplo ajuda a entender o conceito. O que é flagrante delito em 2021? É o mesmo que se entendia por flagrante em, digamos, 1964? O criterialismo é um produto do positivismo, que trata todos os conceitos jurídicos *como se fossem criteriais*, isto é, como se tivessem seus significados previamente fixados por critérios de *convenção semântica*.

Inclusive a autodenominada crítica jurídica anda em círculos e, nos momentos de "teses limites", não se entende. Por exemplo, no caso do ex-deputado Daniel Silveira, preso em flagrante por ordem de Ministro do Supremo Tribunal Federal, setores da dogmática jurídica criticaram a decisão lançando mão do conceito criterial (o criterialismo será tema recorrente ao longo desta obra) de "prisão em flagrante" e deixaram de lado a temporalidade. Para essa parcela da dogmática, só é "flagrante" aquilo que preenche o *criterialismo* que o próprio agente que fala estabelece antes como "flagrante". Cria-se o conceito antes das coisas.

A dogmática jurídica é pródiga em conceitos criteriais, muito utilizados em salas de aula e na própria doutrina (e na jurisprudência, sobremodo). Uma adequada Teoria do Direito dirá que os conceitos (gerais) não são meramente criteriais. Porém, a dogmática jurídica opera desse modo. Discutir se o Palácio de Versalhes é ou não uma casa (moradia), por exemplo, é uma abstração que trata os conceitos como se fossem meramente criteriais, como se fossem tipos naturais. Criterialisticamente, é possível demonstrar que o Palácio de Versalhes é uma casa. Funciona assim: temos *x* e *y*, então temos o conceito; se não temos *x* e *y*, não estamos diante do conceito. Isso é ser vítima do aguilhão semântico porque os conceitos em Direito são interpretativos. O Direito é uma prática que deve ser lida em coerência e integridade, situada no tempo, na historicidade e facticidade, com respeito à singularidade de cada caso, em que o fato importa.[18]

Dworkin critica veementemente o *semantic sting* (aguilhão semântico). Dessa maneira é que a dogmática jurídica trata um fenômeno interpretativo: como se fosse criterial. Isso é convencionalismo *hardcore*, diria Dworkin. Respostas antes das perguntas. Qual é a juridicidade da classificação de precedentes na categoria de "qualificados" e de "persuasivos", se não há qualquer elemento objetivo no Código que permita essa distinção? Trata-se de uma convenção feita no plano da dogmática jurídica. Não é necessário ser adepto ou concordar com a doutrina de Dworkin. Basta que se

---

18 Veja-se que, nas salas de aula, em cursos de Direito e mesmo em programas de pós-graduação em Direito, ainda se ensina que é possível pesquisar dedutiva ou indutivamente, desconsiderando por completo todo avanço científico. É o criterialismo aplicado à produção do conhecimento jurídico também nas pesquisas.

examine a dogmática jurídica e seu modo de tratar o Direito para compreender o acerto de Dworkin ao denunciar o criterialismo.

Fazendo uma caricatura, os personagens Caio, Tício e Mévio são os pais do criterialismo.[19] Ou os seus filhos ou netos diletos. Por isso, para explicar o significado de erro de tipo do Código Penal, há livros que utilizam exemplo como o do sujeito que, em uma caçada, atira em algo que julga ser um cervo, porque viu, através da folhagem, uma galhada. Na verdade, era uma pessoa que vestiu uma fantasia de cervo... Há, nisso, uma espécie de fábrica de "próteses de pensamento". Uma produção ficcional-conceitual, imitando de certo modo aquilo que é acidamente criticado na obra *Paraízo dos Conceitos*, de Jhering. Essa problemática analiso em meu *Hermenêutica Jurídica e(m) Crise*. A dogmática jurídica parte do exemplo para entender o significado de um dispositivo. E o exemplo pode se tornar mais significativo que o próprio Direito.

A significação dada ou construída via senso comum teórico contém um conhecimento axiológico que reproduz os valores sem, porém, explicá-los. Consequentemente, essa reprodução conduz a uma espécie de conformismo dos lidadores jurídicos (o que denomino de *habitus dogmaticus*). Isso se reproduz na conceituação cotidiana de dolo, culpa, propriedade, discricionariedade, precedentes etc.

A dogmática jurídica faz aquilo que Warat denominava de "próteses para fantasmas". E eu acrescento: próteses para pensamentos. E o ensino jurídico reproduz. Warat dizia que a dogmática (dos anos 1970-1980 do século XX) era pródiga em conceitos tautológicos e categorizações abstratas (sem usar a expressão, Warat criticava o aguilhão semântico). No Glossário, o conceito de criterialismo é analisado mais amiúde.

---

19 STRECK, Lenio Luiz. "Golpe de Estado: como o gêmeo xifópago Caio esfaqueou seu irmão Tício". *Conjur*, 15 fev. 2024. Disponível em: https://www.conjur.com.br/2024-fev-15/golpe-de-estado-como-o-gemeo-xifopago-caio-esfaqueou-seu-irmao-ticio/. Acessado em: 29.02.2024.

O senso comum teórico produz um discurso antecipador. Responde antes que alguém pergunte. Com isso se explica a proliferação de teses e precedentes no Brasil. A dogmática jurídica constrói, como diz Warat, uma "sociologia da conformidade". Trata-se de um discurso *pré-dado*. Quando submetido à pressão do novo, (re)age institucionalizando (ou banalizando) a crítica. Para tanto, abre possibilidades de dissidências apenas possíveis (delimitadas previamente). A própria crítica se transforma em uma atividade "permitida" nos limites do território da dogmática.

Ou seja, no interior do senso comum teórico, permite-se, difusamente, (apenas) o debate periférico, mediante a elaboração de respostas que não ultrapassem o teto hermenêutico prefixado (horizonte do sentido). Daí a dificuldade para a obtenção de algumas respostas que exsurgem de perguntas do tipo "o que significa o dispositivo constitucional da igualdade de todos perante a lei" para a imensa maioria da população brasileira? O que significa *pacta sunt servanda* em um conflito sociojurídico entre incluídos e excluídos (socialmente)? Ou a *pacta sunt servanda* em um conflito imobiliário em que empresas escondem contratos debaixo de fachadas de empresas, sendo que qualquer demanda no Judiciário estará destinada ao fracasso – ao final, os proprietários já terão colocado seus bens em nome de terceiros. E eventuais demandas terão respostas "criterialistas".

O lidador do Direito, inserido nesse *habitus*, não se dá conta dessa problemática. E o Judiciário e as instituições encarregadas de aplicar e administrar a justiça dela não escapam. Tem o Judiciário (e o Direito) uma função social nesse contexto? Não se deve olvidar que o Poder Judiciário (e isto se aplica ao Ministério Público) vive uma crise que tem três matrizes, bem detectadas por Diogo de Figueiredo Moreira Neto: a crise estrutural (deficiência de juízes, falta de controle efetivo), a crise funcional (inadequação das leis, problema de acesso à justiça) e a crise individual, que pode ser chamada de crise de imaginário.

Não adianta fazer reformas na estrutura sem que se altere a funcionalidade. Porém, também não haverá melhorias substanciais sem que se altere o imaginário dos aplicadores.[20] Pensemos no trânsito de uma grande cidade: sem alteração estrutural, funcional e individual, o caos continuará. Mesmo que cada um dos motoristas se considere o melhor do mundo, a soma de todos conforma o caos. Cada um de nós se considera o melhor advogado, o melhor estudante, o melhor juiz. A soma de todos representa esse sistema que conhecemos. Cada um dos milhares de professores das faculdades de Direito se considera o melhor; a soma de todos eles dá esse ensino jurídico em crise.

Cada vez que a crise do Judiciário se agudiza – por meio da inefetividade, inacesso à justiça (jurisprudência defensiva), lentidão da máquina etc. –, o *establishment* responde com soluções *ad hoc*, por exemplo, uma sequência de reformas do processo civil, a lei dos Juizados Especiais Cíveis e Criminais e o efeito (de poder) representado pelas súmulas vinculantes e da "doutrina dos precedentes". Ataca, porém, apenas um dos aspectos da crise.

O lidador do Direito, inserido em um *habitus dogmaticus*, não se dá conta das contradições do sistema jurídico. Porque ele está dentro, impossibilitado de perceber o seu entorno. As contradições do Direito e da dogmática jurídica que o instrumentaliza não

20 Sobre a discussão entre reforma do Judiciário e refundação da jurisdição, que pressupõe o enfrentamento da crise do ensino jurídico, ver (i) ESPINDOLA, Angela A. da S. "A refundação da jurisdição e a concretização dos direitos fundamentais". *Revista Eletrônica Direito e Política*, vol. 8, nº 3, 2014, pp. 2101-2125; (ii) ESPINDOLA, Angela A. da S. "A teoria da decisão e o homem que confundiu a mulher com um chapéu". *ANAMORPHOSIS – Revista Internacional de Direito e Literatura*, Porto Alegre, vol. 4, nº 2, 2018, pp. 595-614; e (iii) ESPINDOLA, Angela A. da S.; SEEGER, Luana da S. "O ensino jurídico no Brasil e o senso comum teórico dos juristas: um 'olhar' a partir de Warat". *Revista de Direito da Faculdade Guanambi*, Guanambi, vol. 5, nº 2, 2019, pp. 92-120.

"aparecem" aos olhos do jurista, uma vez que há um processo de justificação/fundamentação da "coerência" do seu próprio discurso.

Para quem acredita na verdade real, por exemplo, essa "verdade" existe. E assim por diante, em especial quando se fala de mitos como livre convencimento, que, mesmo sendo expungido do Código de Processo Civil (artigo 371), continua a ser aplicado. E sustentado em teses de doutorado. E em livros doutrinários. Por que isso acontece?

Um importante doutrinador ligado ao ramo dos concursos e citado por diversos tribunais justifica o livre convencimento judicial a partir da premissa de que "a existência da verdade é sempre relativa, pois o que é verdadeiro para uns, pode ser falso para outros", ao mesmo tempo que, na mesma obra, utiliza o conceito de verdade real.

Ora, temos aproximadamente 2.500 anos de filosofia ocidental dos quais nossa doutrina pouco tomou ciência ou ignora propositalmente. Ressuscitássemos Protágoras e os demais sofistas e ficariam preocupados com o estado da arte de nossa cultura estandardizada. Quando adentramos na bibliografia sobre o tema, percebemos que confusões conceituais sobre a ideia de livre convencimento e sobre o tema da verdade no processo partem também de autores aclamados pela dogmática mais sofisticada (e, em alguns casos, crítica), como expusemos Luã Jung e eu em artigo recente.[21]

Veja-se, pois, o discurso da dogmática jurídica. Veja-se o modo como os tribunais, com auxílio da doutrina, tratam dos precedentes. E como esse tema é tratado nos livros usados nas salas de aula. Isso nos casos em que ainda se utilizam livros. Nestes tempos de fragmentação e império da simplificação, o material utilizado não passa de apostilas e resumos.

---

21 STRECK, Lenio Luiz; JUNG, Luã N. "Livre convencimento judicial e verdade: crítica hermenêutica às teorias de Ferrajoli, Taruffo e Guzmán". *Novos Estudos Jurídicos*, Itajaí (SC), vol. 27, nº 1, 2022, pp. 2-21.

No plano dessa justificação discursiva, objetivando a perenização desse *corpus ideologicus*, a dogmática jurídica utiliza-se de um artifício que Tercio Ferraz Jr. denomina de "astúcia da razão dogmática", que atua mediante mecanismos de deslocamentos ideológico-discursivos. Esta astúcia da razão dogmática

> põe-se, assim, a serviço do enfraquecimento das tensões sociais, na medida em que neutraliza a pressão exercida pelos problemas de distribuição de poder, de recursos e de benefícios escassos. E o faz, ao torná-los, conflitos abstratos, isto é, definidos em termos jurídicos e em termos juridicamente interpretáveis e decidíveis.[22]

Ou seja, a partir desse deslocamento, não se discute, por exemplo, o problema dos direitos humanos e da cidadania, mas, sim, sobre (e a partir) deles.

Uma das operações fundamentais do processo ideológico consiste na passagem do *discurso de* ao *discurso sobre* (Claude Lefort):

É assim que podemos quase detectar os momentos nos quais ocorre o surgimento de um discurso ideológico: por exemplo, quando o discurso da unidade social se tornou realmente impossível em virtude da divisão social, surgiu o discurso sobre a unidade; quando o discurso da loucura tem que ser silenciado, em seu lugar surge um discurso sobre a loucura; onde não pode haver um discurso da revolução, surge um outro, sobre a revolução; ali onde não pode haver o discurso da mulher, surge um discurso sobre a mulher etc.[23]

---

22 JUNIOR FERRAZ, Tercio Sampaio. *Introdução ao estudo do Direito*: técnica, decisão, dominação. 4ª edição revista e ampliada. São Paulo: Atlas, 2003, p. 308.

23 CHAUI, Marilena de Souza. "Ideologia e educação". *Educação e pesquisa*, vol. 42, 2016, pp. 245-258.

Graças a isso, no contexto da dogmática jurídica, os fenômenos sociais que chegam ao Judiciário passam a ser analisados como meras abstrações jurídicas, e as pessoas, protagonistas do processo, são transformadas em autor e réu, reclamante e reclamado e, não raras vezes, "suplicante e suplicado", expressões estas que, convenhamos, deveriam envergonhar (sobremodo) a todos nós.

Mutatis mutandis, isto significa dizer que os conflitos sociais não entram nos fóruns e nos tribunais graças às barreiras criadas pelo discurso (censor) produzido pela dogmática jurídica dominante. Nesse sentido, pode-se dizer que ocorre uma espécie de "coisificação" (objetificação) das relações jurídicas.

Tudo isso apenas demonstra a complexidade desse fenômeno chamado de "ensino jurídico". E não consta que isso seja discutido nas salas de aula dos cursos de Direito.

Por isso, ofereço ao leitor todos esses argumentos para tentar estabelecer algumas premissas sobre a natureza interpretativa do conhecimento jurídico, avessa ao tratamento objetificador.[24] Uma vez aceitas, podemos passar a um outro tipo de debate sobre seu ensino.

Nesse sentido, Ziel Ferreira Lopes[25] (meu ex-orientando) chama atenção para a necessidade de os professores extraírem as consequências pedagógicas de se reconhecer que o Direito não é um "fato da natureza", algo que cai do céu ou brota do chão pronto e acabado. Para tanto, parte da divisão dworkiniana entre conceitos naturais/criteriais e conceitos interpretativos:

> Diante de um conceito desse tipo (como democracia, direito, testamento), estamos imediatamente convocados a justificá-lo,

---

24 Remeto o leitor(a) ao meu *O que é fazer a coisa certa no Direito*. Belo Horizonte: Dialética, 2023.

25 FERREIRA LOPES, Ziel. "Educação jurídica pelo debate". *Contraditor*, São Paulo, 22 set. 2021, pp. 1-6.

> a atribuir-lhe um propósito e nos engajarmos nele para disputar que interpretação o colocaria sob a melhor luz. Isso difere de conceitos naturais. Por exemplo: se um grupo de cientistas se reúne em uma sala para discutir o que é um leão, buscarão discutir sua estrutura física, sua morfologia, DNA etc. Não se coloca a questão do propósito, nem a busca de um leão "sob sua melhor luz". Num outro exemplo: discutir o julgamento de um crime é diferente de discutir se um amontoado de papel é um livro, uma brochura ou um folheto, este sim um problema moralmente neutro, resolvido a partir de critérios convencionais.[26]

Ora bem, se o Direito é uma construção social, então ele reflete disputas principiológicas no seio da comunidade, que aparecem na sua positivação e tendem a reaparecer em sua aplicação. Assim, o fenômeno jurídico é intrinsecamente controverso, precisando ser apresentado dessa maneira aos estudantes: como uma disputa interpretativo-argumentativa (devendo o professor recuperar em sala as correntes em jogo para cada tema) e não como uma ilusória estrutura silogística, que em nada reflete sua prática. Raramente a norma jurídica do caso concreto é aclamada como uma aplicação auto evidente de uma lei, e o choque dos estudantes no começo do curso com relação a isso é frequentemente subestimado.

Partindo dessa nova visão, a tradicional aula expositiva deve ser revista, já que ensinar Direito não é simplesmente transmitir informações prontas que devem ser memorizadas passivamente pelos estudantes. A tradicional (e péssima) aula expositiva equipara-se a tagarelice,[27] tratada por Plutarco. Tagarelas não ouvem ninguém, são incapazes de ouvir. E a cura para isso é o silêncio; também a

---

26 FERREIRA LOPES, Ziel. *Onde habita o juiz Hércules?* Uma aproximação entre teorias da interpretação e questões institucionais. São Leopoldo: Universidade do Vale do Rio dos Sinos, 2020. (Tese de Doutorado).

27 PLUTARCO. *Sobre a tagarelice*. São Paulo: Landy, 2008.

palavra, mas ela só trata quem a escuta (!). Exatamente por isso, eles, os estudantes, devem ser convocados a participar do próprio empreendimento coletivo que é a construção do Direito, por meio de exposições dialogadas, seminários, dinâmicas e as novas metodologias ativas de ensino, que deem espaço para o silêncio (a reflexão) e para a palavra, antídotos contra a tagarelice da dogmática na aula expositiva.

Ademais, a própria relação entre professor e estudante deve ser repensada, abandonando-se o formato autoritário e de cima para baixo, caudatário de um esquema sujeito-objeto, para uma forma intersubjetiva de relação na qual os estudantes são reconhecidos como sujeitos ativos de seu próprio aprendizado. Isso perpassa coisas tão prosaicas quanto a construção do plano de ensino, bibliografias e formas de avaliação, que passam a ser vistas sob a ótica de um "contrato pedagógico", legitimado por uma repartição dialógica dos direitos e deveres de todos na disciplina.

Vale destacar, aqui, que reconhecer esse caráter controverso do Direito não necessariamente implica relativismo. Ao contrário. Aliás, autores como Gadamer são antirrelativistas. A hermenêutica é essencialmente antirrelativista. Por outro lado, defender a responsabilidade interpretativa de se buscar uma resposta correta ou de se fazer a coisa certa não quer dizer negar a existência de diferentes interpretações, que precisam ser reconhecidas em sua existência e comparadas em seus fundamentos para que se possa identificar qual delas é superior às demais. E isso é muito diferente de um legalismo rasteiro. Eis um bom tema para discutir com os estudantes da graduação. E da pós-graduação, é claro.

Nessa linha, de novo com Hans-Georg Gadamer,[28] lembro-me da epistemologia e da filosofia da ciência aplicadas à nossa área. O

28 GADAMER, Hans-Georg. *Verdade e método I*: traços fundamentais de uma hermenêutica filosófica. 12ª ed. Trad. Ênio Paulo Giachini. Petrópolis: Vozes, 2012, pp. 482-504.

autor destaca a importância que a dogmática assume para os juristas, mas lembra que ela estará sempre em relação com a hermenêutica e que esta última tem a primazia. Tenho "urbanizado" essa ideia do pensador alemão entre meus estudantes, dizendo, de forma irônica, que não confiaria em um advogado que tivesse dúvidas socráticas sobre o que é um agravo de instrumento, mas também temeria aquele que tivesse certezas apriorísticas sobre o instituto.

Com isso, quero dizer que a dogmática é necessária para estabilizar e operacionalizar os conceitos com os quais os juristas trabalham no dia a dia. É o que Ernildo Stein já apontava sobre a ciência buscar resolver problemas, enquanto a filosofia – podendo serem lidas para a discussão aqui proposta como a relação entre dogmática jurídica e pensamento crítico – buscaria apontar os problemas das soluções. Precisamos das duas e de que elas dialoguem entre si.

Entre nossos juristas, Tercio Ferraz[29] já dizia que o dogmático está obrigado a resolver um problema, não podendo questionar os próprios pontos de partida (o Direito posto, o sistema de justiça, o Estado etc.). Contudo, esses sentidos não podem ser captados e congelados, precisando sempre ser revisitados hermeneuticamente em seu processo de concretização. Quando não o são, a dogmática inflama e temos a "dogmatite", sintoma importante da crise do ensino. Para isso, o aparato teórico das disciplinas zetéticas, para seguir na linha de Tércio, precisará ser mobilizado.

De minha parte, desde as primeiras edições de *Hermenêutica Jurídica e(m) Crise*, venho denunciando a perversa divisão social do trabalho que se consolidou na dogmática jurídica brasileira, em que juristas da primeira divisão criam as teses e aos demais cabe apenas aplicá-las. Essa visão elitista, fruto de um país desigual, sempre volta em teses como a das malsinadas "Cortes de Vértice", defendidas por processualistas de nomeada, pelas quais os órgãos de cúpulas

---

29 FERRAZ JUNIOR, Tercio Sampaio. *Introdução ao estudo do Direito*: técnica, decisão, dominação. 11ª ed. São Paulo: Atlas, 2019.

cria(ria)m prospectivamente os precedentes e os demais tribunais e juízes de piso apenas as aplica(ria)m. Isso apenas confirma que o Brasil sempre adorou uma "modernização autoritária", com elites que se arrogam à posição de vanguarda de um povo supostamente ignorante, que precisaria ser por eles conduzido.

Isso se repete no Direito. A frequência com que a classe jurídica se considerou essa elite ilustrada[30] diz muito sobre o que nossas faculdades inculcaram nos estudantes sobre seu papel na sociedade, como atestam os discursos deslumbrados e grandiloquentes de aulas magnas e festas de formatura – corruptelas lamentáveis de uma "Oração aos moços", de Ruy Barbosa, lidas com uma ênfase perigosa em sua visão juriscêntrica de democracia de outrora.

Tal visão já começa pelo ensino, no qual nossos estudantes aprendem que só poderão ter voz[31] se um dia se tornarem "juristas de nomeada", "de escol", ou, para dizer machadianamente, "medalhões".[32]

Contra isso, sigo Dworkin ao reivindicar uma "hermenêutica jurídica protestante", no sentido de que todos podem e devem tomar parte no processo de interpretação do Direito, contribuindo com seus argumentos, ao invés de, simplesmente, submeterem-se a uma interpretação autorizada.

---

30 LYNCH, Christian Edward Cyril. "Ascensão, fastígio e declínio da 'Revolução Judiciária'". *Insight Inteligência*, Rio de Janeiro, vol. 79, 2017, pp. 158-180.

31 Cf. CALADO, Vinicius de Negreiros. "'Porte ilegal de fala': o 'crime' de discurso crítico contra-hegemônico". *In*: COLARES, Virginia (Coord.). *Linguagem e Direito*. Recife: Universitária da UFPE, 2010, pp. 241-297.

32 O conto "Teoria do Medalhão" proporcionaria um excelente seminário em salas de aula de graduação e da pós-graduação. Há muito de "raízes do Brasil" nesse belo conto (sobre as raízes do Brasil, recomendo capítulo correspondente em STRECK, Lenio Luiz. *O que é fazer a coisa certa no Direito*. Belo Horizonte: Dialética, 2023).

Decisões judiciais devem ser discutidas, democraticamente. Decisões devem ser constrangidas a partir de uma densa epistemologia. Para isso existe o "fator Julia Roberts",[33] para dizer que a Suprema Corte erra (ou os tribunais erram). Enquanto nossas aulas e manuais continuarem ignorando isso, continuaremos a reproduzir visões epistemologicamente defasadas e que, em um país como o Brasil, se cruzam com uma perversa desigualdade social e com uma história carente de democracia.

---

33 Cf. verbete "Fator Julia Roberts" em STRECK, Lenio Luiz. *Dicionário senso incomum*: mapeando as perplexidades do Direito. Belo Horizonte: Dialética, 2023.

CAPÍTULO IV

O ENSINO NA IDEOSFERA DA DOGMÁTICA JURÍDICA: SOBRE O CRITERIALISMO QUE SE ESCONDE NO SENSO COMUM TEÓRICO

O senso comum que domina o imaginário jurídico – sobre o qual falei linhas atrás – pode também ser visto sob outra perspectiva, e isso auxilia na compreensão da crise do ensino jurídico e da operacionalidade do Direito. Assim, o senso comum teórico – e busco aqui auxílio no texto "O Neutro", de Roland Barthes – é construído a partir de um discurso que é vivido pelos usuários como universal, natural e óbvio, cuja tipicidade não é percebida e com relação ao qual todo "exterior" é relegado à categoria de margem ou desvio: discurso-lei que não é percebido como lei.

Com Barthes, podemos chamá-lo de "ideosfera": um círculo, sistema de ideias-frases, de ideias fraseadas, de argumentos-fórmulas, portanto, um objeto linguageiro essencialmente copiável e repetível, sendo, portanto, fenômenos muito importantes de mimetismo. Pode haver um mimetismo (de uma determinada ideosfera) consciente, deliberado, quer por maquiavelismo no nível dos Estados, quer por conformismo prudente no nível dos indivíduos, cada vez que a ideosfera está ligada a um poder. Porém, também há um mimetismo não consciente: a ideosfera está inextricavelmente ligada a uma fé.

Em suma, diz o mestre francês, a ideosfera é a palavra criada a partir da ideologia: o sistema linguageiro de uma ideologia, precisando imediatamente, o que já torna inexata a definição: toda ideologia é linguagem; é um discurso, um tipo de discurso. Em face do que foi analisado anteriormente, uma pergunta se torna inevitável: que tipo de visão têm os operadores jurídicos – mergulhados no senso comum teórico – sobre a aplicação e a eficácia das leis existentes no Brasil?

Por exemplo, um político de alto escalão, líder da Câmara dos Deputados, pratica crime de peculato em um esquema de apropriação de parte dos salários de servidores quando era deputado estadual. No entanto, seja pela influência econômica, pelas prerrogativas de função, corporativismo ou por qualquer outro meio, o criminoso de "colarinho branco" consegue evitar uma condenação. E isso é naturalizado nessa ideosfera, instrumentalizada pelo criterialismo da dogmática jurídica. O criterialismo se esconde nessa ideosfera. Quase imperceptível. As ficções conduzem a realidade.

A questão que deve ser discutida pela comunidade jurídica – e objeto de debates nos cursos jurídicos e na doutrina – é de que modo essa realidade respaldada pela dogmática recebe suporte em uma Constituição que estabelece, por exemplo, que o Brasil é uma República com objetivos de construir uma sociedade justa e solidária, com base na isonomia e igualdade de tratamento. Como ficam os privilégios de determinados setores? O ponto que não vem recebendo resposta na doutrina é: qual é o sentido do princípio republicano? E o conceito de isonomia?

Quando determinados setores são agraciados com vantagens financeiras e funcionais (por exemplo, magistrados e membros do Ministério Público podem receber um terço a mais de salário mensalmente, caso não usufruam dos dias que recebem de bônus por sobrecarga de trabalho) que os demais brasileiros não recebem, qual é a resposta da dogmática jurídica? Do mesmo modo, o tratamento díspar que as leis e códigos dão aos crimes cometidos contra a propriedade particular e o tratamento dado aos delitos contra a integridade física.

Mostrando a dura face do sistema de justiça – que não recebe a devida crítica do discurso da dogmática jurídica predominante –, veja-se o caso de uma mulher negra, mãe solteira e em situação de rua que furta um pacote de macarrão e de suco instantâneos para alimentar seus filhos, como vimos recentemente na justiça do estado de São Paulo. A mulher acusada do furto possui cinco filhos.[34] A requerimento do Promotor de Justiça, a juíza converteu a prisão em flagrante em prisão preventiva (em que sentido estariam preenchidos os requisitos do artigo 312 do CPP? Qual é, afinal, o papel do Ministério Público –, tema imprescindível para seminários em disciplinas de Instituições ou de Direito Constitucional). No caso, a coisa furtada não alcança o valor correspondente a cinco dólares. Até mesmo as Cortes Superiores concedem mais facilmente *habeas corpus* a acusados de crimes conhecidos como de colarinho branco do que em favor de pessoas pobres acusadas de crimes menores. Registre-se, todavia, que o incremento de instituições como a Defensoria Pública tem trazido importantes alterações nesse quadro.

No final do ano de 2023, o Supremo Tribunal Federal concedeu *habeas corpus* de ofício a uma pessoa presa há meses pela prática de furto de uma cadeira avaliada em R$ 100 (devolvida ao

---

34 Mostrando a dramaticidade dos casos desses pequenos furtos e o modo com a justiça trata do problema, cf. (i) FOLHA DE SÃO PAULO. *Justiça de SP nega duas vezes liberdade a mãe de 5 filhos que furtou miojo e refrigerante de mercado*. Disponível em: https://www1.folha.uol.com.br/cotidiano/2021/10/justica-de-sp-nega-duas-vezes-liberdade-a-mae-de-5-filhos-que-furtou-miojo-e-refrigerante-de-mercado.shtml. Acessado em: 17.02.2024; e (ii) FREITAS, Hyndara. “Xampu, miojo e frango: pequenos furtos levam pobres à prisão e mobilizam até o STF”. *Metrópoles*, 16 out. 2021. Disponível em: https://www.metropoles.com/brasil/xampu-miojo-e-frango-pequenos-furtos-levam-pobres-a-prisao-e-mobilizam-ate-o-stf. Acessado em: 17.02.2024.

proprietário). O Tribunal de Justiça de São Paulo, contrariando precedentes do STF, negara a soltura do acusado. Observe-se o valor simbólico desse caso, mostrando a dura face da operacionalidade do Direito. No mesmo nível está a decisão do Tribunal de Justiça de Minas Gerais que negou a soltura de uma pessoa que furtou baldes de água. O caso somente foi resolvido na Suprema Corte. A pergunta: de que modo esses casos chegam até a Suprema Corte? Que tipo de dogmática jurídica é essa que conforma o imaginário dos membros do Ministério Público e da magistratura que faz com que, cotidianamente, nos defrontemos com casos desse tipo?

O acesso à justiça é outro ponto de fundamental importância e que deveria ser objeto de debates no âmbito do ensino jurídico. Por exemplo, dos cerca de 130 mil pedidos de HC julgados pelo Supremo desde o ano 2000, 81% tiveram seguimento negado, foram extintos ou arquivados. Dos 19% que tiveram o seu mérito apreciado pelos magistrados no período, 7% obtiveram a concessão do pedido apresentado pela defesa, e 12%, o indeferimento.

De outra banda, dados fornecidos pelo Superior Tribunal de Justiça, na voz da Ministra Assusete Magalhães, presidente da comissão gestora de precedentes, dizem que apenas quatro em cada cem recursos especiais que os tribunais de apelação não admitem são apreciados no mérito por aquela Corte. A expectativa era terminar o ano de 2023 com 465 mil novos casos. Entre esses casos, encontram-se também os agravos em recurso especial, hoje a classe processual mais numerosa na Corte. Cerca de 55% da distribuição é desse tipo de recurso. O agravo é interposto contra a decisão do tribunal de apelação que nega seguimento ao recurso especial. Ele chega ao STJ para análise de admissibilidade e pode ser afetado por diversos óbices processuais. Não esqueçamos que existe a Súmula 7, que impede rediscussão de matéria de fato (problemática que a doutrina insiste em não enfrentar, mesmo que filosoficamente seja impossível cindir fato e direito).

A taxa de reforma das decisões de segundo grau no STJ é excessivamente baixa. Dados de outubro mostram que 73,16% dos processos (REsps e AREsps) foram indeferidos. Como mais de 90% dos recursos são fulminados na origem pelos Tribunais de piso, poder-se-ia dizer que isso é extremamente grave. Todavia, a Ministra Assusete considera esse detalhe como algo positivo. Para ela, os tribunais de segundo grau vêm fazendo um trabalho de excelência na análise da admissibilidade. Isso reforça também a importância da construção de precedentes qualificados pelo STJ, complementa a ministra.

Porém, há que se indagar: o que seriam precedentes qualificados? Segundo a Ministra Assusete, são os formados pelo estabelecimento de teses vinculantes, em regra pelo rito dos recursos repetitivos. A decisão do STJ deve ser obrigatoriamente seguida pelas instâncias ordinárias, embora por vezes isso não aconteça. O não dito pela ministra é o que acontece com os "precedentes persuasivos", que é a outra categoria. Aqui se ingressa no terreno do criterialismo, uma vez que já há lidadores do Direito que falam em precedentes persuasivos fortes, médios e fracos. O que seria isso, ninguém efetivamente consegue dizer.

Fundamentalmente, no entanto, o que fica sem resposta é: por qual razão, em um país com centenas de milhares de recursos especiais (falo apenas do STJ), apenas 4% recebem análise do mérito no Superior Tribunal de Justiça? Consta que, desses 4%, menos de 1% recebe deferimento. Esses números mereceriam não uma comemoração, mas uma urgente discussão pública. Seriam os advogados incompetentes? Ou não seria o caso de rever a jurisprudência (excessivamente) defensiva, inclusive com o aumento do número de componentes do Tribunal da Cidadania? Em um país de mais de 210 milhões de almas, tem-se um Tribunal com 33 membros, enquanto seu similar em Portugal possui 60, país com apenas 10 milhões de habitantes; sem falar do caso italiano, em que, possuindo 80 milhões de habitantes, conta com um tribunal de 350 componentes. Cabe também indagar acerca da função do setor de gestão de precedentes do Superior Tribunal de Justiça e se esses números são efetivamente colocados à mesa e se são efetivamente problematizados.[35]

O tema dos precedentes é recorrente. Está ligado umbilicalmente ao realismo jurídico (jurisprudencialização do Direito) e ao ativismo judicial (ver, no Glossário, verbetes "Realismo" e "Precedentes"). Parece evidente que, se temos uma crescente criação judicial do Direito e isso vem gerando críticas ao fenômeno "ativismo judicial", essa circunstância tem relação com a crise do ensino jurídico e com os déficits doutrinários.

Evidentemente, essas constatações sobre a (dis)funcionalidade do sistema de justiça são apenas a ponta do *iceberg*. Também as discrepâncias do sistema de justiça mereceriam um olhar do "sistema do ensino jurídico", tanto no âmbito da graduação como da pós-graduação. Nesse sentido, um simples olhar para as estatísticas de condenações e encarceramentos das camadas pobres da sociedade já deveria questionar a dogmática jurídica, chamando a atenção da comunidade jurídica para a crise. Porém, envolvidos no interior do senso comum teórico – observe-se, é por isso que esse conceito assume tanta relevância –, não percebem os paradoxos, até porque, como um mito só o é para quem nele acredita, também o paradoxo só é "paradoxal" para quem tem consciência de sua existência.

É evidente que a formação desse senso comum teórico tem uma relação direta com o processo de aprendizagem nas escolas de Direito. Esse é o ponto. Inexorável.

Com efeito, o ensino jurídico continua preso às velhas práticas. Um exemplo contado por Bauman ajuda: o primeiro rei de Roma, Rômulo, reinou por 38 anos; esse tempo era o tempo de vida das pessoas, na época; quando ele morreu, ninguém sabia o que fazer...

---

35 VITAL, Danilo. "STJ julga mérito de apenas 4% dos recursos que os tribunais não admitem". *Conjur*, 20 dez. 2023. Disponível em: https://www.conjur.com.br/2023-dez-20/stj-julga-merito-de-apenas-4-dos-recursos-que-os-tribunais-nao-admitem/. Acessado em: 17.02.2024.

É o que Bauman chama de interregno: "nós nos encontramos num momento de 'interregno': velhas maneiras de fazer as coisas não funcionam mais..."[36]

A dogmática jurídica vive um (e no) interregno.

Por mais que a pesquisa jurídica tenha evoluído a partir do crescimento do número de programas de pós-graduação, esses influxos reflexivos ainda estão distantes das salas de aula dos cursos de graduação. Não se pode ignorar que o crescimento da pós-graduação é infinitamente inferior à explosão do número de faculdades instaladas nos últimos anos.

A cultura jurídica calcada em manuais (hoje reduzidos a resumos tirados da internet e similares), de duvidosa cientificidade, ainda predomina na maioria das faculdades de Direito. Forma-se, assim, um imaginário que "simplifica" o ensino jurídico a partir da construção de *standards* e lugares-comuns, repetidos nas salas de aula e posteriormente nos cursos de preparação para concursos, bem como nos fóruns e tribunais. Como veremos no decorrer da obra, há uma ode ao simples, reforçado atualmente pelo próprio presidente do Conselho Nacional de Justiça e aplaudido por setores da imprensa. Esse tema será recorrente nestas reflexões.

Essa cultura vem alicerçada em casuísmos didáticos. Há uma mistura assistemática entre textualismo (o velho positivismo do século XIX) e voluntarismo que, no final das contas, não deixa de ser positivista, porque aposta na discricionariedade. Isso pode ser visto por meio da já famosa "era dos princípios", pela qual são construídos novos princípios o tempo todo, gerando o fenômeno que venho denominando de "pamprincipiologismo". Assim, tem-se

---

36 ESTADÃO. *A face humana da sociologia*. Disponível em: https://www.estadao.com.br/cultura/a-face-humana-da-sociologia-imp-. Acessado em: 17.02.2024.

um conceito curioso: mistura-se o textualismo, via subsunção, com o voluntarismo, via princípios.

A dogmática jurídica ensinada nas salas de aula (e reproduzida em boa parte dos manuais e compêndios) considera o Direito como sendo uma mera racionalidade instrumental. A dicotomia "positivismo-jusnaturalismo" ainda vigora, como se o positivismo fosse um conceito monolítico.

De um modo ou de outro, a regra máxima é a de "transformar o Direito em platitudes", algo trivial, sensaboria, vulgar e monótono. Sentenças em linguagem simples (até desenhadas, algo como "entendendo minha sentença: afinal, fui condenado?", seguido de quadrinhos "explicativos"),[37] artigos simplificados e livros que ensinam o "império do fácil" e do "acesso rápido". As demais áreas não são imunes a esse fenômeno. Contra todas as espécies de simplificações, o escritor Julián Fuks faz uma espécie de manifesto em socorro da sofisticação:

> Ninguém me dirá como escrever bem, nenhum tirano ditará quais palavras me cabe dizer, se meus verbos se insinuam antiquados, se meus adjetivos são invasivos e solenes, se meus advérbios alongam frases desnecessariamente, se minhas metáforas estão mortas como um rato esmagado por um trem, se minha sintaxe é sinuosa e austera, (...) incapaz de clareza, oposta ao prazer.[38]

---

37 A pergunta que se põe é: mas o réu não possui advogado? E deve ser tratado como um inimputável? Algo como "entendendo minha enfermidade..."? E vem o auxiliar de enfermagem explicar em quadrinhos a doença do utente? Qual é o sentido desse visual law platitúdico? Um bom tema para a sala de aula dos cursos jurídicos.

38 FOLHA DE SÃO PAULO. *Julian Fuks é o convidado de julho do Encontro de Leituras*. Disponível em: https://www1.folha.uol.com.br/ilustrada/2022/07/julian-fuks-e-o-convidado-de-julho-do-encontro-de--leituras.shtml. Acessado em: 17.02.2024.

Correto o autor. Há uma proliferação de textos e até resoluções de órgãos púbicos indicando a necessidade de "facilitação e simplificação" da linguagem. O Direito parece ser o *locus* privilegiado desse fenômeno. Além dos livros *prêt-à-porters*, as redes sociais foram invadidas por modelos e fórmulas "mágicas" que prometem o aprendizado em alguns minutos, sem contar os *coachings* e mentores vendedores de facilidades. Há projetos de limitar sentenças a dez páginas. E aumenta dia a dia o número de livros com esse tipo "de metodologia". Atalhos e resumos. Escandalosamente, já há resumos de resumos.

E o imperialismo da simplificação chegou na literatura. A escritora Patrícia Secco encontrou um novo nicho comercial, a exemplo do que ocorre nos cursinhos na área jurídica (e nas faculdades):[39] "entendo por que os jovens não gostam de Machado de Assis". E ela "explica": "os livros dele têm cinco ou seis palavras que não entendem por frase. As construções são muito longas. Eu simplifico isso". Segundo matéria da *Folha de S. Paulo*, "ela simplifica mesmo: Patrícia lançará uma versão de *O Alienista*, obra de Machado lançada em 1882, em que as frases estão mais diretas e palavras são trocadas por sinônimos mais comuns ('sagacidade' virou 'esperteza', por exemplo)". De acordo com a autora, "a ideia não é mudar o que Machado disse, só tornar mais fácil".

Resta saber se, depois disso, ainda será a obra de Machado. Para o professor da USP Alcides Villaça, "é absurdo imaginar que a função da escola seja facilitar qualquer coisa, em vez de levar a trabalhar com as dificuldades da vida, da crítica e do conhecimento". Indignado, Villaça chama a isso de "mutilação bisonha".

---

39 Cf. FOLHA DE SÃO PAULO. *Escritora muda obra de Machado de Assis para facilitar a leitura*. Disponível em: https://www1.folha.uol.com.br/colunas/cidadona/2014/05/1445858-escritora-muda-obra-de-machado-de-assis-para-facilitar-a-leitura.shtml. Acessado em: 17.02.2024.

A indignação de Villaça se estende – ou deveria se estender – à área do Direito, especialmente ao ensino jurídico e aos cursinhos de preparação para concursos. Não parece que livros como "Direito Facilitado ou Desenhado" ainda possam ser chamados de "livros jurídicos".

Esse "modelo simplificador" tem forte incentivo visual. Há alguns anos (parece que o projeto fracassou), o programa *Fantástico*, da Globo, quis ensinar filosofia nos domingos à noite. Queria, é claro, facilitar. No primeiro programa, a repórter-filósofa entrou em uma caverna em Tubarão (SC) e de lá buscou explicar o Mito da Caverna. Entenderam? Caverna-que-é-igual-a-uma... caverna! Na sequência, para explicar Heráclito, ela subiu em um caminhão, para falar do... movimento. Seria a busca pela isomorfia?[40] Haverá limites para a busca do "simples"?

Há um livro que pode nos ajudar a entender esse "modelo": *Psiche e Techne: O Homem na Idade da* Técnica, de Umberto Galimberto (não há uma versão facilitada ou resumida e é necessário ler o livro na íntegra). Ele fala da era da técnica, da alienação, do Google, da cultura de massa. Dá para perceber a técnica dominando o homem do Direito, com a invasão da inteligência artificial e de robôs examinando processos.[41] O lidador do Direito já não maneja a técnica;

---

40 "Colagem" de palavras e coisas. É a ausência da metáfora que existe entre significante e significado. Por isso, a palavra "bomba" não "explode". A palavra "água" não "molha". O contexto é a metáfora. A TV quer introduzir essa isomorfia. Incrivelmente, usam metáforas e explicam a metáfora com outra metáfora, mostrando a "própria coisa", algo como "o time do Flamengo está subindo" (já é uma metaforização) e o repórter mostra um avião subindo aos céus...

41 O juiz Flávio Antonio da Cruz faz contundente crítica ao uso de robôs e de metodologias como "juremetria": "você pode tentar descrever como os juízes decidem. Você pode criar um algoritmo para prever o percentual de cláusulas contratuais que serão descumpridas. Você pode calcular, aplicando métodos estocásticos, quanto tempo as pessoas permanecerão casadas. Enfim... você pode criar modelos para descrever o real e tentar prever como as pessoas atuarão. Perfeito! Porém,

é ela que o maneja. O processo eletrônico é um bom exemplo disso. O jurista virou “suco”, exprimido entre *techne* e *psique*.

Heidegger alertava: o que inquieta, de fato, não é que o mundo se transforme num completo domínio da técnica. Muito mais preocupante é que o homem não está preparado para essa radical mudança do mundo.

Trata-se da soma da era da técnica com a cultura de massa, em que ocorre a desarticulação entre público e privado, entre social e individual, operada pela racionalidade técnica, que modifica também o conceito tradicional de massa, introduzindo uma variante que é a sua atomização e desarticulação em singularidades individuais, as quais, modeladas por produtos de massa, consumos de massa, informações de massa, tornam obsoleto o conceito de massa como concentração de muitos e atual o conceito de massificação como qualidade de milhões de indivíduos, cada um dos quais produz, consome e recebe as mesmas coisas de todos, mas de modo solitário (Galimberti).

No Direito, eis o caldo de cultura em que pode ser encontrado o atual *homo juridicus*, *o homo concurseirus*, *homo senso comunis*, enfim, essa nova espécie de lidador do Direito. Para ele, o Direito é uma mera técnica. Uma mera racionalidade formal-instrumental, como se fosse uma ferramenta comum, uma enxada ou um machado. Por isso, o Direito sempre pode ser manipulado de

---

Direito não cuida da forma com as pessoas se comportam. Cuida da forma como as pessoas devem se comportar. É um discurso contra fático. Nada mais equivocado do que tentar resumir o fenômeno jurídico aos fatos ou do que tentar criar teorias para justificar o que ocorre. Até porque, a vingar isso, o Direito restaria engolfado pela sociologia e pela economia. E seria melhor então não perder muito tempo com debates sobre legalidade, validade, legitimidade e tantas outras questões etéreas e metafísicas”. Cf. STRECK, Lenio Luiz. “Venham logo intelectuais ensinarem aos especialistas”. *Conjur*, 30 mai. 2019. Disponível em: https://www.conjur.com.br/2019-mai-30/senso-incomum-venham-logo-intelectuais-ensinarem-aos-especialistas/. Acessado em: 17.02.2024.

qualquer modo. Não exige grandes elucubrações. O processo vira também instrumento. E a interpretação se faz via retórica, em que essa se autonomiza.

Em termos metodológicos, predomina o dedutivismo, como se existissem, nas ciências do espírito, premissas autoevidentes das quais se pudesse fazer deduções. Monografias, dissertações e teses ainda apresentam o método dedutivo, pela qual a "verdade" é resultado da certeza das premissas, ou "a partir de inferências de premissas", ou "partir do maior para o menor". E manuais ensinam essa "metodologia". Ora, quem põe a premissa da qual se deduzirá algo? Existem premissas autoevidentes? Como fazer isso em uma área como o Direito? Ou na área do Direito foi inventado um novo modo de fazer "deduções"?

Nesse contexto, o próprio ensino jurídico é encarado como mera instrumentalidade. A doutrina que possui a preferência nas salas de aula nas mais de 1.400 faculdades de Direito resume-se a um conjunto de comentários descritivos de ementários de jurisprudência (principalmente "teses"), desacompanhados dos respectivos contextos. Cada vez mais, a doutrina deixa de ser doutrina, para ser "doutrinada" pelos tribunais. Pode parecer uma heresia se afirmar isso na segunda década do século XXI, mas basta olhar para a bibliografia usada nas salas de aula e nas citações encontradas em sentenças e acórdãos. Não é difícil de encontrar citações platitúdicas[42] que, retiradas, em nada alteram o conteúdo. Há campanhas, inclusive no Judiciário, para a "simplificação da linguagem", como se o Direito fosse uma simples ferramenta.

É nisso que se baseia o casuísmo didático e o criterialismo: a partir da construção de "categorias", produzem-se raciocínios

---

42 Platitude é dizer o "óbvio mais óbvio", o banal, o trivial; platitude é a monotonia da simplificação. *Coachings* e *influencers* são "especialistas" em platitudes – porque qualquer um entende o trivial. Os livros facilitados no Direito usam platitudes exatamente por isso.

"dedutivos", como se a realidade pudesse ser aprisionada no "paraíso dos conceitos do pragmatismo[43] dominante". A hermenêutica praticada nas salas de aula continua absolutamente refratária ao giro linguístico (*linguistic turn*);[44] em regra, continua-se a estudar os métodos tradicionais de interpretação (gramatical, teleológico etc.), como se o processo de interpretação pudesse ser feito em partes ou em fatias ou existisse um método dos métodos. Isso sem falar naquilo que é entendido, nas salas de aula, jurisprudência e doutrina, como "valores", confundidos com subjetivismos.[45]

Aliás, a expressão "valores" passou a ser a pedra filosofal para "superar" o positivismo (sem que se explique esse complexo conceito). Nas salas de aula, vigora ainda a lenda de que o positivismo fornece segurança na aplicação ou interpretação do Direito. Professores dizem: "temos de voltar ao positivismo, os juízes andam muito subjetivistas"; ou "há muito voluntarismo, temos de voltar a Kelsen". Esse conjunto de algaravias apenas mostra a dimensão da fragilidade do ensino jurídico e da própria doutrina e jurisprudência (isso se vê inclusive nas Cortes Superiores). Ora, o positivismo não é uma teoria prescritiva. A menos que o lidador do Direito, ao pretender voltar ao positivismo, esteja se referindo ao textualismo. Ainda assim, continua a ter um caráter descritivo-objetivista. E quanto a "voltar a Kelsen para se ter exatidão ou segurança na aplicação do Direito", o equívoco é ainda maior. Kelsen, no plano da aplicação do Direito, é um voluntarista ou até mesmo um realista (nas palavras de Michel Tropper): o Direito será aquilo que a decisão dirá que é,

---

43 Sobre pragmatismo, consultar o respectivo verbete no meu *Dicionário de Hermenêutica*.

44 Também aqui o(a) leitor(a) deve fazer uma parada para consultar o sentido de *linguistic turn*. Com efeito, sugiro os meus livros *Dicionário de Hermenêutica* e *Hermenêutica Jurídica e(m) Crise*.

45 Fundamental uma visita ao verbete "Valores" no meu *Dicionário de Hermenêutica*. Há muita confusão sobre esse tema.

como se pode ver no capítulo oitavo de sua obra maior.[46] Kelsen, no plano da aplicação do Direito, é tão cético quanto os realistas norte-americanos, como se pode ver no verbete no Glossário.

Já a Teoria do Estado, condição de possibilidade para o estudo do Direito Constitucional (para ficar nessa disciplina fundamental, que, aliás, não ocupa, na maioria dos cursos jurídicos, mais do que dois semestres), não vem acompanhada da necessária transdisciplinaridade.

Em síntese: é preciso compreender que a crise do ensino jurídico é, antes de tudo, uma crise do Direito, que, na realidade, é uma crise de paradigmas assentada em uma dupla face: uma crise de modelo e uma crise de caráter epistemológico, sem que se ensine sequer o que significa a palavra "epistemologia".

De um lado, os lidadores do Direito continuam reféns de uma crise emanada da tradição liberal-individualista-normativista; e, de outro, a crise do paradigma epistemológico da filosofia da consciência, por mais difícil que isso possa parecer para um leitor não iniciado, questão central nas minhas pesquisas e do Grupo Dasein, que coordeno junto à Unisinos há mais de 20 anos. O livro *Hermenêutica Jurídica e(m) Crise* (com onze edições e dezesseis tiragens) é produto dessas reflexões e, nele, constam essas definições (paradigmas filosóficos).[47] O resultado dessa(s) crise(s) é um Direito alienado da sociedade, questão que assume foros de dramaticidade se compararmos o texto da Constituição com as promessas da modernidade incumpridas.

---

46 Uma sugestão: pela importância fundamental para a compreensão de toda essa complexidade, sugiro a leitura dos verbetes "Positivismo", "Pós-positivismo", "A Pureza do poder", "Textualismo", "Valores" e "Voluntarismo" em meu *Dicionário de Hermenêutica*. Só depois continue a leitura do restante deste livro.

47 Em 2023, foi lançado o livro STRECK, Lenio Luiz (Coord.). *Um Tributo a Hermenêutica Jurídica e(m) Crise, de Lenio Streck*: 25 anos depois. Florianópolis: Tirant Brasil (vários autores).

Nesse contexto, e para denunciar uma certa razão cínica[48] que atravessa o imaginário dos juristas, não surpreende que, no velho – e ainda atual – Código Penal de 1940, o estupro era considerado "crime contra os costumes". Somente nos últimos anos, passou-se a denominá-lo "crime contra a dignidade sexual". Ou o fantasma do elemento normativo "mulher honesta" que ainda assombra o Direito brasileiro. Vimos, recentemente, um episódio divulgado pela mídia, em que um advogado, em sessão no Poder Judiciário, portou-se de forma a humilhar a pessoa que figurava como ofendida em uma ação penal instaurada na persecução do crime de estupro. Porém, qual a ligação desses fantasmas do passado com o episódio noticiado?

O que se viu foi a tentativa de desacreditar a vítima do pretenso crime contra a liberdade sexual, pela exposição, por exemplo, de fotos da vítima em suas redes sociais, dando a entender que o comportamento da jovem não era condizente com alguém que merecesse tutela de sua liberdade ou dignidade sexual. Enfim, houve a ressurreição do elemento normativo "mulher honesta", que, embora banido da legislação penal, parece querer retornar. Um fantasma

48 Em um determinado nível das discussões jurídico-dogmáticas (e até mesmo em círculos da crítica), parece haver uma razão cínica. Peter Sloderdijk, no livro *Crítica da Razão Cínica*, pega a frase de Marx pelo qual este dizia *Sie wissen das nicht, aber sie tun es* ("eles não sabem o que fazem, mas fazem mesmo assim"), numa crítica ao pensamento da burguesia de então. Sloterdijk inverte a frase para tratar de sua crítica da razão cínica, para dizer: *eles sabem o que fazem e continuam a fazer do mesmo modo*. Ele trata o cinismo em duas partes. Primeiro, o *kynismos*, que era visto como uma crítica e, depois, mudou de sentido, ou seja, de uma força crítica passa, aos poucos, a assumir a "lógica dos senhores", a lógica da dominação e da justificação dessa dominação. Como bem diz Rodrigo Petrônio, a dinâmica ambivalente entre *kynismos*-cinismo apaga as fronteiras entre liberdade e domesticação. E essa última palavra parece ser fulcral para analisarmos o estado da arte do Direito de *terrae brasilis*. A partir do que diz Sloterdijk, cabe a pergunta: até que ponto estamos a tratar de um senso comum multiplicador de um dado imaginário ou estamos diante de uma certa razão cínica (*zynischen Vernunft*) que tomou conta do ensino jurídico, da doutrina e da aplicação *stricto sensu* do Direito?

que assola a todos. Por outro lado, não é necessário falar, aqui, da legítima defesa da honra, tese que, até há pouco tempo, vicejava no Tribunal do Júri.[49] Desnecessário, também, lembrar que a mulher era dispensada do serviço do Júri, em face dos "afazeres domésticos", o que faz com que ainda hoje haja predomínio masculino nas listas de jurados.

Tudo isso decorre de uma cultura estandardizada, no interior da qual a dogmática jurídica trabalha com *prêt-à-porters* significativos (a expressão é de Warat). Há uma proliferação de manuais que procuram "explicar" o Direito a partir de verbetes jurisprudenciais a-históricos e atemporais (eis o criterialismo), chamados de "precedentes". Ocorre, assim, uma ficcionalização do mundo jurídico, como se a realidade social pudesse ser aprisionada, moldada e explicada por meio de verbetes e exemplos com pretensões universalizantes.

Alguns exemplos beiram o folclórico, como no caso da explicação do "estado de necessidade" constante no art. 24 do Código Penal, não sendo incomum encontrar professores (ainda hoje) usando o exemplo do naufrágio em alto-mar, em que duas pessoas (Caio e Tício, personagens comuns na cultura dos manuais) "sobem em uma tábua", e na disputa por ela, um deles é morto (em estado de necessidade, uma vez que a tábua suportava apenas o peso de um deles...!).

Cabe, pois, a pergunta: por que o professor (ou o manual), para explicar a excludente do estado de necessidade, não usa um exemplo do tipo "menino pobre entra no supermercado Carrefour e subtrai um pacote de bolacha a mando de sua mãe, que não tem

---

49 Isso não significa concordar com o STF, que, de forma equivocada, proibiu o uso da tese no plenário do Júri, contradizendo – e impossibilitando – a íntima convicção dos jurados. Nesse sentido, cf. STRECK, Lenio Luiz. "A legitima defesa da honra é incompatível com a íntima convicção?" *Conjur*, 13 jul. 2023. Disponível em: https://www.conjur.com.br/2023-jul-13/senso-incomum-legitima-defesa-honra-incompativel-intima-conviccao/. Acessado em: 17.02.2024.

o que comer em casa?" Ou tenta explicar por que a sonegação de tributos é apenada com bem menos rigor do que o furto? Entretanto, isso seria exigir demais da dogmática tradicional. Aliás, as prisões estão repletas – e não se trata de um clichê – de pobres. Os próprios Tribunais por vezes negam *habeas corpus* a quem furta comida em supermercados. Vejam-se os exemplos: o caso em que o réu subtraiu dois pacotes de macarrão instantâneo, suco em pó e bolacha recheada (HC 168.002/STF); o caso em que o réu subtraiu três peças de carne para alimentar a família (HC 174.413/STF); e o processo em que o STF negou *habeas corpus* a uma mulher que furtou quatro pacotes de fraldas (HC 225706), tendo sido condenada a mais de um ano de prisão, sendo-lhe negado o princípio da insignificância, por ser reincidente.

Os manuais jurídicos e os concursos públicos poderiam elaborar questões sobre sonegação de tributos em comparação com o crime de furto: por exemplo, se o indivíduo que furta pode ter sua punibilidade extinta se devolver o valor furtado à vítima, nos mesmos moldes que ocorre com o crime de sonegação?[50]

Nesse sentido, os estudantes de Direito podem fazer interessantes seminários para discutir a fotografia da justiça brasileira. Por exemplo, no julgamento do RHC 229074/SC, o STF manteve condenação de homem que furtou engradado de R$ 35,00 em cerveja. O Ministro Luiz Fux rebateu o princípio da "insignificância" alegado pela Defensoria e apenas acatou a mudança do regime penal de fechado para semiaberto. Os defensores alegaram que a conduta do réu não gerou prejuízo à vítima, nem ao estabelecimento comercial, uma vez que o produto do furto foi prontamente recuperado, "sendo nula a periculosidade social da ação, a ofensividade da conduta e a

---

50 Nesse sentido, cf. STRECK, Lenio Luiz. "Vestiu-se de 'cliente', furtou chocolate e pegou a pena de quadrilha ou bando". *Conjur*, 3 jul. 2014. Disponível em: https://www.conjur.com.br/2014-jul-03/vestiu-cliente-furtou-chocolate-pegou-pena-quadrilha-ou-bando/. Acessado em: 17.02.2024.

reprovabilidade, devendo ser aplicado o princípio da insignificância". O STF entendeu que a reincidência impedia a aplicação do princípio. Disse o ministro que a prudência recomenda que se leve em conta a obstinação do agente na prática delituosa, a fim de evitar que a impunidade o estimule a continuar trilhando a senda criminosa". Claro que, nesses casos, está-se diante do dilema "Anatole France": se é proibido dormir debaixo da ponte, somente os pobres serão processados. O princípio da insignificância é exatamente para pequenos delitos. Insignificantes. Como furto de latas de cerveja. Não se usará o referido princípio em uma lavagem de dinheiro – parece óbvio. Ademais, há outro ponto: o Direito Penal é do fato e não do autor. A condição pessoal de ser reincidente não pode impedir que lhe seja concedido o benefício. Por derradeiro, não houve prejuízo para a empresa da vítima. Deve-se levar em conta que, os crimes de sonegação, sempre de valor elevado – longe da insignificância –, recebem a benesse de extinção da punibilidade quando o réu paga o prejuízo causado. Nos casos de sonegação, o favor legal pode ser utilizado até depois do trânsito em julgado, como foi o caso do envolvido no Mensalão, Marcos Valério (Recurso Especial 942.769/MG).[51]

E que tal discutir se a imunidade tributária constitucional dos templos tem a abrangência de imunizar automóveis e telefones celulares de pastores, missionários e correlatos? E se as atividades de um determinado bispo, que ensina na sua igreja os "segredos espirituais, emocionais e práticos para adquirir riquezas", não violam o preceito constitucional que trata do livre exercício da fé? Ou se seria um estelionato? Dizer nos cultos que a fé tira o sujeito do SPC ou cura a Covid-19 está abrangido pela liberdade religiosa?

---

51 STRECK, Lenio Luiz. "Insignificância no descaminho de R$ 20 mil é furto de R$ 10". *Conjur*, 5 jul. 2018. Disponível em: https://www.conjur.com.br/2018-jul-05/senso-incomum-insignificancia-descaminho-20-mil-furto-10-nao/. Acessado em: 17.02.2024.

Ou quem sabe perguntar, no Exame da OAB ou nos concursos para as carreiras jurídicas, se "planejamento tributário" é atividade lícita, ou não, como constou em reportagem da *Folha de S. Paulo*,[52] dando conta de que a receita multa em R$ 50 bilhões grandes empresas por redução de tributo em fusões e aquisições? Uma boa *quaestio* para resolver: a empresa *A* controla a empresa *B*; empresa *B* controla *C*. Empresa *A* faz um investimento em C, transferindo suas ações de *B* para *C*. A transferência de ações é registrada no balanço de *B* com base no valor patrimonial desses papéis, mas é feita em C com base no valor de mercado (maior).

A crise paradigmática de que trato há tantos anos pode ser vista mais claramente a partir do episódio envolvendo as Lojas Americanas e o rombo na contabilidade que causou prejuízos de bilhões de reais aos acionistas, ocasionando, inclusive, uma Comissão Parlamentar de Inquérito. Essa crise ocorre porque, preparado para resolver questões interindividuais "entre Caio e Tício", o sistema jurídico-institucional não consegue abarcar os fenômenos oriundos de conflitos que envolvem grandes empresas, conglomerados e "truques contábeis" de alta sofisticação, mascarados por uma teia de leis e regulamentos; a CPI acabou em pizza, para utilizar a própria terminologia de parte de seus membros. Presente, sempre, o criterialismo.

Todavia, no caso das Lojas Americanas, a CPI serviu para desnudar essa crise e, assim, deixou como legado um conjunto de quatro projetos de lei para tentar evitar que fraudes similares voltem a ocorrer. Os quatro projetos demonstram o grau de déficit legislativo, o qual, a toda evidência, não pode ser debitado a uma simples leniência de particulares e autoridades. Aqui há um excelente tema para as aulas de Direito Penal: por qual razão existe esse déficit legislativo? Afinal, há sempre um objetivo por trás de atos comissivos

---

52 STRECK, Lenio Luiz. "Na prova da OAB, Ivo viu a uva ou onde fica o MT?" *Conjur*, 25 jun. 2013. Disponível em: https://www.conjur.com.br/2013-jul-25/senso-incomum-prova-oab-ivo-viu-uva-ou-onde-fica-mt/. Acessado em: 17.02.2024.

e atos omissivos do Poder Legiferante. Esses *gaps* dificultaram, até hoje, a punição adequada de envolvidos em casos de corrupção corporativa. Até o momento, o próprio caso da Americanas serve de exemplo. Embora a companhia tenha entrado em recuperação judicial com dívidas declaradas de R$ 43 bilhões, a CPI não chegou a apontar responsáveis pelo rombo.[53] Mesmo que fossem, contudo, haveria uma segunda dificuldade para a devida responsabilização dos culpados: o Brasil não tem leis para punir à altura crimes dessa natureza. Diante disso, foram apresentados quatro projetos. O primeiro criando o crime de infidelidade patrimonial, definido como o abuso dos poderes de administração de um patrimônio alheio, com o fim de obter vantagem mediante infração do dever de salvaguarda, causando prejuízo ao patrimônio administrado; o segundo trata da responsabilidade civil dos administradores de sociedades anônimas, com regras para ação de reparação de danos e devolução de bônus recebidos na ocorrência de fraudes; o terceiro procura proporcionar às auditorias um quadro mais claro sobre o endividamento das empresas, critica a previsão de que toda e qualquer companhia fechada seja auditada por auditor independente; já o quarto projeto de lei visa a aprimorar o sistema de proteção do chamado informante de boa-fé, ou *whistleblower*, em inglês – pessoas que, não estando diretamente envolvidas em ilícitos, relatem e apresentem informações relevantes sobre eles.

É disso que falo quando apresento a discussão acerca de olhar o novo com os olhos do novo. Trata-se de aproximar o ensino e a doutrina jurídica da realidade social, saindo do plano das ficções em que vicejam os personagens Caio e Tício. De novo e sempre, o problema do criterialismo. A propósito, em um importante concurso público, perguntou-se: Caio quer matar Tício, com veneno; ao

53 Cf. FOLHA DE SÃO PAULO. *Sob estigma da pizza, CPI da Americanas propõe leis contra corrupção corporativa*. Disponível em: https://www1.folha.uol.com.br/mercado/2023/10/sob-estigma-da-pizza-cpi-da-americanas-propoe-leis-contra-corrupcao-corporativa.shtml. Acessado em: 17.02.2024.

mesmo tempo, Mévio também deseja matar Tício (igualmente com veneno!). Um não sabe da intenção assassina do outro. Ambos ministram apenas a metade da dose letal (na pergunta não há qualquer esclarecimento acerca de como a personagem Tício – com certeza um idiota – ingere as duas porções de veneno). Em consequência da ingestão das meias doses, Tício vem a perecer... Encerrando, a questão do aludido concurso indagava: Caio e Mévio respondem por qual tipo penal? E então se colocam duas posições: enquanto a clássica doutrina diz que ambos respondem pela morte, a nova doutrina diz que os dois respondem por tentativa.[54] O que não se discute é: o caso é impossível de conferir no plano concreto; consequentemente, qual é a utilidade em termos teóricos? Disso, obviamente, os manuais não falam. É dessa forma que a cultura *standard* fornecida pelos manuais é reproduzida nas salas de aula e nos concursos públicos.[55]

Não podemos esquecer, finalmente, o igualmente "clássico" exemplo do açúcar e do arsênico, utilizado há várias décadas para explicar o conceito de crime impossível. Não retiro a importância do exemplo no contexto da história do Direito Penal. Afinal, a dogmática penal é formada por diferentes posturas e visões. Também é evidente que essa é apenas a ponta do *iceberg* e que retrata a dura face do idealismo que permeia o discurso jurídico, a qual pode ser ilustrada pela seguinte anedota envolvendo o filósofo Hegel. Conta-se que, no auge de uma abstração filosófica, o filósofo foi interrompido por um de seus estudantes, que lhe perguntou: "mestre, tudo isto que o senhor está dizendo não tem absolutamente nada a ver com a realidade". Ao que Hegel teria respondido: "pior para a realidade".

---

54 JAKOBS, Gunther. *A imputação objetiva no Direito Penal*. Trad. André Luís Callegari. 3ª ed. rev. São Paulo: Revista dos Tribunais, 2010.

55 Cf. STRECK, Lenio Luiz. "Resumocracia, concursocracia e a pedagogia da prosperidade". *Conjur*, 11 mai. 2017. Disponível em: https://www.conjur.com.br/2017-mai-11/senso-incomum-resumocracia-concursocracia-pedagogia-prosperidade. Acessado em: 17.02.2024.

O que deve ser questionado é: se o exemplo é fictício, deveria iluminar casos concretos. Porém, são exemplos construídos abstratamente, como conceitos que vêm antes das coisas a serem designadas. É o caso da maioria dos exemplos. Setores da dogmática jurídica ainda não conseguiram superar a disputa teórica entre um exegetismo ingênuo, que se sustenta no criterialismo (convencionalismo conceitual) e um certo jusnaturalismo essencialista revestido de axiologismo (ou realismo filosófico). Dizendo de outro modo: o ensino jurídico do Direito, nesses moldes, parte dos conceitos elaborados em abstrato, convencionalisticamente, e depois busca encaixar a realidade dos casos, criando uma espécie de "leito de Procusto".[56]

Não há novidade nessa crítica que aqui faço. É sabido que esse tipo de exemplo é utilizado há séculos pelos penalistas. Há um enraizamento desse estilo de exemplos abstratos (e inverossímeis). Todavia, isso não retira do uso de exemplos "tipo Caio, Tício e Mévio" o seu papel criterialista, típico do positivismo jurídico, como o do indivíduo que está pendurado à beira do abismo e vem alguém que lhe pisa nos dedos que lhe davam sustentação... Ou do indivíduo atropelado por uma ambulância e, no caminho para o hospital, é atingido por outra ambulância... Caio e Tício são náufragos e se salvam sobre uma tábua; como só há espaço para um, Caio mata Tício em estado de necessidade. Existem exemplos mais famosos ainda, como o dos tiros ao alvo de uma barraca em um parque de

56 Nota explicativa: a expressão "leito de Procusto" é empregada como uma metáfora que ilustra a tendência de conformar algo ou alguém a padrões preestabelecidos, sem considerar as características naturais ou a diversidade envolvida. A origem desse termo remonta à mitologia grega, precisamente à narrativa de Procusto, um bandido que administrava uma pousada peculiar. Segundo a lenda, Procusto exigia que seus hóspedes se ajustassem ao comprimento específico de seu leito. Caso fossem mais altos, ele os mutilava; se fossem mais baixos, esticava seus corpos até alcançarem as medidas desejadas. Essa metáfora é frequentemente aplicada para criticar situações em que a imposição de padrões inflexíveis desconsidera a diversidade e singularidade, refletindo a falta de adaptabilidade diante das nuances naturais das pessoas e situações.

diversões. Embora de relevância para a ciência penal, cabe ressaltar que se trata de um aguilhão semântico, em que primeiro se constroem os critérios para depois se encaixarem eventuais casos, com o que a dogmática substitui o próprio Direito (no caso, o penal).

Isso mostra como a dogmática jurídica "explica" o Direito a partir de critérios convencionais de identificação, e não de critérios interpretativos, buscados numa reconstrução histórica do sentido das normas. A distinção entre tais modos de elaborar teorias jurídicas remete a Ronald Dworkin. É como assemelhar o Direito à discussão sobre a diferença entre um livro e uma brochura, fixando convencionalmente um número de páginas (distinção criterial).

Esse modo de raciocinar se liga à boa parte da tradição positivista, pela qual a identificação do Direito é feita a partir de critérios convencionalmente compartilhados. De outro lado, Dworkin defende que a identificação do que é o Direito se assemelharia mais à discussão sobre se pagar a conta a uma convidada em um jantar romântico é ou não ser cortês (distinção interpretativa), na qual os critérios serão disputados interpretativamente, a partir de uma reconstrução sobre o que se ajusta e se justifica como cortesia num embate entre diferentes visões – podendo uma feminista criticar a visão de que o homem deve pagar o jantar para ser cortês, alguém mais alegar que a cortesia é quando quem convida paga, ou que a conta deve ser dividida igualmente etc.

O que quero dizer é que reconhecer o Direito como uma prática interpretativa não é apenas uma sutileza acadêmica, possuindo sérias implicações práticas. Significa que o Direito não é "criado" por uma estipulação arbitrária, "posto" por aceitação social – ou, pior, por invenção conceitual de um doutrinador a partir de exemplos extravagantes, como ocorre comumente em área como o Direito Penal. O Direito parte de casos concretos, embebidos na facticidade, e é relacionado a um material normativo básico, num processo de integração em que se busca "fazer sentido".

As discussões do Direito Penal – que, simbolicamente, podem ser estendidas para outros ramos – parecem representar o idealismo da dogmática jurídica, uma vez que têm como ponto de partida os conceitos convencionalistas para depois realizar a compreensão do Direito, perdendo a própria especificidade do Direito legislado. É como se os exemplos funcionassem como enunciados autoevidentes, aptos para deduções.

Observe-se o criterialismo em pleno funcionamento nos nossos tribunais. Como explicar a algaravia conceitual com coisas como "a atribuição de sentido do 'uso da arma' nos crimes de roubo?" A Terceira Seção do STJ, por maioria, deu provimento a um recurso especial para, reformando o acórdão impugnado, restabelecer a pena privativa de liberdade fixada, e delimitou a seguinte tese quanto ao Tema Repetitivo 1171: "a utilização de simulacro de arma configura a elementar grave ameaça do tipo penal do roubo, subsumindo à hipótese legal que veda a substituição da pena", vencida a Ministra Daniela Teixeira, que negava provimento ao recurso especial por entender que simulacro de arma de fogo não configura elementar de grave ameaça do tipo penal do roubo. O que se observa é que, se o STJ estabeleceu um precedente qualificado (*sic*), no seu âmbito, não deveria haver controvérsia. Ocorre que precedentes qualificados ou não (o que seria um precedente não qualificado?) somente funcionariam em termos sistêmicos se, efetivamente, fosse guardada a *holding* do "caso mãe", de onde tudo deveria emanar. Na medida em que precedentes (qualificados) são feitos para o futuro no modelo de regra geral e abstrata, fica difícil fazer o *distinguishing* ou a "subsunção". Por isso, o voto dissonante da Ministra Daniela Teixeira.

As situações fáticas vão gerando um acirrado debate e nem sempre as decisões são equilibradas ou bem fundamentadas. Pensemos na seguinte hipótese: estamos de acordo que simulacro de arma de fogo não é uma arma de fogo, pois se trata de uma emulação, de uma representação da verdade e é impossível disparar com ela. Isso é fato incontestável. Por isso, configura apenas roubo simples (*caput*), por constituir uma grave ameaça à vítima. Porém, o que acontecerá se estivermos em face de uma arma de fogo verdadeira, apta, eficaz a disparar, mas que esteja sendo usada desmuniciada? A jurisprudência (precedente persuasivo?) reputa que haveria a causa de aumento de pena. Porém, as situações não são similares? Como disparar (lesividade) uma arma desmuniciada? E como se resolve a hipótese em que a arma não é apreendida e é reconhecida a causa de aumento? Não se exige a prova da capacidade lesiva. Só que, se não for apreendida, vira arma de fogo e qualifica o crime, de acordo com entendimento sumulado do STJ (precedente qualificado). Observe-se: a vítima não tem como saber se se trata de uma arma verdadeira. Já se for apreendida e constatado ser um simulacro, o roubo é simples. Com isso quero apenas mostrar a complexidade dos fatos. Que não podem, jamais, ser abarcados de antemão por conceitos. O Direito e a realidade não cabem nas teses. E não cabem nos conceitos. Por isso, minha crítica aos ensinamentos por meio de exemplos abstratos.

Concorde-se ou não com as críticas a esse modo de "fazer dogmática jurídica", parece inegável que é um tema que deve ser enfrentado pela dogmática crítica. O que o ensino jurídico tem a dizer sobre isso?

Outro tema para debater, na linha de "por que o legislador pune com rigor os crimes cometidos pelas camadas pobres", exsurge da comparação entre o crime de furto e o de descaminho e das razões pelas quais um contrabando de mercadorias no valor de R$ 20 mil é considerado insignificante[57] e um furto de R$ 200 não, como se pode perceber até mesmo em julgados da Suprema Corte. Só o criterialismo dogmático pode justificar essa equivocada percepção da aplicação dos diversos tipos penais. A análise isolada dos tipos penais – como se fosse possível interpretar o Direito "em fatias" – tem como resultado um Direito descolado da sociedade.

57 Cf. STRECK, Lenio Luiz. "Direito Penal – fato ou autor? Insignificância e reincidência". *Conjur*, 9 out. 2014. Disponível em: https://www.conjur.com.br/2014-out-09/senso-incomum-direito-penal-fato-ou-autor-insignificancia-reincidencia/. Acessado em: 17.02.2024.

Do mesmo modo, uma boa discussão nas aulas de direito penal pode ser feita para explicar por qual razão o crime de sonegação recebe a benesse da extinção de punibilidade pelo pagamento do prejuízo até mesmo, por interpretação extensiva,[58] depois de sentença condenatória (a lei fala "até o recebimento da denúncia"), enquanto, na hipótese de um furto em que não tenha restado prejuízo (recuperação da *res furtivae*), não se aplica o mesmo favor *legis*?[59]

É evidente que alguns dos exemplos apresentados são caricatos. Reconheço. Caricatos, porém, verdadeiros. Reais. Utilizados cotidianamente. Às vezes, a vida até imita "a arte". Esse é o ponto. Como caricatos também são os livros que pretendem "explicar" o Direito por meio de "manuais mastigados" ou "livros sem as partes chatas".

Quando me refiro a essa caricaturização, produto da literatura simplificada e simplificadora, o que importa é o seu aspecto simbólico, conceito que uso a partir de Cornelius Castoriadis, do livro *A Instituição Imaginária da Sociedade*.

---

58 Nessa vinha, ver: SANTOS JÚNIOR, Rosivaldo Toscano dos. "Crime, reparação do dano, falácias e princípio da igualdade: Themis pode usar uma venda, mas o juiz não". *Revista do CEJUR/TJSC*: Prestação Jurisdicional, Florianópolis, vol. 1, nº 1, 2013, pp. 199-223.

59 Nesse sentido, fui pioneiro, como Procurador de Justiça, em propor a aplicação isonômica entre o furto e a sonegação de tributos, já no ano de 1990, junto ao TJRS. Com efeito, veja-se a ementa de acórdão que trata do tema: "ESTELIONATO. ÔNUS DA PROVA. No estelionato, mesmo que básico, o pagamento do dano, antes do oferecimento da denúncia, inibe a ação penal. O órgão acusador deve tomar todas as providências possíveis para espancar as dúvidas que explodam no debate judicial, pena de não vingar condenação (Magistério de Afrânio Silva Jardim). Lição de Lenio Luiz Streck: os benefícios concedidos pela Lei Penal aos delinquentes tributários (Lei n. 9.249/95, artigo 34) alcançam os delitos patrimoniais em que não ocorra prejuízo nem violência, tudo em atenção ao princípio da isonomia. Recurso provido para absolver o apelante" (BRASIL. TARS. 2ª Câmara Criminal. Apelação criminal n. 297.019.937. Relator: Amilton Bueno de Carvalho. Data do julgamento: 25 de setembro de 1997).

Com efeito, por meio desse universo que transita entre o caricato, o idealístico e o dramático (ou surreal), conseguimos perceber as idiossincrasias do Direito e do modo como ele é ensinado e reproduzido nas práticas cotidianas. E o modo como a dogmática jurídica não dá conta das vicissitudes do cotidiano de uma sociedade complexa como a brasileira.

Ensinar direito do consumidor tratando de exemplos como "a embalagem apresenta diferenças com o conteúdo" longe está do que acontece nesse campo cotidianamente, quando empresas lesam milhões de pessoas apostando na impossibilidade de os lesados buscarem o ressarcimento. Grandes empresas impedem ou impossibilitam até mesmo o mínimo contato do consumidor que pretende reclamar. O mundo real é onde ocorre recuperação judicial de grande empresa lesando milhares de pessoas. Consumidor e cidadão estão interligados: um terço das comunidades do Rio de Janeiro (cerca de dois milhões de almas) são reféns dos traficantes ou milicianos, segundo estatísticas do ano de 2023; ao mesmo tempo, os manuais de Direito Penal e professores em sala de aula ensinam o conceito de rixa e furto qualificado por escalada.

CAPÍTULO V

O ENSINO E A DOGMÁTICA OU "DE COMO AINDA SOMOS OS MESMOS...": DOS FATOS AO DIREITO?

Um aspecto intrigante que ocorre nas práticas jurídicas: começa-se com "os fatos" e, somente na sequência, se fala "do Direito". Como se fosse possível a existência de "fatos brutos". Isso demonstra o modo como a dogmática jurídica está arraigada ao passado. Além disso, coloca uma questão: o Direito não se preocupa com a filosofia. Afinal, a inexistência de fatos brutos parece obter um certo consenso. Na filosofia. Mas, no Direito, não. Swift, em seu *As Viagens de Gulliver*, no século XVIII, já ironizava "fatos brutos", quando "descreve" os objetos encontrados com o náufrago. Como descrever um relógio de forma "bruta", como se fato e valor tivessem existência isolada? A ironia de Swift é uma ácida crítica à própria separação entre Direito e moral. No Direito, Castanheira Neves escreveu o clássico *Questão-de-Facto, Questão-de-Direito*.

Isso – e tudo o que foi dito até aqui – também demonstra a histórica dificuldade da dogmática jurídica em lidar com os fenômenos sociais – e com o próprio Direito. Vários fatores tiveram e têm influência nessa problemática. Como muito bem disse Ferraz Jr. em um texto há mais de 40 anos:

> É preciso reconhecer que, atualmente, quando se fala em Ciência do Direito, no sentido do estudo que se processa nas Faculdades de Direito, há uma tendência em identificá-la com um tipo de produção técnica, destinada apenas a atender às necessidades do profissional (o juiz, o promotor, o advogado) no desempenho imediato de suas funções. Na verdade, nos últimos cem anos, o jurista teórico, pela sua formação universitária, foi sendo conduzido a esse tipo de especialização, fechada e formalista.[60]

Veja-se a atualidade do "atualmente dos anos 1980 do século XX". O que mudou de lá para cá?

Passamos do bacharelismo para o tecnicismo e, agora, ao concurseirismo. Passados 35 anos, os concursos ainda são os mesmos – assim como o ensino jurídico.

O primeiro concurso público realizado no Brasil ocorreu em 1937, conduzido pelo Instituto de Aposentadoria e Pensões dos Industriários (IAPI). No entanto, a sua obrigatoriedade *stricto sensu* como forma de ingresso no serviço público só ocorreu a partir da Constituição de 1988.

A ideia do constituinte era clara e estava em sintonia com o conceito que permeava aquela nova Constituição: uma democratização completa do acesso aos cargos públicos que não se daria mais através de indicações e trocas de favores. Tratava-se, portanto, da busca de um rompimento com legado de nossa Grande Tradição, enquanto uma herança lusa reforçada pelo peculiar processo de

---

60 FERRAZ JUNIOR, Tercio Sampaio. *Introdução ao Estudo do Direito*: técnica, decisão e dominação. 2ª ed. São Paulo: Atlas, 1994, p. 49.

(in)dependência brasileiro – o patrimonialismo, o clientelismo e a apropriação do público como se privado fosse.

Após décadas, os resultados práticos dessa regra são questionáveis. Porque delegaram o conteúdo dos concursos para empresas privadas e bancas nomeadas por vezes por critérios questionáveis. E o ensino jurídico? Continuou com os mesmos cacoetes e simplificações. O que há em comum? A velha dogmática jurídica. Criterialista, problemática sobre a qual me debruço no decorrer de toda a obra.

A efetividade do modelo de concursos públicos que vigora no Brasil desde então transformou os certames em verdadeiros *quiz shows* nos quais os candidatos são obrigados a decorar dezenas de leis e memorizar as exceções das exceções das exceções. Na verdade, além de decorar leis, o candidato deve decorar os critérios e classificações artificiais criadas pela dogmática. Isso aliado às teses advindas dos tribunais.

A pergunta que se impõe é: por que não se discutem alterações substanciais nesse modelo de concursos que está muito longe de escolher os "mais capacitados pelo meio mais democrático"? Para respondermos essa questão obrigatoriamente temos que realizar uma reflexão que envolve a construção do imaginário da ocupação de um cargo público no Brasil, a instituição desse meio de acesso pela via dos concursos públicos e os reflexos no ensino jurídico.

O primeiro fator é que a recepção dessa Grande Tradição com o qual o constituinte buscava romper (e parece ter fracassado), obviamente inclui o Direito e toda a institucionalidade que dele decorre – e que dia a dia nos molda –, permitindo uma peculiar interlocução entre essa mesma tradição e o modelo de ensino jurídico e o modelo de concurso público, junto àquilo que denomino de estandardização do Direito. Isso porque a própria história dos cursos jurídicos no Brasil demonstrou que os professores, formados na Universidade de Coimbra, eram reprodutores do texto normativo e das doutrinas consagradas e apostiladas. Essa metodologia presa a um pretenso purismo normativista (tradição textualista-exegética) possibilitou a construção de clichês que distanciavam os cursos jurídicos de todas as demais áreas da ciência.

O segundo fator está no fato de ter sido construída uma próspera indústria que se beneficia desse modelo. Voltando no tempo, é possível compreender as relações de causa e efeito e de como essa indústria se constituiu: com a entrada em vigor da nova previsão constitucional, uma série de cargos, que antes estavam à disposição na máquina pública, agora necessitavam de um certame para que fossem acessados; esses certames para os cargos foram organizados tendo por base o nível de escolaridade exigido, mas as provas invariavelmente questionavam acerca da legislação pertinente ao cargo que o candidato pretendia ocupar. Muitos cargos não exigiam graduação em Ciências Jurídicas e Sociais; não era possível questionar acerca da ciência do Direito e as provas se focavam em reprodução de legislação.

No início dos anos 1990, o interesse nos concursos públicos não era tão grande. No entanto, a partir de 1994, com o governo FHC e as medidas econômicas, as mudanças ocorridas no mercado de trabalho geraram uma atenção especial aos cargos no serviço público. Onde havia uma insegurança crescente na iniciativa privada, além do achatamento de remuneração – elementos próprios da lógica neoliberal em relação ao trabalho –, o serviço público oferecia segurança e boa remuneração. A consequência, por uma questão de sobrevivência, foi um interesse crescente nos cargos públicos e um aumento do número de candidatos participando dos processos seletivos.

Com o aumento do número de candidatos por vaga nos certames, a dificuldade de aprovação cresceu, o que levou aos interessados nos cargos a procurarem meios de obter uma vantagem na competição (já foi assim no vestibular, com a proliferação de cursinhos pré-vestibular). Como a maioria dos cargos burocráticos envolvia o conhecimento de legislação, um movimento natural ocorreu: uma corrida aos cursos de Direito. E, é claro, os próprios concursos foram se adaptando "darwinianamente".

Cursar Direito, portanto, virou um meio para participar desses certames. Além disso, legislações incluam exigências cada vez de formação jurídica – até para ser bombeiro se exige curso de Direito. Construiu-se, assim, um imaginário pelo qual entrar em uma faculdade de Direito era abrir um leque de possibilidades de trabalho com remuneração muito superior ao que era ofertado na iniciativa privada. Não há curso que oferece mais alternativas do que o de Direito. Esse imaginário se intensificou a partir do segundo mandato de FHC, quando o impacto das medidas neoliberais que vinham sendo aplicadas gerou grave crise econômica no país, com aumento do desemprego, desvalorização da moeda e perda do poder de compra.

A partir de 2003, com o primeiro governo Lula, iniciou-se um processo de intenso estímulo ao acesso aos cursos superiores no Brasil, por meio de políticas públicas que encorajavam o aumento do número de vagas em universidades. Essas políticas públicas incluíam o aumento de vagas (além do FIES) e construção de novas universidades federais. Houve também a facilitação de abertura de novas vagas e de universidades privadas. Por sua vez, a lei da oferta e da procura levou a uma proliferação de cursos de Direito no Brasil. Cidades com pouco mais de cinco mil habitantes possuem cursos de Direito.

Hoje, passadas mais de três décadas anos desta tentativa de democratização de acesso aos cargos públicos, é consenso que os concursos públicos têm sido a principal causa da procura pelo bacharelado em Direito. Tal circunstância, obviamente, gerou reflexos de ordem prática.

Para evoluir (n)esse debate, é imprescindível que se inclua, nessa cartografia, o papel desenvolvido pelos "cursinhos preparatórios" para concursos públicos e "Exame da Ordem", assim como os próprios concursos públicos, entendidos como instâncias de avaliação de conhecimento para ingresso nos cargos que compõem a estrutura político-administrativa do Estado.

Como o conhecimento do Direito envolve muito mais que a simples memorização de leis, havia um descompasso entre o que as universidades ofertavam e o que era buscado. Da mesma forma, quando todos os participantes de um concurso já partem do mesmo ponto inicial que é a graduação em Direito, há a necessidade de uma nova vantagem. Foi por isso que, ao longo da segunda metade dos anos 2000, houve uma proliferação de cursos preparatórios para concursos públicos pelo Brasil afora. Houve um momento em que havia cursos de preparação para ingresso em cursinhos (por exemplo, cursos ministrados pelas corporações de escolas de juízes e membros do MP). Era a busca da vantagem em duas etapas.

De outra parte, o ensino jurídico nas universidades foi sendo substancialmente simplificado – assunto recorrente neste livro – para se adequar à demanda dos que nele ingressavam e o tinham como meio para obter um fim específico: aprovação em concurso público, seja ele qual fosse. Criou-se um meme de aluno perguntar: "*cai na prova da Ordem? Cai no concurso? Não? Então esquece, professor*".

O resultado disso foi um substancial empobrecimento do ensino jurídico no país: além da simplificação dos currículos dos cursos de Direito, com a tentativa de encurtamento da duração do curso (veja-se que, seguindo a linha dos "atalhos em *terrae brasilis*", o MEC encurta o caminho para ser doutor, fazendo simbiose com o mestrado), foi realizado um corte drástico nas disciplinas de propedêutica e filosofia, com a alocação do tempo disponível para maior ênfase em disciplinas dogmáticas (dogmática essa, insisto, dominada pelo criterialismo). Foi esse o processo que levou a "cursinização" do ensino jurídico no Brasil.

Afinal, a profissionalização dos estudos por meio de cursinhos preparatórios proporciona o conhecimento dos conteúdos exigidos no edital e, ainda, a compreensão do perfil das questões cobradas, reduzindo o conhecimento ao plano dogmático e reducionista. Se o bacharelado em Direito havia virado meio, a lógica de mercado impunha uma adequação a essas expectativas.

Da mesma forma que os concursos públicos, a prova de seleção do "Exame da OAB" não corresponde aos postulados constitucionais de uma formação integral (cultural e científica). Soma-se a isso que o Ministério da Educação é deficiente na análise de condições por seu Exame Nacional de Desempenho de Estudantes (ENADE), uma vez que, após realizá-lo (para estudantes da área ingressantes no ano de avaliação, bem como para estudantes concluintes), o processo torna-se insipiente em termos de ação pedagógica nos centros universitários.

É certo que a dimensão econômica da educação – criticada há tempo e considerada em todos os documentos que proclamam uma reforma – tem profunda relação com a manutenção de uma educação de baixa qualidade (isso agora é agravado com o projeto de simplificação da linguagem capitaneada pelo CNJ).[61]

Sendo assim, não há dúvidas de que, à medida que os alunos estão acessando à educação superior cada vez mais despreparados, à medida que a formação dos bacharéis em Direito está cada vez mais profissionalizante e à medida que o "Exame da OAB" e os concursos públicos estão reprovando cada vez mais candidatos com conteúdos memorizáveis, o mercado editorial de manuais, resumos, resuminhos e truques mnemônicos (aliás, existem livros que ensinam isso) cresce e se aperfeiçoa a cada dia mais, reforçando a fragilização epistemológica da educação.

Os compêndios simplificadores, nesse contexto, reforçam o hábito dogmático e unidisciplinar, em contraposição à dimensão que a sociedade contemporânea exige da metodologia jurídica. A dogmática jurídica, nesse claro-escuro, contenta-se com menos.

---

61 Cf. STRECK, Lenio Luiz. "Sobre a simplificação da linguagem do Direito que o CNJ deseja". *Consultor Jurídico*, 25 jan. 2024.

Na ausência de reflexão, não exerce o papel de constrangimento epistemológico, servindo apenas, salvo exceções, para sedimentar incoerências e equívocos criterialistas. A simbiose ensino-doutrina--concursos tem sido um entrave para o desenvolvimento de um ensino emancipatório e de um novo modelo de concursos, a partir da proliferação de concepções jusfilosóficas anacrônicas e antidemocráticas.

É inegável, assim, que, historicamente, os cursos jurídicos e os modelos de concursos públicos guardam relação. O fato é que o modo "senso comum empirista" de apropriação da realidade empobrece o Direito, que é transformado em instrumento de teorias políticas de poder. E se é instrumento, já não é Direito. Não é por acaso que mais da metade da comunidade jurídica estava contra a presunção da inocência, segundo pesquisas da época em que ingressamos com a ADC 44.

Por final, essa ênfase na seleção de candidatos a partir de uma dogmática jurídica desprovida de crítica, completamente alienada da filosofia e de formação humanística, seleciona os candidatos que reproduzem exatamente esse perfil para ocupar os cargos públicos. Afinal, a dogmática independe de viés político para a sua sobrevivência, como explicito no verbete no Glossário ao final.

A profissionalização dos estudos, reduzido não mais ao aprendizado, mas ao mero treino para a execução na próxima prova, limitou drasticamente a possibilidade daqueles que estão em condições de concorrer em igualdade com os demais candidatos, algo muito distante da ideia de democratização do acesso aos cargos públicos que fora pensada pelo constituinte. Hoje vige a máxima: sem cursinho, não passa.

Portanto, o perfil econômico se tornou determinante para selecionar aqueles que podem se dedicar exclusivamente ao preparo para participação em concursos públicos, primeiramente acessando aos cursos preparatórios específicos.

Veja-se que essa lógica foi se reproduzindo de maneira sucessiva. Depois dos cursinhos, vieram os *coaches*, depois dos *coaches*, a mentoria individualizada – forma "Nutella" de elitização dos concursos. Todos esses prometendo a tão sonhada aprovação no concurso público que acabou virando fetiche: "concursocracia da prosperidade". Bancas de concursos que possuem ligações com cursinhos preparatórios. Questões que o candidato só sabe se estiver frequentando determinado curso. Uma série de fatores que se retroalimenta e fomenta uma indústria que movimenta milhões de reais ao ano. De outro lado, a insegurança e a precarização do trabalho no Brasil só aumentaram desde então. Nota: tudo agravado, agora, com a proliferação de robôs e "quejandices" tipo "produção em série".

O tempo passa e o modelo de prova nos concursos públicos continua exatamente o mesmo que dos anos 1980. A verdade é que ninguém ousa mexer nesse vespeiro. Muda governo e nada muda. Por qual razão? Eis o que tento responder há tantos anos.

A título exemplificativo de tudo que foi dito até agora: recentemente o CNJ resolveu implementar um "Exame Nacional da Magistratura" para que candidatos realizem o concurso para acesso aos cargos da magistratura, sob a justificativa de que as provas realizadas pelos tribunais não eram adequadas. Uma espécie de Jus-Enem.

A solução encontrada pelo CNJ? Uma nova prova de múltipla-escolha – focada em questões dogmáticas – para que o candidato possa realizar outra prova depois. Rapidamente surgiram "cursos especializados para o ENAM (Exame Nacional da Magistratura)". Esse processo vai ser cada vez mais "aperfeiçoado". Ex-juízes *coaches* oferecendo preparações caríssimas para ENAM. E o resto os leitores e leitoras conhecem. A lógica preestabelecida logo se reproduz como um vírus, mesmo diante da "inovação". Não é por mero acaso... Veja-se como os novos cursinhos são ministrados por membros das carreiras jurídicas. Forma-se o mesmo círculo vicioso de antes.

Criou-se, assim, um imaginário pelo qual o cursinho é indispensável. Vale frisar que até mesmo o CNJ admite a institucionalização de cursinhos de preparação para os concursos, o que pode ser visto pelo projeto apresentado pelo Ministro Roberto Barroso em fevereiro de 2024, pelo qual o CNJ (Conselho Nacional de Justiça) lançou um programa de concessão de bolsas para pessoas negras e indígenas em cursos preparatórios para provas da magistratura, a ser coordenado por uma empresa privada, a Fundação Getúlio Vargas, já dominante no ramo da elaboração de provas em diversos concursos públicos. Isto é, institucionaliza-se a tese de que para ingressar no serviço público, em especial na magistratura, o cursinho é indispensável. A qualidade do ensino jurídico, mais uma vez, fica em segundo plano na discussão.

Trata-se de tentativa de amalgamar a crise. A graduação deficitária gerou a necessidade de cursinhos de preparação, que passaram a ocupar um espaço de grande relevância na formação dos futuros quadros. Na medida em que os cursinhos, por uma questão de eficiência e economia de tempo, lançaram mão de modelos mnemônicos e resumos de temas – e nesse sentido a diversidade e a criatividade não têm limites. E, ainda mais recentemente, houve o avanço da comunicação TikTok e da inteligência artificial, tudo muito bem aproveitado e adaptado pelo ramo dos concursos.

Esse modelo, que foi tomando grandes dimensões principalmente com o incremento das redes sociais, mudou a tradicional fotografia do bacharelismo nacional. Antigamente, havia a figura do bacharel em Direito como filho das elites e aspirante aos lugares de poder num Brasil com fortes resquícios coloniais. Trata(va)-se do sujeito de mentalidade reacionária e escrita beletrista, fundador de uma cultura jurídica baseada nas citações desnecessárias e no argumento de autoridade, fartamente retratado por autores como Machado de Assis.

Depois, com a consolidação do aparato burocrático do país, vem a pressão por um ensino técnico-profissionalizante, o qual, para se livrar do beletrismo, jogava fora também qualquer aspiração teórica, formando uma geração de autômatos "operadores do Direito", funcionais para regimes autoritários.

Esse é o contexto em que surge a era dos concursos acima delineada, na qual autores versados no ramo concurseiro citam o entendimento sobre institutos jurídicos de bancas como FGV e Cebraspe em seus manuais e compêndios, como se estas constituíssem fontes do Direito. As provas formuladas por essas bancas mais se assemelham a *quiz shows*, não verificam aprendizado nem preparam os postulantes a cargos públicos para seu exercício.

O resultado é que as próprias faculdades de Direito fazem uma adaptação "darwiniana" e passam a mimetizar a lógica de cursinhos, deixando de preparar os estudantes para lidar com as questões teóricas e práticas de sua área, passando apenas a treiná-los – agora com o auxílio da inteligência artificial – para serem bem-sucedidos nesse modelo de seleção. Enfim, o foco hoje sequer é um ensino profissionalizante, mas um ensino para passar em provas (mal-elaboradas) de concursos.

Em outras palavras, do conjunto de todos esses elementos, temos que se estabeleceu uma cultura jurídica *standard*, na qual o lidador do Direito trabalha no seu cotidiano com soluções e conceitos lexicográficos, criterialistas (para repetir o conceito de Dworkin), recheando, desse modo, suas petições, pareceres e sentenças com ementas jurisprudenciais – atualmente chamadas de "precedentes" (qualificados ou persuasivos), citadas, no mais das vezes, de forma descontextualizada, além de sua atemporalidade e (a)historicidade, sendo que isso não é problematizado em sala de aula.

Com um pouco de atenção e perspicácia, pode-se perceber que grande parte das sentenças, pareceres, petições e acórdãos é resolvida a partir de citações do tipo "nessa linha, a jurisprudência é pacífica" (seguem-se várias citações padronizadas de número de ementários), ou "já decidiu o Tribunal tal que legitima defesa não se mede milimetricamente (RT 604/327)", ou ainda que "beijo lascivo configura o crime de estupro", sem que se coloque o necessário contexto, como se existissem "conceitos em geral", para usar uma crítica de Gadamer.

São citados, geralmente, tão somente os ementários, os quais, em expressivo número, são tirados de outros ementários (ou da fusão destes). Raramente a ementa citada vem acompanhada do contexto histórico temporal que cercou o processo originário. Não há a reconstrução da história institucional do "precedente". Esse problema agravou-se com a aprovação do efeito vinculante das súmulas (embora o problema já existisse antes) e o surgimento daquilo que vem sendo denominado de "cultura de precedentes". Ora, os fatos não cabem na "ementa" ou no "precedente".

Um exemplo interessante pode nos ajudar a compreender melhor essa problemática da estandardização do Direito. Imaginemos uma súmula com o seguinte enunciado: "para a aferição do conteúdo do art. 23, II, do Código Penal, a legítima defesa não se mede milimetricamente". Embora não seja uma súmula (mas, façamos de conta), esse enunciado foi/é utilizado como uma "quase súmula" (afinal, consta na RT 604/327 e nos principais manuais de Direito Penal), servindo, nas práticas dos juristas, como um álibi para provar as mais diversas teses.

Como toda cultura *prêt-à-porter* que se preze, o referido enunciado tem sido simplesmente citado como se fosse uma proposição assertórica, como se nele mesmo estivesse contida a substância de "todas as legítimas defesas que não podem ser medidas com um esquadro".

Fosse um precedente no sentido norte-americano, essa *holding* somente poderia ser utilizada com força vinculativa se ficassem comprovadas as especificidades do *leading case*, e seu abandono seria possível apenas a partir de uma *distinguishing*. Não esqueçamos: lá, ao contrário daqui, o precedente serve para resolver um caso passado; no Brasil, as súmulas (ou os demais ementários jurisprudenciais) "servem" indevidamente para resolver uma infinidade de casos futuros.

Também no exemplo em questão é irrelevante a discussão acerca da vagueza ou clareza do enunciado. As legítimas defesas e suas densificações "não cabem no enunciado". A verdade não cabe no conceito. A sua aplicação depende de cada caso concreto, cujo sentido exsurgirá da reconstrução institucional dos casos que levaram à edição da súmula. A propósito, façamos, usando o método hermenêutico-fenomenológico (ver verbete respectivo no *Dicionário de Hermenêutica*), a reconstrução da "história institucional" do fenômeno: o *leading case* que sustenta o verbete "Legítima defesa não se mede milimetricamente" é produto de um acórdão assim ementado:

> Legítima Defesa – Proporcionalidade entre a agressão da vítima e a reação do acusado – Inexistência de excesso no uso da excludente – Absolvição mantida (AP. 35.248-3 – 2ª Câmara, 23.9.1985).

E qual é o caso, em suas peculiaridades, indaga o hermeneuta? Há que "descascar o fenômeno". O acusado, ao vislumbrar sua mulher conversando com outro homem, foi-lhes pedir explicações; segundo os autos do processo, disse o acusado

> que havia ido ao local apenas para conversar com sua mulher, a quem segurou pelo braço e já atravessavam a rua, sendo que ele falava alto para a mulher que ela lhe deveria explicar o que estava ocorrendo. Aproximou-se o ofendido e disse-lhe inicialmente "cala a boca, não faça escândalo". Discutiram e o ofendido deu-lhe um safanão e um empurrão, depois de chamá-lo de idiota e "cornudo". Foi nesse momento que o réu reagiu descarregando sua arma contra a vítima. Um dos tiros atingiu as costas da vítima.

Observemos: desse julgado surgiu o enunciado "legítima defesa não se mede milimetricamente..." (*sic*), que passou a ser aplicado aos casos concretos dos mais variados, os quais vão desde "faca contra revólver", "pedaço de pau contra espingarda", "um simples puxar de um pente para justificar a legítima defesa putativa" e até mesmo para justificar a "legítima defesa da honra" (*sic*), para citar apenas algumas das hipóteses.[62]

Mais uma vez, veja-se o problema da aplicação de precedentes à brasileira. Este também é um tema que deve ser pautado nas discussões sobre o "Direito sumular-jurisprudencial". No caso do exemplo tratado acima, um verbete vem funcionando há décadas como uma "quase-súmula", sendo sua *ratio decidendi* (*sic*) construída à revelia das peculiaríssimas situações do fato (na verdade, sequer houve desproporcionalidade de armas, já que a vítima não portava arma de espécie alguma).

Fosse uma súmula (ou um precedente desses que o STJ passou a chamar de "qualificado"), sua futura aplicação dependeria – na verdade, deveria depender – exatamente da aferição desse DNA factual; desse caso e de outros que, em uma cadeia de casos, formatariam e justificariam a edição do verbete sumular.

O mais grave é que essa situação se repete no cotidiano das práticas dos tribunais, circunstância que venho denunciando há vários anos: teses e verbetes transformados em enunciados assertóricos, com caráter universalizante, hoje subdivididos em precedentes qualificados e persuasivos. Exemplo marcante dessa espécie de (mau) uso de verbetes é o que certifica que, "nos crimes sexuais, a palavra da vítima é de fundamental importância". E alguém duvidaria disso? Mas, o que ocorre na prática? O seu uso para condenar e para absolver (muito mais para condenar...). O que menos se perquire é se,

62 Como Promotor de Tribunal de Júri, várias vezes esse verbete foi usado a favor da tese defensiva. Sem contexto, é claro. E "cabia" para qualquer citação. Foi isso que me levou a fazer a reconstrução da história institucional do caso concreto. E dali nasceu o método hermenêutico-fenomenológico, que mais tarde aperfeiçoei em vários livros.

de fato, naquele caso, a palavra da vítima teve especial relevância. O uso descontextualizado é um uso metafísico.

Na verdade, tanto no plano da dogmática jurídica mais tradicional como na dogmática que vem assumindo posturas mais críticas, é possível ainda detectar uma questão a-paradigmática, representada pelo uso sincrético das mais diversas teorias jurídicas. Assim, mesmo em algumas obras consideradas críticas, isto é, aquelas que procuram superar o senso comum teórico mais estandardizado, pode-se verificar uma recaída em velhos clichês, como a busca da verdade real, a vontade da lei, a intenção do legislador, o apelo à metodologia de Savigny, a crença do livre convencimento e, ainda, a adesão ao fenômeno da ponderação de valores (*sic*), fruto de uma equivocada importação da teoria da argumentação de Robert Alexy (ver Glossário).

Em um mesmo texto ou em um mesmo julgamento, é possível vislumbrar o uso concomitante de teses absolutamente exegéticas (textualistas) e teses voluntaristas, sendo que, no caso destas, é lugar comum o uso da ponderação, sem que o aprofundamento daquilo que consta na criação de Robert Alexy.[63] Essa questão não é nova, já tendo sido denunciada há mais de quatro décadas por mim mesmo e por autores como Leonel Severo Rocha, Tercio Sampaio Ferraz Jr., Nilo Bairros de Brum, Luis Alberto Warat e José Eduardo Faria (e, antes deles, por Roberto Lyra Filho). Foi se construindo, assim, um universo no interior do qual a interpretação da lei passa a ser um jogo de cartas (re)marcadas.

Aliás, quando se fala em "vontade do legislador", "espírito do legislador", "vontade da norma", cabe a pergunta: de que "legislador" falam os comentadores? Santiago Nino ironiza as "propriedades que caracterizam o legislador racional", uma vez que "ele" é uma

---

63 Nesse sentido, sugiro conferir o recente trabalho DIETRICH, William Galle. *Metódica em transformação*: a ponderação no Direito Civil brasileiro. São Paulo: USP, 2023. (Tese de Doutorado).

figura singular, não obstante os colegiados etc.; é permanente, pois não desaparece com a passagem do tempo; é único como se todo o ordenamento obedecesse a uma única vontade; é consciente, porque conhece todas as normas que emana; é finalista, pois tem sempre uma intenção; é onisciente, pois nada lhe escapa, sejam eventos passados, futuros ou presentes; é onipotente, porque suas normas vigem até que ele mesmo as substitua; é justo, pois jamais quer uma injustiça; é coerente, ainda que se contradiga na prática; é omnicompreensivo, pois o ordenamento tudo regula, explícita ou implicitamente; é econômico, ou seja, nunca é redundante; é operativo, pois todas as normas têm aplicabilidade, não havendo normas nem palavras inúteis; e, por último, o legislador é preciso, pois apesar de se valer de palavras da linguagem natural, vagas e ambíguas, sempre lhes confere um sentido rigorosamente técnico.

É de se perguntar: pode alguém, ainda, acreditar em tais "propriedades" ou "características" do "legislador"? Lamentavelmente, parece que a resposta é afirmativa. Há, na verdade, um conjunto de crenças e práticas que, mascaradas e ocultadas pela *communis opinio doctorum*, propiciam que os juristas conheçam de modo confortável e acrítico o significado das palavras, das categorias e das próprias atividades jurídicas. E o ensino jurídico é o *locus* privilegiado da proliferação dessa fenomenologia.

Assim, pode-se dizer que o Direito é ministrado nas salas de aula como sendo a disciplina na qual a autoridade ainda conserva uma parte substancial de seu prestígio. Importa menos o que está dito do que quem disse.

Nos países de direito codificado, a doutrina já não tem, como fonte, a importância que teve em outras épocas – basta ver que o Direito caminha a passos largos, em países como o Brasil, rumo à jurisprudencialização[64] (realismo jurídico) –, porém igualmente as

---

64 Há fortes indicativos de que o realismo jurídico já é amplamente dominante na doutrina e nas práticas judiciárias. As teses precedentalistas

alusões a tal ou qual autor são comuns, tanto nos textos dos advogados como nas sentenças judiciais. Isso permite que os autores de textos jurídicos façam política jurídica encoberta, ao apresentar como meras descrições do Direito Positivo suas interpretações pessoais baseadas em valorações.

É relevante frisar, destarte, que toda essa problemática se forja no interior do que se pode chamar de *establishment* jurídico, que atua de forma difusa, buscando uma espécie de "uniformização de sentido", que tem uma relação direta com um fator normativo de poder, o poder de violência simbólica. Como já dito, os Tribunais possuem setores para fazer "gestão de precedentes", coisa absolutamente desconhecida em outros países. Com Dworkin, podemos chamar isso de criterialização conceitual do Direito. Trata-se do poder capaz de impor significações como legítimas, dissimulando as relações de força que estão no fundamento da própria força. É um poder de violência simbólica.

A força das assim denominadas "jurisprudências dominantes" e das famosas "correntes doutrinárias mananciosas" é acachapante. E, depois do Código de Processo Civil de 2015, houve a institucionalização dessa "jurisprudencialização". E quem sabe se são mesmo dominantes essas "jurisprudências", como questiona José Rodrigo Rodriguez.[65] Quem está fazendo a aferição? A alusão a entendimentos remansosos, pacíficos, caudalosos aparecem mais como afetação retórica do que de um levantamento sistemático das decisões tomadas. Longe de ser um problema de estilo, trata-se da própria estrutura do raciocínio jurídico praticado no Brasil, baseado numa cultura que privilegia o argumento de autoridade, em detrimento da autoridade dos argumentos.

---

dão o respectivo aval a esse predomínio.

65 RODRIGUEZ, José Rodrigo. *Como decidem as cortes?* Para uma crítica do Direito brasileiro. Rio de Janeiro: FGV, 2013.

Decisões e peças processuais operam sob a lógica do volume de citações favoráveis a um entendimento que se quer ver prevalecer, sem mencionar os entendimentos contrários e enfrentá-los argumentativamente, como seria de se exigir como imperativo de ética profissional e rigoroso manejo de técnicas como *distinguishing*, *overruling* e *overriding*. O fato de que esses conceitos até hoje sequer têm um equivalente difundido em língua portuguesa é simbólico de que permanecem como formas alienígenas de argumentar.

Desse modo, toda vez que surge uma nova lei, os lidadores do Direito – inseridos nesse *habitus dogmaticus* – tornam-se órfãos científicos, esperando que o processo hermenêutico-dogmático lhes aponte o caminho, dizendo para eles o que é que a lei diz (ou quis dizer). Por isso, é crescente a proliferação de *workshops* jurídicos, em que são "fabricados" enunciados que ditam o sentido das novas leis. Sempre buscando estabelecer respostas antes das perguntas.

Na atualidade, na maioria dos livros que tratam do tema "precedentes", parece estar institucionalizada/naturalizada a tese do realismo jurídico, mesmo que, por vezes, a tese não apareça explicitamente: "Direito é o que as teses, súmulas, precedentes e enunciados dizem que é". O que impressiona é o conformismo da comunidade jurídica com tudo isso. E, para ficar no âmbito do ensino jurídico (e)m crise, a falta de crítica nas salas de aula sobre essa temática.

Há livros de doutrina que defendem a normatividade de enunciados feitos por organismos do judiciário (como Enunciados do ENFAN – Escola Nacional Formação Judiciário). Ou de simples "Fóruns" que reúnem magistrados. Isto é, em vez de se defender a lei, defende-se o enunciado. Hoje, na contramão do que denunciava, por exemplo, Max Weber sobre esse "desencantamento", buscam-se mecanismos para reencantar o mundo. Saudades, talvez, da pré-modernidade, em que tudo estava dado. O retorno do mito do dado. Como querem o precedentalismo e o realismo jurídico: respostas antes das perguntas. Por isso o sucesso de enunciados, teses, súmulas... É a busca de uma modalidade de psicotrópicos epistemológicos que nos livrem da angústia. No fundo, instituímos uma "fábrica de próteses para o pensamento".

Resumindo, passados tantos anos e em pleno paradigma do Estado Democrático de Direito, do giro ontológico-linguístico (desprezado no âmbito do Direito, mormente pelos autores que acreditam no conceito de verdade como correspondência) e do novo constitucionalismo, que:

(i) ainda não se construiu um modelo de ensino que "supere" a leitura de leis e códigos comentados (na maioria das vezes, reproduzindo conceitos lexicográficos e sem nenhuma sofisticação teórica); é impressionante ver que até mesmo docentes com formação em mestrado e doutorado, na hora de ministrarem as aulas, não conseguem fazê-lo sem o recurso aos *standards* manualescos.

(ii) a doutrina – que a cada dia doutrina menos – está dominada por produções que buscam, nos repositórios jurisprudenciais, ementas que descrevem, de forma muito breve, o conceito do texto enquanto "enunciado linguístico";

(iii) uma simples decisão de tribunal vira referência – plenipotenciária – para a atribuição de sentido do texto, perdendo-se a especificidade da situação concreta que a gerou. Em muitos casos, interpretam-se as leis e os códigos com base em julgados anteriores à Constituição, o que faz com que determinados dispositivos, mesmo que sob um novo fundamento de validade, sejam interpretados de acordo com a ordem jurídica anterior;

(iv) a doutrina especializada em comentários de legislação não tem efetuado uma filtragem hermenêutico-constitucional dos Códigos e leis, com o que casos nítidos de aplicação direta da Constituição acabam soçobrando em face de legislação produzida há mais de cinquenta anos;

(v) a proliferação da cultura estandardizada (ementários e comentários simplificados) vem acompanhada por um fenômeno que pode ser denominado de "neopentecostalismo jurídico" (algo como uma "teologia da autoajuda jurídica"), cuja função é "vender" facilidades (e "curas" milagrosas") aos estudantes e aos profissionais que pretendem passar em concursos públicos, com publicações que já no título expõem o seu objetivo: esquematizações e simplificações;

(vi) virou "moda" a publicação das simplificações por intermédio de textos plastificados. Também vemos uma "ferramenta" denominada TikTok, que parece algo feito para crianças brincarem. Na verdade, o TikTok é efeito e não causa; o problema é nossa condição de refém da tecnologia *smartphone*-WhatsApp; tudo fragmentado, instantâneo, como café solúvel – que tem gosto horroroso. Essa ferramenta "concede" algo como 30 segundos para o utente. Talvez esse seja o ponto fulcral. Como o espaço do tal TikTok é reduzido (dizer o que, em 30 segundos ou um pouco mais), é inexorável que a informação – que nem de longe chega a ser conhecimento ou algum saber – seja fragmentada. Resumidinha. *Standard*. Ela chegou no mundo jurídico. E, pior, não há limites. Não podemos transformar a área jurídica em algo "plástico". É o limite do sentido e o sentido do limite, diria Warat. Se somar TikTok com *legal design* e *visual law* (já há sentenças explicadas por desenhos e setinhas), então faltará aparecer um livro *legal design* ensinando constitucionalismo e Filosofia do Direito em duas páginas; proliferam vendas de livros para ensinar o uso do robô ChatGPT, ofertando milhares de petições que podem ser elaboradas em 30 segundos;

(vii) para corroborar a descrição acerca desse Festival de Simplificações que assola o Direito, assistimos ao "lançamento" de "livros" como *Direito Constitucional Desenhado* e *Direito Penal para Concursos para Polícias*, este contendo uma caveira na capa. No caso do *Direito Constitucional Desenhado*, o autor diz que é um livro e um método. Há também *Direito Mastigado*. E *Seja F... em Direito* (espantosamente, um título de livro com um "palavrão" seguido dos vários ramos do Direito). Como disse uma jovem professora "especialista em inteligência artificial" em programa de TV, "o ChatGPT é legal porque com ele dá para fazer petições mais rápido". E já surgiram no mercado cursos sobre ChatGPT e modelos de mil e quinhentas petições. E já existe também o "Direito Processual Sem as Partes Difíceis". Sem esquecer o livro *Descomplicando o Direito Constitucional.*

(viii) Uma coisa é comum em todas essas jus-simplificações: o descumprimento do "Fator Água Mineral", isto é, uma (quase) ausência de fontes (lembremos que, nas garrafas de água mineral, sempre fazem constar a fonte).[66] Esse também é o problema do ChatGPT. Os descomplicadores fazem como o ChatGPT. Juntam tudo, mastigam e devolvem "descomplicadamente". E muitos desses materiais vão para as salas de aula dos cursos de Direito. Vendo os desenhos e os vídeos, tem-se a impressão de que o constitucionalismo foi inventado pelo autor dos desenhos. Nesse ambiente tóxico são formados bacharéis em Direito. E depois os causídicos se queixam quando perdem uma causa com base em um enunciado feito em *workshop.* Pior: sendo em sede Juizados Especiais, não caberá recurso;

(ix) informações do INAF (Indice Nacional de Analfabetismo Funcional) dão conta de um elevado percentual de universitários analfabetos funcionais. Cerca de 10%, o que é extremamente preocupante. E muitos se tornam *influencers.* No Direito, *coachings.* O analfabeto funcional é uma espécie de psicopata epistemológico. Dá para entender por que a TV tem uma linguagem que liga diretamente a coisa à palavra (pretensão de isomorfia). Para noticiar que há enchente, o repórter entra na água até os joelhos;

(x) as pretensões de simplificação da linguagem jurídica nas salas de aula, nos concursos e até mesmo nas peças judiciais (já

66 Assim como caixas perdem suas funções em bancos, estagiários e assessores estão com seus empregos a perigo. E as partes dependem dos esboços de robôs, por mais que se doure a pílula (já não existem os robôs que detonam recursos?). Mais um ingrediente nessa tempestade perfeita do império do simples e do eficientismo. E há algo ainda mais grave: como diz Chomsky, robôs (ChatGPT) são plagiadores na essência. Não citam fonte. Logo, os esboços de decisões (sentenças, acórdãos) serão produtos, na origem, de um robô plagiador. Inexorável.

existem sentenças feitas em *visual law*) se aproximam dessa busca por isomorfia. A linguagem, em vez de ser a condição de possibilidade para a compreensão, torna-se um obstáculo.

(xi) tão forte é a busca por simplificações que, em dezembro de 2023, foi lançado pelo Ministro Roberto Barroso, presidente do Conselho Nacional de Justiça e presidente do Supremo Tribunal Federal, um pacto para simplificar a linguagem jurídica, buscando "eliminar termos excessivamente formais e dispensáveis à compreensão do conteúdo", "adotar linguagem direta e concisa nos documentos, comunicados públicos, despachos, decisões, sentenças, votos e acórdãos" e "explicar, sempre que possível, o impacto da decisão ou julgamento na vida do cidadão", entre outros pontos. Foi lançado o "Selo Linguagem Simples". Meu ponto é que, a pretexto de combater a condenável linguagem empolada (o datavenismo é chato mesmo) que herdamos de uma tradição elitista, há tempos se vem alimentando uma cultura simplificadora, que é extremamente perigosa. Essa cultura naturaliza uma formação de baixa qualidade, na qual se vende (e a palavra é justamente essa) aos alunos a ilusão de que não precisam estudar a sério para exercerem sua profissão. Toda complexidade do Direito seria na verdade uma complicação desnecessária.

(xii) uma coisa é o Direito em sua complexidade, outra é confundir isso com a forma de comunicar para quem não é da área. Ou para quem é da área, dado o grau de mediocretização crescente. Aqui está o busílis. O problema de quem defende simplificar a linguagem do Direito (seja lá o que isso signifique) é que parece que se deseja simplificar o Direito *para os próprios lidadores jurídicos*. Pior é misturar isso. O CNJ pode estar caindo nessa (ou em uma) armadilha. Não se deve confundir o Direito com a linguagem empolada de alguns causídicos "*data venia*", "javanezeiros" e "verborrágicos". Chamar prisão de "ergástulo" é uma chatice mesmo. E fazer citações em latim é uma javanezice (refiro-me ao conto "O Homem que sabia Javanês"). Porém, alguém reclama da complexidade da obra de Hegel? Da filosofia em geral? De Kelsen? E da física? E da química? Isso "justifica" ensinar as fórmulas da química por TikTok? Ou por *chemistry design*? Uma coisa é a química. Ou a filosofia. Ou a medicina. Ou o Direito. Outra é alguém querer vender esse peixe pela mídia. Lembro aqui de Ronald Dworkin, para muitos o maior filósofo do Direito dos últimos tempos, que criticava juristas defensores de uma abordagem antiteórica. Na verdade, fazer teoria é sempre necessário para que possamos articular uma série de informações, interpretações e argumentos num raciocínio coerente. Não há como não ter uma teoria ao resolver um caso; não se pode julgar a partir de lugar nenhum. No máximo, pode-se julgar com uma teoria ruim, irrefletida, que reproduz acriticamente nossos preconceitos e contradições. Dworkin dizia que não se podia entrar num caso se comprometendo a não discutir princípios complexos que ele poderia suscitar. O caso é quem dita a complexidade necessária à discussão! Aceitamos essa possibilidade com relação a outras áreas do conhecimento. Mas, por alguma razão desconhecida, quando se trata do Direito (e das Ciências Humanas e Sociais, em geral), imediatamente pressupõe-se que a complexidade é desnecessária e que podemos julgar de modo intuitivo. Basta querer simplificar. A TV Globo até já tentou ensinar filosofia em cinco minutos no *Fantástico*. A professora escalada para a tarefa, para ensinar a Alegoria da Caverna, tentou uma isomorfia: entrou em uma caverna... Tornou-se hilário. E ninguém aprendeu nada. Minha solução? Ler Platão. *Essa é a alegoria... da alegoria*. Simples assim. Ou complexo.

(xiii) Nesse contexto, há, também, um fértil terreno para o mau uso da inteligência artificial – exatamente para simplificações. E, assim, corremos o risco de cairmos naquilo que Luigi Pareyson[67] chama de "servidão do pensamento técnico". Isto porque as construções da razão destituída de verdade escapam ao controle do homem, agigantando-se até dele se assenhorarem, e sobre ele exercitarem um poder desmedido e terrível, reduzindo-o a uma monstruosa servidão.

---

67 Cf. PAREYSON, Luigi. *Verdade e interpretação*. São Paulo: Martins Fontes, 2005.

A servidão do pensamento técnico, enfim, a paixão pela automação, é, como lembra Moniz Sodré, uma forma de "positivismo educacional", um modelo acelerado de adestramento que ignora a diferença entre produtividade e criatividade, entre instrução técnica e formação humana. De modo geral, excesso de informação é recesso de compreensão. Já a velocidade circulatória suprime pausa, ambivalência, reflexão e, no limite, a própria educação, estruturalmente mais lenta. Junto aos jovens, vence o TikTok. É o epitáfio do professor.

(xiv) não surpreende que, no nosso sistema de justiça, um tribunal confunda "no mesmo prazo" com a expressão "simultaneamente". Quem ainda lê petições? Vivemos o império do simples. Perigosamente o ensino jurídico – e a difusão das práticas cotidianas por meio de uma doutrina de baixa densidade epistêmica – dá razão às críticas (distópicas) feitas pelo narrador de *As Viagens de Gulliver*, escrito em 1726. As palavras estão morrendo, denunciava, com seu sarcasmo e às vezes nem tão sutil ironia. No livro, um cientista de Lagado descobriu que as palavras podiam ser extintas. Bastava carregar em seu lugar as coisas. Mostrar. Apontar com dedo. Não diga "balde", apenas mostre o objeto. Swift também foi o primeiro a denunciar os emojis. Na mesma "Academia de Lagado", outro cientista, para eliminar frases, propõe monossílabos e onomatopeias. Com Swift (e falo apenas dele) dá para aprender "Direito" melhor do que nas faculdades. A passagem sobre a condenação de Gulliver à pena de morte por ter salvado a rainha do incêndio é impagável... e atual! Comparece-se o Ministério Público das Viagens de Gulliver com o que se vê hoje na cotidianidade das práticas judiciárias. E o que dizer da crítica filosófica aos empiristas, quando "descreve" o conteúdo dos bolsos de Gulliver, para ironizar a tese da existência de "fatos brutos";

(xv) até mesmo em determinados setores da pós-graduação *stricto sensu* (mestrado e doutorado), continua-se a fazer descrições de leis e casos (há dissertações e teses de doutorado tratando de temáticas monográficas, mais apropriadas para cursos de especialização, para dizer o menos) – a maior parte desvinculada das linhas de pesquisa dos cursos, tema que tratarei mais à frente;

(xvi) por outro lado, nem sequer conseguimos elaborar um novo modelo de provas de concursos públicos, continuando com a tradicional múltipla escolha – espaço (indispensável) para personagens fictícios como Caio, Tício e Mévio – e com questões dissertativas sobre casos jurídicos (no mais das vezes, sem qualquer sentido "prático"), provas "lei seca" ou perguntas sobre conceitualizações jurídicas, o que dá razão às críticas ao criterialismo que domina a dogmática jurídica;

(xvii) Continuamos a apostar em conceitos a-paradigmáticos como "livre convencimento" e "livre apreciação da prova", sem fazer juízo crítico sobre as contradições existentes entre o que se sustenta em termos de Estado Democrático de Direito (todo poder emana do povo) e esse poder de livre formação da convicção concedido aos magistrados. Tão sacralizado que está esse poder subjetivista que nem mesmo a retirada da palavra "livre" do artigo 371 do Código de Processo Civil teve o condão de alterar o modo como a doutrina e a jurisprudência compreendem essa fenomenologia.

(xviii) o modelo de decisão judicial continua o mesmo há mais de um século: a fundamentação se restringe à citação da lei, da súmula ou do verbete (atualmente os antigos verbetes foram substituídos por "teses" das cortes superiores ou até mesmo de enunciados feitos em *workshops* jurídicos), problemática que se agrava com a institucionalização da súmula vinculante e do atual "sistema de precedentes". Desobedece-se, cotidianamente, o artigo 489 do Código de Processo Civil, que veio exatamente para obrigar os juízes a fundamentarem. Não esqueçamos que o artigo 315 do Código de Processo Penal é espelhamento desse dispositivo.

(xix) daí a (correta) exigência de Dworkin: a "responsabilidade política" dos juízes. Os juízes têm a obrigação de justificar suas decisões, porque com elas afetam os direitos fundamentais e sociais, além da relevante circunstância de que, no Estado Democrático de Direito, a adequada justificação da decisão constitui-se em um direito fundamental. O sentido da obrigação de fundamentar as decisões previsto no art. 93, IX, da Constituição do Brasil implica, necessariamente, a justificação dessas decisões.

(xx) as decisões devem estar fundamentadas a partir da invocação de razões e oferecendo argumentos de caráter jurídico. O limite mais importante das decisões judiciais reside precisamente na necessidade da motivação/justificação do que foi dito. O juiz, por exemplo, deve expor as razões que lhe conduziram a eleger uma solução determinada em sua tarefa de dirimir conflitos. A motivação/justificação está vinculada ao direito à efetiva intervenção do juiz, ao direito dos cidadãos a obter uma tutela judicial, sendo que, por esta razão, o Tribunal Europeu de Direitos Humanos considera que a motivação se integra ao direito fundamental a um processo equitativo, de modo que "as decisões judiciais devem indicar de maneira suficiente os motivos em que se fundam. A extensão desse dever pode variar segundo a natureza da decisão e deve ser analisada à luz das circunstâncias de cada caso particular".

Os temas que acima descrevi deveriam ser assunto obrigatório nas salas de aula. E nas dissertações e teses que tratam do tema "crise do ensino jurídico".

Para além da crise aqui denunciada e procurando permanecer fiel às coisas mesmas, à intersubjetividade, ao mundo prático, à faticidade, à busca da construção de um "comportamento institucional-constitucional", torna-se necessário superar as diversas posturas que ainda percebem o Direito a partir de hipóteses, categorias e enunciados assertóricos-performativos. Eis aí mais um grande desafio.

É preciso ter claro que o pensamento jurídico contemporâneo é fruto essencialmente do ideal liberal propugnado na Europa no decurso do século XIX. A construção de axiomas calcados na neutralidade e constitucionalidade das leis, na imparcialidade do Judiciário, no princípio da legalidade, dentre outros, em muito contribuiu à institucionalização do que se denominou de dogmática jurídica, porém sem a devida epistemologia. Contudo, o fato de se elevarem os valores e dogmas à condição de paradigmas da ciência proporcionou um descompasso metodológico. Assim, a construção do saber jurídico bebeu de uma fonte individualista, de vertente racionalista, caracterizada pela fragmentação do conhecimento.

CAPÍTULO VI

A CARÊNCIA DE PRESSUPOSTOS FILOSÓFICOS PARA A ADEQUADA COMPREENSÃO DA CRISE DO DIREITO

O século XX mostrou-se generoso para o Direito e a filosofia. Pelo menos duas grandes revoluções alteraram significativamente esses dois ramos do conhecimento científico. No campo jurídico, o Direito Público assumiu um papel de destaque com a incorporação e agregação dos direitos de terceira dimensão ao rol dos direitos individuais (primeira dimensão) e sociais (segunda dimensão).

É possível afirmar que, às facetas ordenadoras (Estado Liberal de Direito) e promovedoras (Estado Social de Direito), o Estado Democrático de Direito agregou um *plus* (normativo-qualitativo), representado por sua função nitidamente transformadora, uma vez que os textos constitucionais passaram a institucionalizar um "ideal de vida boa". Isso levou a cooriginariedade entre Direito e moral, conforme apontado por Habermas.

Os conteúdos compromissórios e dirigentes das Constituições[68] – e a do Brasil é típico exemplo – apontam para as possibilidades de resgatar as promessas não cumpridas da modernidade, uma questão de extrema relevância em países de modernidade tardia, como o Brasil, em que o *welfare state* não passou de um simulacro. Um simples exame da história de nossos Códigos revela uma fotografia de uma crise ainda por ser revelada.

O Constitucionalismo Contemporâneo proporcionou essa revolução copernicana que atravessou todos os ramos do Direito Público, fazendo com que as relações privadas perdessem a autonomia que haviam adquirido no modelo formal-burguês de Direito e Estado. O problema é que isso não foi devidamente compreendido pela dogmática jurídica. Fosse bem compreendida, não teríamos concursos públicos nos moldes que conhecemos (estilo *quiz shows*, com lei "seca" e maratonas de "decorebas"), nem um ensino com o predomínio do modelo *prêt-à-porter*.

O que pretendo dizer é que, no campo filosófico, ocorreu uma verdadeira invasão da filosofia pela linguagem, proporcionando uma revolução na forma de compreender o mundo. Superou-se (ou deveria ter sido superado), assim, o pensamento metafísico que dominou por dois milênios. Rememorando: se, no paradigma da metafísica clássica, os sentidos "estavam" nas coisas; na metafísica moderna, na mente (consciência de si do pensamento pensante); nessa verdadeira

---

68 Tema importante para seminários na graduação e pós-graduação é da permanência (ou não) do caráter dirigente das Constituições e em especial da brasileira. Preocupado com o tema, criei o conceito de Constituição Dirigente Adequada a Países de Modernidade Tardia, constante em diversas obras minhas. Vale, nesse sentido, a leitura de OLIVEIRA, Marcelo Andrade C. de; GOMES, David F. L. "O que permanece naquilo que muda? Lenio Streck e a Teoria da Constituição Dirigente Adequada a Países de Modernidade Tardia, no marco da Crítica Hermenêutica do Direito". *In*: STRECK, Lenio Luiz (Coord.). *Um Tributo a Hermenêutica Jurídica e(m) Crise, de Lenio Streck*: 25 anos depois. Florianópolis: Tirant lo Blanch, 2023, pp. 74 e ss.

guinada copernicana, os sentidos passaram a ser construídos na e pela linguagem.[69]

Em outras palavras, pode-se dizer que, desde o início, a crise que afeta o ensino jurídico possuiu uma relação direta com a discussão acerca da crise do conhecimento e do problema da fundamentação, própria do início do século XX.

A dogmática jurídica – e nisso se insere o ensino jurídico – está enredada no criterialismo. É comum professores (e doutrinadores) apostarem no uso de conceitos[70] jurídicos lexicográficos-estandardizados, algo como "o ordinário se presume", "verossimilhança é aquilo que parece próximo do verdadeiro", "princípios são valores", "não cabem embargos se..." Com isso, os conceitos precedem o Direito. São conceitos parasitários, que obnubilam a materialidade da temática discutida. Pode-se afirmar que dogmática jurídica e as teorias analíticas estão umbilicalmente ligadas. Isso é facilmente perceptível pelas classificações arbitrárias que povoam a dogmática. Michel Foucault, quando escreveu *A Verdade e as Formas Jurídicas*,[71]

---

69 Esse tema deve ser levado à sala de aula, para discutir o que é, efetivamente, o giro linguístico e o que representou para a humanidade, como explico em *Hermenêutica Jurídica e(m) Crise*: uma exploração hermenêutica da construção do Direito. 11ª ed. Porto Alegre: Livraria do Advogado, 2014. Também a obra *Um Tributo a Hermenêutica Jurídica e(m) Crise, de Lenio Streck*: 25 anos depois. Florianópolis: Tirant lo Blanch, 2023.

70 Com Hegel: "os pensamentos verdadeiros e a penetração especulativa só podem ser alcançados com a elaboração do conceito: só o conceito pode produzir a universalidade do saber, a qual não consiste na vulgar indeterminação e parcialidade do senso comum, mas no conhecimento formado e acabado" (HEGEL, Georg Wilhelm Friedrich. *Fenomenologia do Espírito*. 1ª parte. Petrópolis: Vozes, 1992, prefácio, item 70). No senso comum teórico jurídico, frases se transformam em "conceitos" com pretensões assertóricas, com evidentes efeitos fragilizantes da teoria jurídica.

71 FOUCAULT, Michel. *A Verdade e as formas jurídicas*. Trad. Roberto Cabral de Melo Machado e Eduardo Jardim Morais. Rio de Janeiro: NAU, 2002.

diz que foi inspirado pelo conto "O Dicionário Analítico de John Wilkins", de Jorge Luis Borges. No referido conto, o escritor argentino critica a pretensão do filósofo natural britânico John Wilkins (1614-1672) em criar uma "linguagem mundial", matemática, na qual cada palavra definir-se-ia a si mesma. Essa divisão foi feita pelo britânico dividindo o universo em categorias ou gêneros, subdivisíveis em diferenças que, por sua vez, seriam subdivisíveis em espécies. Atribuir-se-ia

> a cada gênero um monossílabo de duas letras; a cada diferença, uma consoante; a cada espécie uma vogal. Por exemplo: de, quer dizer elemento; deb, o primeiro dos elementos, o fogo; deba, uma porção do elemento fogo, uma chama.[72]

O problema da criação de tal linguagem, para Borges, para além dos aspectos "práticos", é simples: o arbítrio. Para começar, não sabemos o que é o universo. Faltaria a nós, humanos, as habilidades necessárias para revelar "o secreto dicionário de Deus".

Borges revela muito sobre o criterialismo. A linguagem analítica, denunciada posteriormente por Foucault, já estava aí há muito, quando pensadores tentavam dar conta de descrever o mundo a partir de si mesmos, com uma linguagem que se bastasse. Essa tendência volta à filosofia de tempos em tempos (vide o empirismo lógico), mas está no cerne da dogmática jurídica.

Como dizia Warat, na dogmática jurídica (refém do senso comum teórico), há uma classe dominante cuja mais-valia provém da própria mistificação do saber. Bom tema para o semestre letivo: por que alguns teóricos classificam os conceitos em forte, regular e fraco? O que é realismo no sentido "forte"? O que é precedente

---

72 BORGES, Jorge Luís. "O dicionário analítico de John Wilkins". *In*: ______. *Outras inquisições*. Trad. Sérgio Molina. São Paulo: Globo, 2000. (Obras Completas, vol. 2).

persuasivo no sentido fraco? Ou forte? Quais as condições pelas quais o doutrinador atribui esse sentido?

Outro tema para um seminário: a temática dos ementários e conceitos *prêt-à-porters* que são parasitários. E quem seria essa "classe dominante" com poder de atribuir sentidos? Poderíamos falar de uma mais-valia na dogmática jurídica? Tarefa dos alunos: escolher alguns livros que abusam dessa estratégia e fazer uma desconstrução (e reconstrução) da história institucional. Revolver o chão linguístico dessas enunciações e os confrontar com a realidade.

Um exemplo que simboliza a crise é o modo como a dogmática jurídica trata do *princípio da verdade real*. Ou o relaciona a conceitos como o de "verdade material", tida como oposta à "verdade processual" ou à "verdade formal". Ou, ainda, trata-o como um *mix* entre paradigmas filosóficos antagônicos. Isso sem considerar que o chamam de "princípio", fechando o círculo de equívocos.

Essa é uma questão filosófica de fundamental importância, que aponta as fragilidades da dogmática jurídica. Haveria mais de um tipo de verdade? O que distingue uma verdade formal de uma verdade material? Se uma conclusão é apenas parcialmente verdadeira, ela também não seria parcialmente falsa? A dogmática brasileira pode jogar fora o princípio lógico da não contradição? Por tudo, "precisamos falar sobre a verdade no direito". No decorrer da obra, esse tema é recorrente – o que é isto, a verdade? Visando a facilitar o leitor(a), elaborei ao final um Glossário, em que desenvolvo, com mais profundidade, o conceito de verdade.

Efetivamente, não é fácil entender o que a dogmática processual pretende dizer com a defesa ou a crítica à "verdade" (real, material, formal, processual...). Por vezes, parece que a verdade real é uma busca ontológica clássica, uma *adeaquatio intellectum et rei* (ou seja, a adequação do intelecto à coisa); em outras passagens, fica-se convencido de que a verdade real é o corolário da filosofia da consciência (*adeaquatio rei et intellectum* – que quer dizer adequação da coisa ao intelecto, que vem a ser o contrário da "verdade correspondencial", seguida por autores como Ferrajoli e Taruffo), ou, na verdade, de sua vulgata.

Efetivamente a questão é complexa. Um conhecido autor (e magistrado) de Direito Penal e Processo Penal, Guilherme Nucci, por exemplo, inicia o seu comentário ao art. 155 do Código de Processo Penal com o tópico "significados de verdade e certeza", afirmando que "a existência da verdade é sempre relativa, pois o que é verdadeiro para uns, pode ser falso para outros".[73] Deparamo-nos com um antiquíssimo paradoxo: afinal, é verdade que não existe verdade?

Em uma publicação (boletim) de processo penal, leio artigo de um jovem doutor em Direito, também professor, confundindo os conceitos de verdade (incluindo a de Aristóteles); falava ele também dos perigos do abandono radical do conceito de verdade como correspondência. Mas, o que é isto, a "*verdade como correspondência*"? Por que seria "perigoso" abandoná-la? Afinal, teria – ou tem – algum sentido em falar em "*verdade como correspondência*"? Aliás, esse conceito é recorrente em parcela considerável dos livros de processo, porque adotado pela maior parte dos processualistas (Taruffo, Ferrajoli, Badaró, Guzman etc.). Já de pronto um alerta: as teorias da verdade-como-correspondência estão baseadas na ideia de que "verdade é correspondência com a realidade", ou seja, um portador-de-valor-de-verdade é verdadeiro quando as coisas no mundo são como os portadores-de-valor-de-verdade dizem que são. As teorias correspondenciais estão entre as teorias robustas da verdade; isto é, aquelas teorias que consideram que a verdade tem uma natureza. Além disso, constituem, em geral, uma visão realista objetiva: se algo é verdadeiro, isso não depende daquilo em que cada um acredita; a verdade depende do mundo e não de nós.[74] Aqui já

---

73 NUCCI, Guilherme de Souza. *Código de Processo Penal comentado*. São Paulo: Revista dos Tribunais, 2008, p. 338.

74 Cf. PEREIRA, Renato Machado. "A concepção da verdade-como-correspondência". *Anais do VII Seminário de Pós-Graduação em Filosofia da UFSCar*, 2011.

temos, de pronto, um problema: se a verdade tem um caráter objetivo e que exsurge da adequação-correspondência do intelecto com a coisa (correspondência com a realidade), como compatibilizá-la com subjetivismos como "livre apreciação da prova e livre convencimento"? Talvez este seja o calcanhar de Aquiles da dogmática jurídica em autores como Taruffo, Badaró e Ferrajoli, para falar apenas destes.

Pesquisar o que os juristas escrevem sobre o tema da verdade é, assim, um exercício de fundamental importância e que demonstra as ausências teóricas dos cursos jurídicos (e da doutrina, em grande monta). Em outra revista bem qualificada, especializada em processo, deparo-me com um artigo de um talentoso processualista[75] que, a par de valiosas informações (o texto, de fato, possui erudição), traz afirmações preocupantes, como a de que "*a questão da busca pela verdade interessa não só ao Direito, mas praticamente a todos os ramos do conhecimento*". De pronto, eu retiraria a expressão "praticamente". Na sequência da leitura, preocupou-me assaz o "conceito de verossimilhança" que, para ele, "é *um juízo feito com base em máximas de experiência, isto é, com base no que normalmente acontece*". Indago: teria N. Malatesta razão, portanto, quando dizia que "*o ordinário se presume*", "*só o extraordinário se prova*"? O que são, enfim, máximas de experiência? E como se afere "aquilo que normalmente acontece"? Haveria uma espécie de "*objetividade do senso comum*" ou uma certa "*ontologia do que é dito por aí*"?

Também é intrigante o que diz o processualista Echandía, citado no referido artigo: a verdade "é incalculável" para o homem e "*o resultado da prova pode não corresponder à verdade*".[76] Ora, se a verdade é inalcançável para o homem, por que, então, é possível dizer o enunciado? Por que falar de algo que não existe? Ainda: se é verdade que a verdade não existe, "que é incalculável", por que,

---

75 PEREIRA, Guilherme Setoguti J. "Verdade e finalidade da prova". *Revista de Processo*, ano 37, nº 213, nov. 2012, pp. 161-192.

76 Tradução nossa.

então, às vezes, como diz Seitoguiti J.,[77] o resultado da prova pode não corresponder à verdade?

Em outro texto – e isso se repete em vários –, leio que a verdade é inatingível em face das deficiências humanas de cognição. Mas, paradoxalmente, diz que "*não se deve prescindir da investigação sobre como os fatos se deram*". Indago: se a verdade não existe, se ela é incognoscível/inatingível (lembro que os sofistas já diziam isso), como é possível investigar a maneira "*como os fatos se deram*"? Afinal, se a verdade não existe, como afirmam tantos autores de Direito, como admitir a existência de "fatos"?

Em pesquisa publicada recentemente,[78] analiso juntamente com Luã Jung o pensamento de célebres autores estrangeiros: Luigi Ferrajoli e Michele Taruffo. Na oportunidade, expusemos como a relação entre a teoria da verdade (como correspondência),[79] endossada

---

77 PEREIRA, Guilherme Setoguti J. "Verdade e finalidade da prova". *Revista de Processo*, ano 37, nº 213, nov. 2012, pp. 161-192.

78 STRECK, Lenio; JUNG, Luã N. "Livre convencimento judicial e verdade: crítica hermenêutica às teorias de Ferrajoli, Taruffo e Guzmán". *Novos Estudos Jurídicos*, Itajaí (SC), vol. 27, nº 1, 2022, pp. 2-21.

79 Como já referido, também o processualista Gustavo Badaró considera a teoria da verdade como correspondência como a mais correta. Nesse sentido, consultar, do autor, "Editorial dossiê 'Prova penal: fundamentos epistemológicos e jurídicos'". *Revista Brasileira de Direito Processual Penal*, Porto Alegre, vol. 4, nº 1, 2018, p. 47. O mesmo professor, ao defender a verdade correspondencial, diz que assim o faz "sem ignorar os avanços do giro linguístico, principalmente o papel de intermediação entre a linguagem e a realidade, isso não autoriza que se rompa toda e qualquer conexão entre o conhecimento e a realidade". Todavia, há que esclarecer que nenhum autor que faça parte do giro linguístico afirma desconexão entre conhecimento e realidade. Fosse assim e o giro linguístico seria relativista. Ou niilista. Ou uma teoria cética, não cognitivista moral. Fosse verdadeira a assertiva de Badaró (Cf. BADARÓ, Gustavo Henrique. *Epistemologia judiciária e prova penal*. São Paulo: Revista dos Tribunais, 2019, pp. 210 e ss.), a hermenêutica, por exemplo, fruto do giro ontológico-linguístico, faria atribuições de sentido *ex-post* independentes do que diz o texto (ou a própria realidade, dado o caráter

por estes autores, com a ideia de livre convencimento, não é apenas problemática para a prática jurídica, mas, também, contraditória em seus próprios termos teóricos. Esses autores têm sido recepcionados de forma acrítica pela doutrina jurídica.

Para se ter uma ideia, Ferrajoli afirma que só são verificáveis – e portanto, passíveis de verdadeiras ou falsas – as "afirmações de significado ou de referência empírica, quer dizer, que descrevem fatos ou situações determinadas a partir de determinado ponto de observação".[80] Taruffo, por sua vez, propõe a teoria da verdade a partir de uma referência a Alfred Tarski. Para Taruffo, a definição do conceito de verdade de Tarski,

> é relevante não apenas porque representa uma versão moderna e metodologicamente correta da verdade tal como lhe corresponde, mas também porque parece ser dotada de maior generalidade, ou de substância mais fundamental, em comparação com outras teorias da verdade.[81]

Ao mesmo tempo que propõem uma concepção correspondencial de verdade, limitada às proposições empíricas, na linha do positivismo que lhes é característico, Ferrajoli e Taruffo também propõem uma distinção entre a verdade absoluta, inatingível, e uma verdade relativa (e, nisso, portanto, não se distinguem da doutrina

---

de universalidade da hermenêutica). Aliás, Gadamer, por todos, afirma: se queres interpretar um texto, deixa que o texto diga algo. Textos são eventos. Esse equívoco como o de Badaró também é cometido por autores como Mathias Jestaedt, que considera a hermenêutica relativista (nesse sentido, meu *Dicionário de Hermenêutica*, verbete "Positivismo").

80 FERRAJOLI, Luigi. *Direito e razão*. Trad. Ana Paula Zomer, Juarez Tavares, Fauzi Hassan Chokur, Luiz Flávio Gomes. São Paulo: Revista dos Tribunais, 2002, p. 97.

81 TARUFFO, Michele. *La prueba de los hechos*. Trad. Jordi Ferrer Beltrán. Madrid: Editorial Trotta, 2005, p. 170 (tradução nossa).

anteriormente explorada). Para Ferrajoli, a livre convicção do juiz significa:

> que, para fins da sentença condenatória, excluindo a hipótese de que no processo alguma vez se possa alcançar a verdade absoluta, a certeza subjetiva, ou seja, a convicção (livre) do juiz, é exigida, pelos menos, como substituto fraco mas necessário de uma impossível certeza objetiva: já a convicção, precisamente, já não será sobre a verdade acerca do que aconteceu ou não aconteceu realmente, mas apenas sobre a verdade do juízo de culpabilidade.[82]

No mesmo sentido, para Taruffo, o ceticismo[83] em relação à verdade está relacionado a um movimento de reação teórica por parte de "perfeccionistas" ou "desiludidos", "*diz-se que quem percebeu que a verdade absoluta não é possível passa ao extremo oposto e apoia a impossibilidade de qualquer compreensão racional*".[84]

Constata-se, mais uma vez, a problemática comunhão entre a noção de verdade como correspondência de um lado e a ideia simultânea de que uma verdade objetiva não seria alcançável, cabendo ao juiz, portanto, como "solução", buscar uma verdade relativa que lhe propicie um juízo de probabilidade. A partir desse ponto, o pêndulo epistemológico dos processualistas vai, mais uma vez, do objetivismo fático ao subjetivismo da consciência no qual se baseia a tese do livre convencimento judicial por eles também defendida. Eis um ponto importante para ser discutido em sala de aula e em

---

82 FERRAJOLI, Luigi. "Prefacio". *In*: GUZMÁN, Nicolás. *La verdad em el proceso penal*. Buenos Aires: Didot, 2018, p. 11 (tradução nossa).

83 Observe-se que, estranhamente, autores do campo da hermenêutica são considerados relativistas e/ou céticos por autores como Taruffo. Aliás, autores que trabalham com o conceito de verdade adequacionista consideram o giro linguístico como relativista em termos filosóficos.

84 TARUFFO, Michele. *La prueba de los hechos*. Trad. Jordi Ferrer Beltrán. Madrid: Editorial Trotta, 2005, p. 30 (tradução nossa).

seminários internos das faculdades. Mais adiante delinearei um breve conceito acerca de "verdade".

Uma vez mais, o que efetivamente impressiona é a desconsideração ou interpretação equivocada dos paradigmas filosóficos, feita até mesmo por autores considerados de ponta e com grande poder de influência no campo jurídico. E isso, ao que se vê, não chega nas salas de aula dos cursos jurídicos.

Em linhas anteriores referi que diversos autores brasileiros tratam do tema "verdade" fazendo uma algaravia conceitual (não somente brasileiros, é claro). Isso, evidentemente, possui enorme influência na discussão sobre a temática da prova. Como discutir valoração da prova sem discutir, profundamente, o conceito de verdade? Assim, diz-se, na medida em que "não há verdade absoluta", "resta-nos o relativismo" e, assim, o império da livre atribuição de sentidos ou do livre convencimento (o que dá no mesmo)?

Como conciliar a livre apreciação da prova com a verdade correspondencial? Trata-se de uma contradição insolúvel. Se os fatos são "capturados" livremente, o que isso tem a ver com *adeaquatio intellectum et rei*? Essa contradição mostra a fragilidade filosófica de setores da dogmática jurídica.

O problema vai ainda além pois, embora haja, no âmbito da dogmática, um visível crescimento de textos e livros tratando de epistemologia jurídica, a maior parte da dogmática jurídica brasileira não aprofunda as discussões verdadeiramente filosóficas, como, aliás, é o próprio conceito de epistemologia. Como tomar um conceito como "verdade" como pressuposto? Isso não sobrevive a qualquer teste de rigor ou controle de qualidade epistêmico, digamos assim. Desse modo, com conceitos "emprestados", tolhidos de uma adequada – necessária – elaboração filosófica, uma necessária explicação no sentido próprio, os conceitos acabam contraditórios entre si. Exemplo disso é a tentativa de imbricação entre o conceito de livre convencimento com a verdade por correspondência (de caráter objetivista). A dogmática jurídica, assim, acaba assentada em um equívoco. E tudo parece começar com os equívocos do conceito de verdade e epistemologia – umbilicalmente entrelaçados. A dogmática não institui conceitos filosóficos. Ela não os cria. Ela depende da filosofia, como em uma espécie de teoria da dependência filosófica, como explico no verbete correspondente no *Dicionário Senso Incomum*.

Seria ingênuo pensar – e o alerta vem de Draiton Gonzaga – ser possível realizar o estudo do Direito (e, portanto, da dogmática jurídica) sem o recurso à filosofia, sem recorrer à hermenêutica, pois o Direito é fundamentalmente linguagem, nas suas diversas dimensões: (i) semântica (significado); (ii) sintática (arranjo das palavras na frase) e (iii) pragmática, essa última tão destacada por John Searle e John Austin (*How to Do Things With Words*) na teoria dos atos de fala. Ora, a filosofia tem a ver com racionalidade, com o *logos*: a realidade é polissêmica (Aristóteles) – o ser pode ser dito de diversas maneiras. Não temos um acesso direto, imediato (*unmittelbar*) à realidade: nossa compreensão (*Verständnis*) do real é sempre mediada (*vermittelt*) conceitual e linguisticamente, como destaca, com propriedade, Emerich Coreth, em sua obra *Questões Fundamentais de Hermenêutica* (*Grundfragen der Hermeneutik*). Aqui, portanto, conclui Draiton, fica clara a condição hermenêutica do ser humano, do Dasein. Desse modo, como explicitado por Heidegger, em *Sein und Zeit* (*Ser e Tempo*), e, posteriormente, pelo filósofo brasileiro Emannuel Carneiro Leão, o ser humano permanentemente interpreta, de tal maneira que existir é interpretar, o que se mostra especialmente na Filosofia e no Direito.[85]

Em síntese, a boa dogmática é necessária, exatamente porque o Direito é alográfico. Só que, exatamente por ser alográfico, o Direito não pode ser substituído pelos discursos sobre o Direito

---

85 Cf. SOUZA, Draiton Gonzaga de. "Entrevista a Luã Jung". *In*: STRECK, Lenio Luiz (Coord.). *Um Tributo a Hermenêutica Jurídica e(m) Crise, de Lenio Streck*: 25 anos depois. Florianópolis: Tirant lo Blanch, 2023, pp. 228/229.

– e é o que acaba acontecendo com o criterialismo da dogmática, que substitui aquele que deveria ser seu objeto de conhecimento pelos próprios critérios convencionais. Porque estes são aplicados criterialisticamente pelos tribunais. Que citam a dogmática. Que cita jurisprudência. Baseada na dogmática... e assim vai. Por vezes, dizendo-se "kelsenianos" (leram Kelsen com rigor?), são anti-Kelsen. Kelsen, homem de seu tempo e a seu modo, sabia a diferença entre linguagem e metalinguagem. A dogmática brasileira, divorciando os conceitos da filosofia e construindo o próprio objeto, ignora tudo isso. E se enreda no paradoxo do cretense.

E como desvincular toda essa discussão da fundamental e complexa questão chamada "teoria da decisão jurídica"? Não há Direito sem dogmática. E tudo isso é utilizado em concursos públicos, embasam acórdãos e sentenças e é reproduzido por centenas de artigos e livros, formando uma enorme cadeia reprodutiva. E, é claro, são utilizados nas salas de aula. Aqui chegamos ao ponto de origem: ensino jurídico e(m) crise.

Tudo para dizer que a cotidianidade das práticas jurídicas espelha os *gaps* da dogmática jurídica, que vai da mais simples à mais sofisticada (digamos assim, de quem diz que "tudo é relativo" até quem utiliza Tarski e, ao mesmo tempo, defende livre convencimento e/ou livre apreciação da prova).

Especificando com mais detalhes o que disse em capítulos anteriores, em termos de paradigmas filosóficos, confusões conceituais, como conceitos equivocados sobre a verdade, podem representar efeitos deletérios em disciplinas como o Direito, em que o processo tem a função de apresentar o que aconteceu – isto é, o que verdadeiramente ocorreu e quem tem razão em uma disputa.

Isto é: conceitos como o de verdade têm imediata conexão como a gestão da prova e com o modo como se compreende esse fenômeno, ganhando importância a discussão acerca da existência ou não de um "livre convencimento" do juiz em pleno paradigma da intersubjetividade. Isto para iniciar a discussão.

As salas de aula dos cursos de Direito deveriam ser o *locus* privilegiado para esse tipo de investigação.

No Direito realmente existente, na doutrina jurídica mais consumida, a verdade ora é confundida com um dado bruto (o fato em si?) ao qual o sujeito cognoscente deve se amoldar, ora é resumida a uma construção, erguida – a partir de uma pseudo "consciência metodológica" – pelo sujeito cognoscente, algo que aparece claramente no conceito de "livre convencimento" ou "livre apreciação da prova". Em outros momentos, a dogmática jurídica produz um mix.

De todo modo, o que fica claro é que não há preocupação com as condições epistemológicas de tais assertivas, a começar pelo manejo do conceito de epistemologia (ver Glossário). Ao que tudo indica, o imaginário dos juristas é determinado por uma estranha correlação entre a teoria da correspondência e o subjetivismo. A depender do caso, do objetivo pragmático, ou do público a que se dirige, adota-se uma ou outra.

Retomando o dito anteriormente, vale lembrar que, em dezenas de livros de processo, lê-se que, ao mesmo tempo que "existiria" a verdade como um "dado" real, haveria também o "livre convencimento..." (ou livre apreciação da prova), tudo isso independentemente dos problemas que as próprias concepções clássicas ou modernas da filosofia revelem.

Permito-me, todavia, indagar: de que modo a verdade seria, então, um dado "real"? "Real" em que sentido? O real é o verdadeiro "em si", ou haveria uma proposição a qual, mesmo que não expressasse a realidade, ainda assim poderia ser chamada de verdadeira?

Outra pergunta: independente da correlação com uma ou outra concepção filosófica sobre o conceito de "verdade", fica a indagação acerca do modo pelo qual seria possível compatibilizar essas "teses". Ao exame de parcela considerável da doutrina processual penal brasileira (embora esse problema seja constatável nos demais ramos do Direito), é muito difícil encontrar uma resposta satisfatória a esse dilema. Dessa maneira, do conjunto de uma parte da doutrina e da jurisprudência, tem-se que:

> (i) De um lado, há uma verdade real "nos fatos", por meio da qual o intérprete "busca" a verdade nas essências das coisas/dos fatos e que são verdades irrefutáveis, indiscutíveis e, portanto, não há convencimento, uma vez que sequer há sujeito – chamemos a isso de metafísica clássica (ou de objetivismo). Seria objetivismo no sentido filosófico[86] e não no sentido da dicotomia vontade da lei-vontade do legislador ou, talvez, de uma vulgata construída assistematicamente).
>
> (ii) De outro, haveria um livre convencimento, segundo o qual, aquém de uma metodologia objetiva direcionada à interpretação, os juízos proferidos pela autoridade encarregada não estariam sujeitos a constrangimentos externos (chamemos a isso, de forma bem generosa, de filosofia da consciência).[87]

No fundo, é possível dizer que a dificuldade de a dogmática jurídica lidar com conceitos como o da "verdade real" é apenas a ponta do *iceberg* da crise da Teoria do Direito e do ensino jurídico.

Mutatis mutandis é a mesma dificuldade que essa mesma dogmática jurídica tem para lidar com conceitos como o de positivismo, princípios, mutação constitucional, precedentes etc. O Direito não está blindado a paradigmas filosóficos. Em virtude do pouco aprofundamento de problemas teóricos do Direito que têm sua origem em questões filosóficas ancestrais, constata-se no horizonte dogmático uma mixagem que chamamos de senso comum teórico.

---

86 STRECK, Lenio Luiz. *Dicionário de hermenêutica*: 50 verbetes fundamentais da Teoria do Direito à luz da Crítica Hermenêutica do Direito. 2ª ed. Belo Horizonte: Letramento, 2020.

87 Cf. (i) GADAMER, Hans-Georg. *Verdade e método II*: a história do conceito como filosofia. Trad. Ênio Paulo Giachini. 12ª ed. Petrópolis: Vozes, 2012; e (ii) HEIDEGGER, Martin. *Nietzsche II*. São Paulo: Forense, 2007.

Por isso, não é temerário afirmar que determinados setores da dogmática jurídica – e nunca esqueçamos, isso se reproduz no ensino jurídico – não conseguem "colocar" a propalada "verdade" ("real" ou não) no respectivo (ou em algum) solo filosófico, eis que, não raras vezes, confundem o paradigma ontológico-clássico (ou ontoteológico) com o da filosofia da consciência (ou de suas diversas vulgatas) e vice-versa, resultando disso um conceito absolutamente sincrético, autocontraditório. Como um professor que escreve que a verdade real é encontrada por meio do livre convencimento – o que é uma contradição insuperável.

Outro ponto que mostra a fragilidade filosófica da dogmática jurídica pode ser vista nos livros que tratam de "metodologia", em que aparecem os métodos indutivos, dedutivos e dialéticos descolados dos paradigmas filosóficos, ignorando temas como a relação do indutivismo com empirismo e a complexidade da ideia de se fazer simples deduções nas Ciências Sociais. E de que modo se justifica o "método dialético"? Aliás, há livros que tratam da verdade com pretensão crítica e utilizam, paradoxalmente, o "método dedutivo".

Essa é uma temática que é descuidada e tratada superficialmente nos cursos jurídicos, inclusive na pós-graduação *stricto sensu*. No *Dicionário de Hermenêutica*, cujos cinquenta verbetes foram elaborados à luz de uma matriz teórica – a *Crítica Hermenêutica do Direito* –, há um conjunto de elementos que apontam para um adequado uso do que se denomina "metodologia no Direito". (Também nas obras *Lições de Crítica Hermenêutica do Direito*[88] e *Hermenêutica e Jurisprudência*).[89] Ali está delineado, sob diversos enfoques e usos, o método hermenêutico-fenomenológico, que

---

88 STRECK, Lenio Luiz. *Lições de Crítica Hermenêutica do Direito*. Porto Alegre: Livraria do Advogado, 2017, *passim*.

89 STRECK, Lenio Luiz. *Hermenêutica e Jurisprudência*: diálogos com Lenio Streck. 2ª ed. rev. e ampl. Porto Alegre: Livraria do Advogado, 2018, *passim*. Também trata do tema de forma adequada o livro ABBOUD, Georges; OLIVEIRA, Rafael Tomaz de; CARNIO, Henrique

consiste na reconstrução da história institucional do conceito ou instituto, revolvendo o chão linguístico em que está assentada uma dada tradição (sempre há uma tradição que sustenta um conceito), deixando que o sentido apareça. Trata-se de um palimpsesto interpretativo ou uma desleitura do fenômeno (como dizem Ernildo Stein e Harold Bloom): descascando as camadas que poluem o conceito. É o que fazem os arqueólogos. Indo à origem. Ao princípio. Por isso a palavra *arché*, que quer dizer "princípio".

O que importa é que os manuais (compêndios etc.) que tratam de metodologia, verdade e demais conceitos "propedêuticos" acabam sendo os livros mais utilizados nas salas de aula e fomentam os cursos de preparação para concursos e são citados por ministros dos tribunais superiores, o que também comprova que a crise do Direito avançou para o interior dos tribunais superiores.

No terreno da interpretação (hermenêutica jurídica), observa-se que as várias tentativas de estabelecer regras ou cânones para o processo interpretativo – e do ensino – a partir do predomínio da objetividade ou da subjetividade ou, até mesmo, de conjugar a subjetividade do intérprete com a objetividade do texto, não resistiram às teses da viragem linguístico-ontológica, superadoras *lato sensu*, do esquema sujeito-objeto.[90] Essa é uma questão filosófica

---

Garbellini. *Introdução ao Direito*: Teoria, Filosofia e Sociologia do Direito. São Paulo: Saraiva, 2022.

90 Esquema sujeito-objeto: a história da filosofia é marcada por dois principais paradigmas – metafísica clássica (Platão, Aristóteles, Tomás de Aquino, dentre outros) e metafísica moderna (Descartes, Kant, para citar os principais). Ambos entendiam o acesso ao conhecimento a partir de uma bipolaridade: de um sujeito (que conhece) e de um objeto (que é conhecido). Assim, na metafísica clássica o sentido de algo era produzido através da extração, pelo sujeito, da essência. Por outro lado, na metafísica moderna, busca-se na filosofia "um fundamento para o conhecimento a partir do discurso em que impera a ideia de juízo, a ideia de síntese na subjetividade em que se fundaria o enunciado" (cf. STEIN, Ernildo. *Diferença e metafísica*. Porto Alegre: Edipucrs, 2000, p. 47). Minha proposta se contrapõe aos dois paradigmas filosóficos,

fundamental para a compreensão do fenômeno da interpretação do Direito. E isso não pode ficar de fora da grade de um adequado ensino jurídico. Não pode ficar de fora das salas de aula.

A interpretação (seja da lei ou de qualquer outro ato ou objeto) não fica confinada no campo do arbitrário e do aproximativo. Esse é um tema de fundamental importância, mormente para o estudante de Direito. Há sempre a tentação do "fator Humpty Dumpty", isto é, de "dar às palavras o sentido que convier ao intérprete". Esta é a "tentação da modernidade".

Porém, é preciso ter claro que a interpretação não é um ato solipsista.[91] Não está à disposição do intérprete. Direito e democracia estão indissociavelmente ligados. Por isso, a interpretação não é um ato solitário e voluntarista. Na contramão, no senso comum teórico dos juristas temos a disseminação de duas teses: de um lado,

---

com base no giro ontológico-linguístico, afirmando que o sentido é construído intersubjetivamente a partir de uma relação não mais sujeito-objeto, mas sujeito-sujeito. Cf. STRECK, Lenio Luiz. *Hermenêutica Jurídica e(m) crise*. 11ª ed. rev. atual. e ampl. Porto Alegre: Livraria do Advogado, 2014; também nesse sentido indico a leitura do verbete "Esquema sujeito-objeto" em STRECK, Lenio Luiz. *Dicionário de hermenêutica*: 50 verbetes fundamentais da Teoria do Direito à luz da Crítica Hermenêutica do Direito. 2ª ed. Belo Horizonte: Letramento, 2020.

91 Importante, desde logo, entender o sentido de solipsismo. Do latim *solus* (sozinho) e *ipse* (mesmo), o solipsismo pode ser entendido como a concepção filosófica de que o mundo e o conhecimento estão submetidos estritamente à consciência do sujeito. Ele assujeita o mundo conforme o seu ponto de vista interior. Daí a noção de solipsismo: o sujeito que se basta a si próprio. A palavra "si mesmo" ou "egoísmo" em alemão se traduz por *Selbstsucht*, representando aquele que é viciado em si mesmo (*Selbstsüchtiger*). Assim, solipsismo, subjetivismo, voluntarismo e relativismo são termos intercambiáveis. É nesse sentido que surge a tese de que o juiz pode decidir conforme seu livre convencimento ou sua consciência. E que o juiz pode apreciar livremente a prova. Veja-se a ligação do livre convencimento com o sujeito solipsista. No meu *Dicionário de Hermenêutica*, utilizo o conto "Ideias de Canário", de Machado de Assis, para melhor explicitar o sentido de solipsismo.

a relatividade indiferente do campo do opinável; do outro, as deficiências de um conhecimento superficial e deformante. A interpretação não pode cair na "dissipação subjetivista de imagens arbitrárias".[92]

Por tais razões, descartado o relativismo e essa dissipação subjetivista – e parece não ser difícil fazer esse descarte, uma vez que o relativismo é sempre paradoxal (lembremos do *lial paradoxe*)[93] –, há que se entender que o princípio fundamental da hermenêutica reside, justamente, no fato de que o único conhecimento adequado da verdade é a interpretação, o que quer dizer que a verdade é acessível e atingível. Isto porque há sempre um "mínimo é". Há um grau de objetividade a ser levado em conta. Portanto, como diz Gadamer, o relativismo não deve ser superado; deve ser destruído, fazendo um repto a quem diz que o giro linguístico[94] produz relativismos, como se a sua *applicatio* fosse um ato nominalista ou algo assim.

No Direito, então, isso se torna mais evidente, pela importância que assumem os textos (que são eventos, como fatos e circunstâncias processuais). Assim, contra a máxima relativista de Nietzsche de que

---

92 Cf. PAREYSON, Luigi. *Verdade e interpretação*. São Paulo: Martins Fontes, 2005, pp. 56/57.

93 O que é um paradoxo? É algo sobre o qual não podemos decidir. O mais famoso é o "Paradoxo de Epimênides": "um cretense disse: 'todos os cretenses são mentirosos'". O Apóstolo Paulo (Atos, 17), usando-o, disse: *se este enunciado é verdadeiro, é falso, já que um cretense mentiroso o fez*. Se alguém diz "todos os que estão na sala são mentirosos" e ele está na sala, criou um paradoxo. Pois se todos são mentirosos, ele também o é. E se é mentiroso, acabou de mentir. O contrário da mentira é a verdade. Assim, se o professor diz "tudo é relativo", estabeleceu um paradoxo. Ou quando diz: "não há verdades". Pronto. Nem isso que ele acabou de dizer é verdadeiro.

94 Para uma melhor compreensão do fenômeno "giro hermenêutico", ver OLIVEIRA, Rafael Tomaz de. "A viravolta fenomenológica na Interpretação do Direito – Os 25 anos de Hermenêutica Jurídica e(m) Crise". *In*: STRECK, Lenio (Coord.). *Um Tributo a Hermenêutica Jurídica e(m) Crise, de Lenio Streck*: 25 anos depois. Florianópolis: Tirant lo Blanch, 2023, pp. 189 e ss. No texto, Rafael explica a famosa "viravolta", com a superação do esquema sujeito-objeto.

"fatos não há, só há interpretações", é possível sustentar, sem temor epistêmico, que "somente há interpretações porque existem fatos". Essa questão é importante para firmar um mínimo de racionalidade nas discussões e evitar que o emotivismo tome o lugar da verdade (ou de sua possibilidade).

Nesse sentido, é importante trazer à discussão a "distopia do saber nenhum", de MacIntyre, que deveria ser discutida no início do semestre letivo em todas as disciplinas do Direito. MacIntyre faz um uma espécie de alegoria interessante para analisar esse problema, uma distopia alegórica, que mostra um pouco o que nós poderíamos trabalhar como a função, o papel, do Direito na contemporaneidade. MacIntyre diz que há um determinado momento na história da humanidade em que as pessoas passam a colocar as culpas na ciência, queimam-se livros, queimam-se bibliotecas, perseguem-se professores, enfim. É o anti-intelectualismo. Para MacIntyre, nossa cultura moral na era moderna é caracterizada pela assunção de que o emotivismo é verdadeiro; é a era, na alegoria distópica de MacIntyre – sobre a rejeição absoluta da ciência e sua posterior reconstrução fragmentada – do *Know Nothing*, o saber nenhum. Agimos e lidamos com nossos desacordos morais em sociedade como se nada verdadeiro fosse, e como se tudo estivesse reduzido às nossas próprias atitudes, vontades, preferências.

Então, veja como essa questão escrita há quantos anos por MacIntyre está à nossa frente a todo momento. Hoje, pesquisa mostra que 7% das pessoas acreditam que a Terra é plana e um a cada quatro brasileiros crê que Adão e Eva existiram. Muitas pessoas são contra as vacinas, acreditam que há uma conspiração do coronavírus e que se trata apenas de uma gripezinha. Essa é toda a questão do anti-intelectualismo.

É como se as informações fossem conhecimento, e esse conhecimento fosse saber. Como se saber fosse sabedoria. Entretanto, MacIntyre continua e afirma que, como tudo ficou fragmentado, incendiado, terminado, há um segundo momento em que se tenta juntar esses fragmentos, mas não se consegue mais retornar a uma unidade e, como consequência, nós criamos um conjunto de opiniões. Aí ele coloca o problema do emotivismo, uma praga contemporânea, pelo qual os nossos *disagreements*, os nossos desacordos, são inexoráveis.

Nas minhas elaborações, eu abandono MacIntyre,[95] porque ele vai para um outro caminho. Aproveito, porém, a distopia metafórica-alegórica para mostrar que todos nós temos *disagreements*. Desacordos são inevitáveis. E tudo isso que eu disse antes, nós temos que juntar de algum modo para mostrar que os nossos *disagreements* nos matariam.

Assim, os pactos inegociáveis, tal como as cláusulas pétreas, são importantes para segurar o ser humano na sua vontade de poder sobre o objeto. Quando Ulisses volta para Ítaca, ele precisa fazer uma cláusula que o proteja.

---

95 Fui o pioneiro na crítica à abordagem (pretensamente) descritiva do positivismo jurídico a partir de um *standard* hermenêutico (nesse sentido, ver o verbete "Positivismo jurídico" do *Dicionário de Hermenêutica*). Uma de minhas críticas é elaborada a partir das considerações de Alasdair MacIntyre (no livro *After Virtue*), e essa crítica é mais facilmente compreendida se seguirmos Lon Fuller e tomarmos o Direito como um conceito funcional. Para MacIntyre, conceitos funcionais representam uma poderosa objeção a uma dicotomia fato/valor a partir do qual conclusões *ought* não se derivam de premissas do tipo *is*. Para MacIntyre, conceitos funcionais são definidos precisamente a partir de seus propósitos, de modo que não se pode defini-los de forma avalorativa. Se Fuller estiver certo e o Direito for mesmo um conceito funcional, as críticas à abordagem (puramente) analítica sobre o Direito enquanto conceito ganham força (lembremos do criterialismo). Não adoto a perspectiva teleológica de MacIntyre, mas a releitura do argumento não depende de uma abordagem aristotélico-tomista. Um excelente tema para ser levado às mesas dos cursos de graduação e, especialmente, da pós-graduação *stricto sensu* (mestrado e doutorado). Nesse sentido, cf. MORBACH, Gilberto. "Lon Fuller e como a moralidade torna o Direito possível". *Conjur*, 23 fev. 2019. Disponível em: https://www.conjur.com.br/2019-fev-23/diario-classe-lon-fuller-moralidade-torna-direito-possivel/. Acessado em: 17.02.2024.

Os *disagreements* (desacordos) são inexoráveis. Se fizermos uma enquete ou pedirmos opinião da população sobre o que pensamos sobre aborto, sobre o mundo, sobre Bolsonaro, sobre *impeachment*, sobre psicanálise, sobre psicologia e Direito, cada um vai ter uma opinião diferente, esse é um problema. Esses desacordos morais precisam ter um *locus* pelo qual eles são resolvidos. E esse *locus* é o Direito, que não pode ficar à mercê da dominância do intérprete.

A grande questão é que, no Direito, se nós temos, então, um lugar para resolver nossos *disagreements*, nós temos um problema. O sujeito solipsista retorna, e tudo isso acaba voltando.

Por isso, o juiz, o Poder Judiciário, precisa ter critérios para decidir, sob pena de sobrepor os seus valores sobre o Direito. Porém, em uma sociedade fragmentada, como a nossa, pós-distópica, nós emotivisamos[96] os critérios. O Brasil, nesse contexto, tem uma dificuldade enorme com isso, talvez mais que em outros lugares, tendo em vista que transformamos a aplicação da resolução dos *disagreements* em novos *disagreements*, justamente porque temos a tendência de emotivisarmos tudo.

---

96 Sugestão para seminário especialmente na pós-graduação *stricto sensu*: o emotivismo foi desenvolvido ao longo da tradição metaética em diferentes versões, algumas mais, outras menos sofisticadas. Para A. J. Ayer, por exemplo, proposições morais em nada diferir-se-iam de outras expressões meramente emocionais; juízos éticos ou estéticos não seriam, pois, passíveis de verificação, uma vez que completamente subjetivos. Para Richard Hare, esses juízos, embora subjetivos, têm uma pretensão de universalização, de modo que os juízos morais expressariam um tipo de comando generalizado – aqui, pois, uma explicação sintetizada daquilo que, em metaética, viria a ser chamado de prescritivismo. A explicação de Hare é mais sofisticada, mas é tão cética quanto a de Ayer: pretensão de prescrição universal à parte, o juízo ainda assim não é candidato à verdade ou falsidade. Cf. (i) AYER, A. J. *Language, Truth and Logic*. Londres: Penguin, 1990; e (ii) HARE, Richard M. *The Language of Morals*. Oxford: Clarendon Press, 1952.

Definitivamente, o Direito não depende da opinião de cada um. Aliás, as coisas no nosso mundo não dependem da opinião pessoal de cada vivente.

Assim, embora reconheça que esse assunto seja árido e de difícil abordagem na Teoria do Direito, é possível afirmar, com razoável grau de certeza, que, com o giro ontológico-linguístico (invasão da filosofia pela linguagem), inicia-se o processo de superação dos paradigmas metafísicos objetivistas e subjetivistas (filosofia da consciência). À evidência, esse não é o único modo de abordar os paradigmas filosóficos. Entretanto, é um percurso que não pode ser ignorado, como se pode perceber em teóricos como Habermas, Dworkin, Hart, entre centenas de autores que passam por esse caminho.

As consequências dessa revolucionária viragem linguístico-filosófica são incomensuráveis para a interpretação do Direito. A linguagem, que anteriormente era vista como uma terceira entidade entre sujeito e objeto, passou a ser a própria condição de possibilidade.

Para além dos objetivismos e subjetivismos (para se entender mais facilmente, pense-se na dicotomia textualista-formalismo x subjetivismo-voluntarismo ou, se se quiser, no comportamento da personagem-juiz Ângelo, na peça *Medida por Medida*, de *Shakespeare*), a hermenêutica[97] abriu um novo espaço para a compreensão do Direito e tudo o que representa a revolução copernicana proporcionada pelo novo constitucionalismo. Em outras palavras, essa segunda revolução é condição para o acontecimento da primeira. Porém, essa revolução (ainda) não foi recepcionada no âmbito do ensino jurídico.

Os lidadores do Direito não se deram conta do fato de que o Direito – espaço simbólico das relações de poder – expressa-se pela

---

97 Para uma compreensão mais adequada, sugiro a leitura de livros como *Hermenêutica Jurídica e(m) Crise*; *Verdade e Consenso*; *Lições de Crítica Hermenêutica do Direito*; e *Dicionário de Hermenêutica*, todos de minha autoria e listados ao final da obra.

linguagem (os fenômenos são levados à representação). Porém, a relevante questão está no fato de que, embora Direito seja "linguagem", portanto, "texto", é sempre também um evento. Não se interpreta em abstrato. Não há conceitos "em geral". Não existem "legítimas defesas" em geral.

No âmbito jurídico, ocorre uma espécie de fusão ou imbricação entre o paradigma liberal-individualista e o paradigma da filosofia da consciência, que encontram solo fértil para se concretizarem, especialmente em uma sociedade como a brasileira. Isso ocorre porque o Código Civil de 1916 tem raízes em uma sociedade pré-liberal em processo de urbanização. O Código Penal é resultado de uma sociedade que recentemente aderira ao liberalismo, voltando-se para uma nova clientela em virtude das mudanças econômicas após a revolução liberal de 1930. O Código Comercial remonta ao século XIX (agora alterado/absorvido, em parte, pelo Código Civil de 2003). Além disso, o Código de Processo Civil de 2015, seguindo a mesma linha dos demais códigos, estabelece mecanismos que protegem os direitos reais em detrimento dos direitos pessoais, e inclui mecanismos que transformam os Tribunais Superiores em legisladores, seguindo as orientações do Banco Mundial do início do século XX.

Assim, a (dupla) crise se instala na emergência de novos conflitos e mecanismos de resolução de conflitos, bem como no papel que o Direito desempenha em um novo modelo de Estado.

Todas essas questões têm influência e importância na análise do Direito em nosso país. É importante considerar o modo como os atores jurídicos percebem o mundo e o Direito, como se inserem e como acessam o mundo. Passamos do Estado Liberal formal a um Estado Social (não realizado) e, a partir de 1988, a uma Constituição que instituiu o Estado Democrático de Direito. Isso constitui o cerne de uma crise do modelo liberal-individualista-normativista. Temos um Direito que aponta para uma sociedade mais justa e solidária, com ênfase nos direitos transindividuais (basta ver o conjunto de direitos sociais-fundamentais constantes na CF88), mas ainda interpretamos a partir de um modelo liberal-individualista. Isso é facilmente perceptível nas práticas cotidianas. Aliás, independentemente da matriz teórica que o intérprete (ou crítico do Direito) abrace, parece que esse fenômeno é inegável.

Mas, então, por que essa questão passa despercebida pela comunidade jurídica e pelo ensino jurídico? Talvez porque a crise, que é de compreensão, portanto, filosófica, está enraizada em um emaranhado de crenças, fetiches, valores e justificativas por meio de disciplinas específicas, que formam a "ideosfera jurídica".

Os lidadores do Direito muitas vezes não percebem essa problemática. As salas de aula raramente abordam o confronto entre a Constituição e a realidade, nem mesmo estudam autores como Hermann Heller, para quem, no conflito entre a realidade social e o texto constitucional, deve-se mudar a realidade, implementando os direitos sociais. Veja-se: Hermann Heller escreveu nos anos 30 do século XX, antes do assim denominado Constitucionalismo Contemporâneo.[98]

De tudo que se viu, parecem inegáveis elementos que tornam visíveis as contradições do sistema jurídico e que devem ser estudadas nas salas de aula dos cursos de Direito. Portanto, não é surpreendente que o Código Penal puna com mais rigor os crimes contra a propriedade do que os crimes contra a vida. As comparações entre lesões culposas (crimes de trânsito) e crimes como furto, estelionato e omissão de socorro, bem como as comparações entre o tratamento conferido aos crimes de sonegação de tributos e ao furto, chegam a ser absurdas.

Em outras palavras, ainda é necessário estudar o (antigo) conceito de ideologia, que parece ter sido negligenciado nas salas de aula

98 Para tanto, ver verbete correspondente em STRECK, Lenio Luiz. *Dicionário de hermenêutica*: 50 verbetes fundamentais da Teoria do Direito à luz da Crítica Hermenêutica do Direito. 2ª ed. Belo Horizonte: Letramento, 2020.

das muitas faculdades de Direito existentes em todo o país. Se os professores não quiserem estudar esse conceito, então que estudem o de senso comum teórico. Ou o conceito de "ideosfera", de Barthes.

Numa palavra, para reforçar a importância dos paradigmas filosóficos e o significado da intersubjetividade linguística, devemos pensar que, quando desvelamos algo, corremos o risco de perdê-las nas brumas da cotidianidade. Da ideosfera. Do senso comum. Por isso, a minha pregação é a de que necessitamos fazer uma apropriação dos sentidos. Interpretar a realidade é, assim, um processo de apropriação. Sentidos apropriados são produtos raros. *Commodities* valiosíssimas. Não desperdicemos os sentidos. Façamos poupança. Apliquemos – e faço aqui uma brincadeira – em Fundos FSA (Fundo-Sentidos-Apropriados). Quando alguém pede a palavra, cuidado: ela pode lhe ser devolvida toda lanhada. Daí a pergunta do poeta Eugénio de Andrade:

> *Que fizeste das palavras? Que contas darás tu dessas vogais de um azul tão apaziguado? E das consoantes, que lhes dirás, ardendo entre o fulgor das laranjas e o sol dos cavalos? Que lhes dirás, quando te perguntarem pelas minúsculas sementes que te confiaram?*

As salas de aula dos cursos jurídicos – e não apenas destes – são o lugar ideal para responder ao poeta. Bom tema para, no mínimo, um minisseminário. Na graduação e na pós-graduação.

CAPÍTULO VII

ENSINO JURÍDICO E O EXEMPLO PRIVILEGIADO DOS CONCURSOS PÚBLICOS E DA PROVA DA OAB

Atualmente, os Cursos de Direito são regidos pela Resolução CNE/CES nº 5, de 17 de dezembro de 2018.[99] Em seu artigo 5º, afirma que os cursos de graduação em Direito, priorizando a interdisciplinaridade e a articulação de saberes, devem incluir, no Projeto Pedagógico de Curso (PPC), conteúdos e atividades que atendam às seguintes perspectivas formativas:

> *I – **Formação geral**, que tem por objetivo oferecer ao graduando os elementos fundamentais do Direito, em diálogo com as demais expressões do conhecimento filosófico e humanístico, das ciências sociais e das novas tecnologias da informação, abrangendo estudos que, em atenção ao PPC, envolvam saberes de outras áreas formativas, tais como:*

---

99 A Resolução n. 5/2018 institui as DCNs (Diretrizes Curriculares Nacionais) do Curso de Graduação em Direito. Sua alteração mais recente foi pela Resolução n. 2/2021. Ambas estão disponíveis em: http://portal.mec.gov.br/component/content/article?id=1299.

> *Antropologia, Ciência Política, Economia, Ética, Filosofia, História, Psicologia e Sociologia;*
>
> *II – **Formação técnico-jurídica**, que abrange, além do enfoque dogmático, o conhecimento e a aplicação, observadas as peculiaridades dos diversos ramos do Direito, de qualquer natureza, estudados sistematicamente e contextualizados segundo a sua evolução e aplicação às mudanças sociais, econômicas, políticas e culturais do Brasil e suas relações internacionais, incluindo-se, necessariamente, dentre outros condizentes com o PPC, conteúdos essenciais referentes às áreas de Teoria do Direito, Direito Constitucional, Direito Administrativo, Direito Tributário, Direito Penal, Direito Civil, Direito Empresarial, Direito do Trabalho, Direito Internacional, Direito Processual; Direito Previdenciário, Formas Consensuais de Solução de Conflitos; e*
>
> *III – **Formação prático-profissional**, que objetiva a integração entre a prática e os conteúdos teóricos desenvolvidos nas demais perspectivas formativas, especialmente nas atividades relacionadas com a prática jurídica e o TC.*

Vale destacar o esforço de reduzir o hiato entre o senso comum teórico do jurista e as demandas do século XXI, ao determinar, no § 1º do art. 5º, que as atividades de caráter prático-profissional e a ênfase na resolução de problemas devem estar presentes, nos termos definidos no PPC, de modo transversal, em todas as três perspectivas formativas. Mais: essa normativa determinou a inclusão de três novos conteúdos obrigatórios na perspectiva da formação técnico-jurídica (antigo "eixo de formação profissional"): (a) Teoria Geral do Direito; (b) Direito Previdenciário e (c) mediação, conciliação e arbitragem. Veja-se que a Teoria do Direito ganha *status* de conteúdo obrigatório.

Ora, se é necessário tornar algo obrigatório, por força de lei, é porque a disciplina de Teoria do Direito não era ministrada nos cursos de Direito. Estaria aí o problema? Parece que isso seria simplificar um problema complexo. O problema maior reside no fato de as faculdades de Direito, ao longo do tempo, eliminarem disciplinas propedêuticas essenciais para a formação de juristas.

Certamente estamos diante de um sintoma bastante grave de um ensino refém do senso comum teórico dos juristas. Poderíamos aqui usar muitos caracteres para tratar das Diretrizes Curriculares Nacionais, propondo caminhos pela via da regulação do ensino superior e, mais grave ainda, de alternativas para um processo de avaliação de cursos atento à realidade factual. Há, contudo, muitos materiais à disposição sobre isso. No entanto, em que pese a via da regulação ser deveras importante, não é "a" nossa pauta neste momento.

O ponto central, penso, não é da ordem normativa (sim, DCNs são importantes – entendemos que elas devem ser administradas como indutoras de mudanças paradigmáticas, tanto quanto refletem sintomas de um ensino esgotado). O ponto, insisto, é a crise de dupla face. Enquanto ela não for tratada (e, para tanto, nomeada), alterações legislativas serão rapidamente absorvidas pelas práticas dominantes, alterando diretrizes curriculares sem impactar as estruturas formativas. Vejamos: como as aulas de Teoria do Direito – agora obrigatórias – serão ministradas? Quem irá ministrá-las? Serão expositivas? Terão o condão de aprofundar debates teóricos a partir da prática jurídica? O problema do realismo jurídico, do ativismo judicial, será tratado verdadeiramente? Não parece que haja luz no final desse túnel, mormente se examinarmos a pouca vontade política do Ministério da Educação acerca do tema.

Compare-se, ademais, tais exigências e requisitos formais com as práticas cotidianas das salas de aula. Compare-se esse conjunto de exigências epistemológicas com a literatura mais utilizada nas aulas, TCCs, provas da OAB e concursos públicos – na medida em que tudo isso está interligado. A primeira coisa que uma autoridade efetivamente preocupada com a qualidade do ensino jurídico deveria fazer é examinar e discutir o tipo de insumo epistêmico utilizado nas quase duas mil faculdades de Direito, em que parcela considerável já não mais trabalha com livros, restringindo-se a apostilhas de frágil e duvidosa profundidade epistemológica.

O conjunto de políticas equivocadas é considerável. Com efeito, uma forma de classificação (*ranking*) de faculdades é o percentual de aprovados para a prova da obtenção da carteira da Ordem dos Advogados do Brasil, assim como o modelo de ensino já é uma forma de encaminhamento para os concursos para as carreiras jurídicas, o que incrementa igualmente uma indústria dos chamados "cursos de preparação para concursos". Uma coisa leva à outra.

Por outro lado, em face das críticas à formação dos magistrados, o Conselho Nacional de Justiça, no ano de 2022,[100] alterou a Resolução n. 75/2009, que trata do modelo de disciplinas e provas, para introduzir novas matérias para os concursos da magistratura. Como se sabe, os concursos públicos para a Magistratura – e agora o recém-aprovado Exame Nacional da Magistratura – subdividem-se por áreas de atuação. Assim, cada uma das áreas tem autonomia para elaborar seus próprios concursos e, assim, selecionar os futuros magistrados a partir de critérios a ela pertinentes. Desde 2009, todavia, o CNJ, por meio da Resolução n. 75, estabeleceu uma regulamentação geral, elencando requisitos formais (etapas para o concurso, por exemplo) e materiais, ou seja, relações mínimas de disciplinas para diferentes áreas de atuação.

Com a recente aprovação do Exame Nacional da Magistratura, a prova passa estruturar-se da seguinte forma (art. 4º-A, Resolução CNJ n. 75/2009 (com a alteração da Resolução CNJ n. 531, de 14/11/2023).

> *§ 3º O Exame Nacional da Magistratura consistirá em prova objetiva com 50 (cinquenta) questões, elaboradas de forma a*

---

100 A Resolução n. 75/2009 do CNJ dispõe sobre concursos públicos para ingresso na carreira da magistratura em todos os ramos do Poder Judiciário nacional. No ano de 2002, ela recebeu três alterações (Resoluções n. 439, n. 457 e n. 476. Recentemente, recebeu duas novas alterações, a saber: Resoluções n. 496 e n. 531/2023; esta última, de 14/11/2023, instituiu o Exame Nacional da Magistratura). Disponíveis em: https://atos.cnj.jus.br/atos/detalhar/100.

> *privilegiar o raciocínio, a resolução de problemas e a vocação para a magistratura, versando sobre os seguintes ramos do conhecimento:*
> *I – direito constitucional (8 questões);*
> *II – direito administrativo (6 questões);*
> *III – noções gerais de direito e formação humanística (6 questões);*
> *IV – direitos humanos (6 questões);*
> *V – direito processual civil (6 questões);*
> *VI – direito civil (6 questões);*
> *VII – direito empresarial (6 questões);*
> *VIII – direito penal (6 questões).*

Este será um exame prévio de habilitação sem retirar a autonomia dos tribunais, de realizarem seus próprios exames. A aprovação neste exame prévio, conduzido pela Escola Nacional da Magistratura, será requisito para inscrição nos concursos a serem realizados pelos tribunais.

A inclusão desses temas é justificada pelo CNJ a partir de diferentes linhas de raciocínio. O voto condutor na aprovação da matéria destaca, por exemplo, o valor da interdisciplinaridade, a questão dos precedentes, a LINDB como consagradora do pragmatismo e seus alicerces: antifundacionalismo, contextualismo e consequencialismo no Direito brasileiro, levando à formação de uma nova consciência jurisdicional, calcada primordialmente no pragmatismo. Também refere a Análise Econômica do Direito e Economia Comportamental, além do Direito Digital.

O Direito é um fenômeno complexo e, nesse sentido, interdisciplinar por natureza.[101] Desde a sua dimensão mais prática à mais

---

101 Nesse sentido, a precisa lição de Draiton Gonzaga de Souza, em entrevista ao livro *Um Tributo a Hermenêutica Jurídica e(m) Crise, de Lenio Streck: 25 anos depois*: "penso que a relevância da interdisciplinaridade está diretamente relacionada com a complexidade do real. Já afirmara

teórica, a compreensão e exercício concreto do Direito pressupõem uma série de considerações (ainda que não explícitas) sobre temas diversos como teoria política, filosofia prática, filosofia da linguagem, por exemplo.[102] Se o foco é a interdisciplinaridade, como justificar o modo como os precedentes são aplicados hoje pelos tribunais? Supõe-se que o concurso da magistratura levará em conta esse *modus* aplicativo, uma vez que, no âmbito do Superior Tribunal de Justiça, existe até mesmo um setor de "gestão de precedentes". E assim por diante. O Direito é um fenômeno multifacetado: tem caráter de instituição social, elementos de filosofia e razão prática, tem linguagem e tem discurso, tem teoria e tem prática, tem tradição e história e repercussão imediata na vida de cidadãos e autoridades, interfere no presente e no futuro.

Nesse sentido, reconhecendo o caráter inerentemente holístico do Direito, Dworkin diz que o juiz ideal (ele faz uma metáfora para explicar isso) deve utilizar Teoria do Direito que inclua os precedentes,

---

Aristóteles: 'o ente é dito e várias maneiras' (*tó ón légetai pollachós*). Não há só uma área do conhecimento que abarque (*begreifen*) o real. A realidade é multifacetada e nosso olhar é sempre perspectivo. Não há, portanto, alternativa senão a abordagem transdisciplinar. Os próprios filósofos gregos são exemplos disso, assim como pensadores alemães Kant e Hegel, que trabalharam a partir de perspectivas transdisciplinares, com aspectos de várias áreas do conhecimento. Segundo o renomado filósofo Ernildo Stein, em sua obra *Inovação na Filosofia*, hoje o filósofo terá de conhecer a filosofia e alguma outra área do conhecimento. Por exemplo, não há como compreender o psiquismo humano sem o conhecimento dos vertigignos avanços da neurociência. O filósofo terá de se debruçar sobre outras 'ciências', tal como grandes filósofos fizeram no passado, começando pelos gregos, como Aristóteles. A transdisciplinaridade é imprescindível. Também para o jurista! Como afirma o próprio Lenio Streck, é necessário para o Direito não apenas ouvir (*hören*), mas, sobretudo, escutar (*zuhören*) outros campos do saber, o que configura uma postura genuinamente hermenêutica".

102 Nesse sentido, consultar DWORKIN, Ronald. *The philosophy of law*. Oxford: Oxford University Press, 1977, especialmente p. 1. Sobre o ponto, importante referir a participação dos pesquisadores do Grupo Dasein, Luã Jung e Gilberto Morbach.

a legislação e a Constituição, a partir de um sistema de princípios conexos entre si, tendo em vista aquilo que Ovídio A. Batista chama de "unidade do Direito", o que é diferente de "uniformidade da jurisprudência".

É evidente – e Dworkin reconhece isso – que ninguém pressupõe que juízes devam ser filósofos, cientistas políticos, economistas, sociólogos ou psicólogos para que possam exercer tal função satisfatoriamente. Claro que não. Por outro lado, a inclusão de disciplinas propedêuticas ou, no sentido atribuído pela Resolução n. 75 do CNJ, "humanísticas", é, *em tese*, salutar. Porém, experiências anteriores mostraram que a dogmática jurídica redefine de imediato o sentido de "disciplina propedêutica". Aliás, logo que surgiu a resolução, apareceram diversos livros para explicar o conteúdo humanístico. Alguns explicaram que a hermenêutica é a teoria que tem por objeto o estudo das técnicas (regras, métodos) aplicáveis à interpretação do Direito. Talvez tivessem querido dizer "tem por objetivo". Outros disseram que o Estado é fonte exclusiva do Direito; o Direito identifica-se com a legislação; a legislação instaura a mutabilidade contínua nos conteúdos do Direito. O que isso tem (ou teria) a ver com a hermenêutica? Não seria a hermenêutica que instaura – e propicia – a mutabilidade? Há livros que, na pressa de "ensinar o novo", confundiram texto e norma. E fizeram algaravia com Kelsen. O que mais se viu foram incoerências terminológicas e conceituais. Outros trocaram autores de século em que escreveram. Falou-se em pós-positivismo, em visível confusão conceitual. O que quero registrar, em relação a isso, é que a dogmática jurídica sempre consegue fazer adaptações darwinianas. Se o meio ambiente é alterado, constroem-se os "mecanismos de defesa" correspondentes.

O que precisa ser dito é que o Direito tem uma autonomia própria: não é economia, não é filosofia moral, não é ciência política.[103] Por sua própria natureza, porém, dialoga com tudo isso.

---

103 Nesse sentido, ver MORBACH, Gilberto. "A Hermenêutica da legalidade e do império do Direito, em que é explicitado o conceito

Porque *filtra* tudo isso. As humanidades devem humanizar: inclusive o Direito, para que ele possa ser aquilo que é.

O que não se pode fazer é "mudar para que tudo fique como está". A primeira questão a ser enfrentada quanto ao tema proposto diz respeito (novamente) ao modelo pedagógico utilizado em concursos públicos e a sua incompatibilidade em relação às disciplinas de cunho teórico que se pretende exigir dos candidatos. De há muito, faço críticas ao modo como os concursos públicos foram transformados em *quiz shows*, uma gincana ou corrida de obstáculos. Um jogo de linguagem próprio, que cria critérios *ad hoc* sem qualquer conexão com o fenômeno corretamente compreendido. De nada adianta mudar currículos se o estilo-modelo de concursos continuar o mesmo.

O grave disso tudo é que gera – e isso é fato – uma indústria dos concursos (e de cursinhos de preparação para concursos), estabelecendo-se, assim, um círculo vicioso: já não se sabe mais se professores e estudantes se submetem ao ensino estandardizado e resumido (e genéricos) porque as provas assim o exigem, ou se as provas assim o exigem porque são feitas por essas pessoas.

Parece indubitável – e não vai aqui uma crítica a quem se dedica ao ramo, afinal, mercado existe quando existe demanda e oferta de produto – que se formaram nichos de um mercado, muitos prometendo uma espécie de "pedagogia da prosperidade". Há até vídeos em que cursinhos mostram reuniões em locais que insinuam prosperidade a quem passar em concursos, sendo despiciendo relatar, aqui, os diversos exemplos que circulam nas redes sociais.

Um exemplo dessa incompatibilidade entre questões teóricas relacionadas ao Direito e esse modelo de ensino e aprendizado que estrutura o mercado dos concursos pode ser extraído da prova do Ministério Público do Distrito Federal: a questão 41, de múltiplas

---

de autonomia". *In*: STRECK, Lenio Luiz (Coord.). *Um Tributo a Hermenêutica Jurídica e(m) Crise, de Lenio Streck*: 25 anos depois. Florianópolis: Tirant lo Blanch, 2023, pp. 102 e ss.

alternativas, solicitava ao candidato que selecionasse aquelas que estivessem de acordo com o "positivismo moderno". O tema foi abordado brilhantemente por Gilberto Morbach.[104] Bom exemplo da degeneração da perspectiva "humanística" de questões de concursos.

Diante desse quadro, indago: em que circunstâncias temas como "antifundacionalismo", "contextualismo", "consequencialismo", "racionalismo", "empirismo", "dialética" e "utilitarismo" passarão a ser exigidos nas provas de concurso para a magistratura? Quais são as condições e os critérios epistemológicos adotados para que os conceitos sejam colocados e significados autenticamente dentro de seus contextos próprios?

Para a definição do primeiro termo, terá o candidato que dissertar sobre a crítica do idealismo alemão ao fundacionismo de Descartes, passando pela obra de Kant, Fichte, Schelling e Hegel e chegando à versão contemporânea da crítica ao "mito do dado" feita por autores como Wilfrid Sellars?

Lerá Leibniz e Spinoza para poder criticar o racionalismo moderno? Empirismo? Qual deles? O de David Hume, John Locke, ou o empirismo lógico do Círculo de Viena? E qual concepção de dialética será demandada? O método do diálogo socrático, a dialética hegeliana que estrutura a sua Ciência da Lógica, ou a do materialismo dialético de Marx? "Tudo isso" não vale: a um, porque impossível; a dois, porque possível fosse, há contradições entre esses fenômenos mesmos ainda que respondam aos mesmos rótulos, *prima facie*.

Como afirmei, não se pressupõe que os futuros juízes sejam filósofos ou historiadores do pensamento. No entanto, a maior probabilidade é a de que tal acréscimo de temas seja convertido em apenas mais "ismos" a serem resumidos e esquematizados pelos

---

104 Cf. MORBACH, Gilberto. "A problemática questão do positivismo em concurso do MP-DF". *Conjur*, 10 jun. 2021. Disponível em: https://www.conjur.com.br/2021-jul-10/diario-classe-problematica-questao-positivismo-concurso-mp-df/. Acessado em: 17.02.2024.

cursinhos e manuais, tal como o foram os termos "positivismo", "pós-positivismo", "neoconstitucionalismo" etc. Há até mesmo resumos plastificados "ensinando" Filosofia do Direito.

Minha crítica, no entanto, não se limita apenas a uma suspeita acerca da maneira como tais conteúdos serão reproduzidos e cobrados nas provas, senão ao próprio objetivo de tal inovação.

Afinal, qual a precedência teórica que concepções como a do pragmatismo e da análise econômica do Direito têm em relação a teorias e abordagens concorrentes? Eis o ponto. De acordo com o Ministro Fux, a Lei de Introdução às Normas do Direito Brasileiro (LINDB) consagra o pragmatismo e seus alicerces, o antifundacionalismo, o contextualismo e o consequencialismo. Isso significa que a antiga Lei de Introdução ao Código Civil de 1942 repaginada como LINDB determinará também "a" Teoria do Direito a ser exigida pelos concursos e, presume-se, aplicada prioritariamente pelos futuros magistrados? Efetivamente sabemos o que é pragmatismo? Ou o sentido que se fala é o do senso comum, do tipo "temos de ser pragmáticos"? Se for o pragmatismo filosófico, temos um problema. Se for o do senso comum, temos dois.

Outro ponto a ser destacado diz respeito à economia comportamental. Afinal, o que isto tem a ver com uma noção "humanística" a respeito do Direito? Pelo contrário, a base teórica que sustenta a aplicação dessa disciplina nos raciocínios desenvolvidos pelos participantes internos do Direito é correlata ao realismo jurídico (*o Direito* é o que os tribunais dizem que é), simbolizado na famosa afirmação de Oliver Wendel Holmes Jr., no sentido de que "*as profecias sobre aquilo que as cortes farão de fato, e nada mais pretencioso, é o que eu entendo por Direito*".

O que aqui afirmo não é mera opinião. É possível demonstrar esses pontos de forma epistemológica (sempre lembrando o necessário cuidado com o uso da palavra, conforme se vê no Glossário). Pragmatismo e economia comportamental querem dizer que o Direito se resume ao jogo de vontades exteriorizadas por quem possui o lugar da fala e detém o poder, os juízes, restando aos juristas e teóricos do Direito a busca – esmigalhada – pela previsibilidade das decisões e pelas oportunidades estratégicas de alterá-las a partir de considerações fáticas sobre influências sociológicas, psicológicas e econômicas, por exemplo, que motivam a tomada de decisão judicial. Como "aplicar" a economia comportamental em um país que sequer Adam Smith foi lido adequadamente?

Ora, nada menos "humanístico" do que conceber o Direito como uma mera estratégia e exercício de poder. O que o pragmatismo, a análise econômica do Direito e a economia comportamental têm a dizer sobre o princípio republicano? E sobre a dignidade humana? E sobre a liberdade de expressão? Direito é bem mais complexo do que pretende, por exemplo (eis um bom exemplo de uma análise pragmatista), a professora norte-americana Lee Epstein, que compara o Direito a um jogo de beisebol.[105] Se o Direito é um jogo, uma estratégia, então ele já não será Direito.

Resumindo: análise econômica e economia comportamental desconsideram, abertamente, a distinção filosófica entre *behavior* (comportamento) e *action* (ação). A primeira dá conta de nossa dimensão animal e sensitiva; a segunda, de nossa racionalidade. A primeira é analisada por meio de compreensão causal-descritiva; a segunda, por meio de compreensão avaliativa e reflexiva. Por que ressalto isso? Porque, e isso é muito simples, o objeto próprio do Direito não é o comportamento, mas a ação. A agência humana, em e na linguagem, com tudo que envolve as diversas razões para agir de nosso raciocínio prático.

Sartre afirma que "o existencialismo é um humanismo" porque, segundo o autor, sob influência de Heidegger, "a existência precede a essência". Para Markus Gabriel, "humanos vivem as suas vidas

---

105 STRECK, Lenio Luiz. "O Direito como jogo de baseball – qual é mesmo a jogada, professora?" *Conjur*, 9 nov. 2017. Disponível em: https://www.conjur.com.br/2017-nov-09/senso-incomum-direito-jogo-baseball-qual-mesmo-jogada-professora/. Acessado em: 17.02.2024.

sob a luz de uma concepção sobre o que ser humano significa".[106] Charles Taylor, por sua vez, afirma que "somos inescapavelmente animais autodeterminados". "Mas isso não resolve a questão sobre o lugar da verdade em nossas auto interpretações".[107]

Tais considerações contemporâneas sobre o que significa ser humano e, nesse sentido, sobre o conceito de "humanismo", certamente não esgotam os distintos sentidos atribuídos a tal conceito ao longo da história. Elas guardam em comum, todavia, o senso de que a possibilidade de autodeterminação e de autocompreensão é uma característica ínsita e determinante do ser humano enquanto ser que é livre.

Se definíssemos o conceito de "humanismo" a partir do critério de exclusão, poderíamos afirmar, nesse sentido, que a previsibilidade comportamental baseada no(s) determinismo(s) a que está sujeita a concepção pragmática em que se baseia a inserção dos temas acima referidos nos exames da Magistratura é o seu antípoda.

Assim como o é o tom acrítico a partir do qual o tema da tecnologia é inserido no Anexo VI da Resolução n. 75 do CNJ. O foco está na quantidade, ou seja, na ferramentaria ou na "automação do processo". De há muito, faço críticas a teses e pesquisas que tentam transformar o Direito em estratégias ou análises estatísticas. Um dos exemplos é o caso da pesquisa sobre os juízes de Israel, que, antes do almoço, eram mais duros do que depois do café da manhã. Ora, se o Direito depende disso, fracassou.[108] Outra análise crítica

---

106 Cf. GABRIEL, Markus. *Neo-Existentialism*: How to Conceive of the Human Mind after Naturalism's Failure. Cambridge: Polity Press, 2018, p. 88.

107 Cf. TAYLOR, Charles. "Gabriel's refutation". *In*: GABRIEL, Markus. *Neo-Existentialism*: How to Conceive of the Human Mind after Naturalism's Failure. Cambridge: Polity Press, 2018, p. 131.

108 Cf. STRECK, Lenio Luiz. "Juiz com fome ou que almoçou mal deve julgar nossas causas?" *Conjur*, 5 jun. 2014. Disponível em: https://www.conjur.com.br/2014-jun-05/juiz-fome-ou-almocou-mal-julgar-nossas--causas/. Acessado em: 17.02.2024.

que fiz foi em um artigo intitulado "Os Filhos e o Café da Manhã influenciam as decisões?",[109] no qual abordo matéria no *New York Times*, assinada por Adam Liptak, em que diz, basicamente, que "juízes que possuem filhas decidem com mais frequência a favor dos direitos das mulheres".

O que venho sustentando é que, em termos de concursos públicos e provas da OAB, a questão é bem mais complexa do que inserir matérias novas, aparentemente sofisticadas. Decisão judicial não é escolha. É um ato de responsabilidade política, como diz Dworkin. Para tanto, há que se construir condições de controle dessas decisões, inclusive com uma heurística. Critérios, essa é a palavra. Enquanto apostarmos em uma espécie de behaviorismo decisional, todo o resto estará "subsumido" no contexto do velho subjetivismo.

Pede-se mais pragmatismo, mais humanismo, mais economia comportamental. Pede-se que se dialogue com o racionalismo, o empirismo, o Iluminismo. Correto. Concordo. Pena que não se explica o que se entende por pragmatismo, humanismo, economia comportamental, racionalismo, empirismo, Iluminismo.

O risco é exigirmos algo sem que se ofereça as condições adequadas para uma exigência apropriada. As faculdades nem de longe trabalham as temáticas tratadas na Resolução. Seria, então, um trabalho para os cursinhos? Os cursinhos, de todo modo, devem estar contentes. E o que acontece nos cursos jurídicos?

Na realidade, seguimos com nossos estudantes incapazes de responder à pergunta mais fundamental: o que é isto – o Direito? Em um país no qual nem quadros temos para atender o número de cursos jurídicos.

---

109 Cf. STRECK, Lenio Luiz. "Filhos ou café da manhã influenciam decisões judiciais?" *Conjur*, 20 jul. 2017. Disponível em: https://www.conjur.com.br/2017-jul-20/senso-incomum-filhos-ou-cafe-manha-influenciam-decisoes-judiciais/. Acessado em: 17.02.2024.

O que vale para os concursos públicos e a prova da OAB vale para o ensino jurídico *lato sensu*. É preciso que façamos uma profunda revisão nessa desmedida simbiose entre ensino e concursaria. Afinal, os cursos jurídicos não são direcionados, preferencialmente, à formação de quadros para a Administração Pública (embora esse seja o desejo da grande maioria que cursa Direito).

O problema do modelo de provas para concursos públicos perpassa a magistratura. Trata-se de um problema que atravessa os certames da OAB, Ministério Público, Defensoria, Polícia etc. Tenho feito ácidas críticas a esse modo de seleção dos quadros dessas importantes carreiras, assim como daqueles que, no âmbito privado, farão a defesa dos direitos, os advogados.

Veja-se a prova objetiva (primeira fase) da Defensoria Pública do Paraná. Quem não soubesse que se tratava de um concurso para Defensoria poderia achar que a prova poderia ser tanto para escrivães de polícia, agentes da Polícia Federal, promotores, juízes ou procuradores do estado. Ou para professor adjunto de qualquer faculdade espalhada pelos quatro cantos do país. Ou seja, a preocupação dos arguidores *lato sensu* era fazer pegadinhas, propor armadilhas e, fundamentalmente, testar o poder de decoreba dos candidatos. Algumas questões nem com decoreba, como, por exemplo, qual é a opinião de Gargarella (jurista argentino) sobre a teoria da justiça de Rawls? Afinal, é para ler Rawls ou Gargarella? E Gargarella é um autor que conta Rawls melhor que ele mesmo, Rawls? É para ler os originais ou, por derivação, o livro resumo de Simone Goyard-Fabre? Luhmann via Simone GF? Como assim? E quem disse que Simone GF interpretou bem Luhmann. Ora, o que ela faz é um resumo de uma pequena parte de Luhmann... Aliás, há uma questão (número 99), baseada justamente na professora francesa, que fala do debate "naturalismo-positivismo..."

Daí minha crítica ao modelo *quiz show*. E nada indica que as novas modalidades previstas pelo CNJ ou CNMP trarão alterações substanciais. Há provas em que o aluno deve responder sobre "curiosidades", por exemplo, saber algo sobre Hegel (como se saber uma frase sobre Hegel tivesse alguma importância dentro da complexidade da obra do filósofo alemão – isso não serve-para-nada-mesmo). Então, para um agente da justiça, é essencial saber o que Fernando Henrique Cardoso pensa sobre desenvolvimentismo (ou algo assim), tudo misturado com alternativas que visam a confundir o utente? Ou falar sobre Foucault e seu velho *Vigiar e Punir*, como se isso fosse a pólvora? Aliás, por que, na questão 97, só uma é verdadeira? Em breve, pedirão para os concurseiros a leitura de biografias de filósofos. E por que não também obrigá-los a ler biografias de artistas e cantores? Ou a autobiografia do lutador Anderson Silva – que tal perguntar quantos anos ele ficou invicto no UFC, quais foram os recordes que quebrou, por que ele deu um chute no traseiro de um motorista, etecétera? Qual é o limite?

Há também muitas questões que tratam de cinco assuntos diferentes, porque as cinco alternativas são de coisas que não se ligam. E por quê? Porque a banca precisa fazer isso, para poder organizar melhor as pegadinhas e testar as decorebas. Mais ainda: por tudo isso e por outras razões, parcela considerável das questões de Direito Constitucional ou Penal (para citar apenas esses) não tem serventia para a atividade de um defensor público. Aliás, duvido que sirvam para aquilatar o conhecimento de algum concurseiro. Desafio que me provem o contrário.

Fico aqui a perguntar: de que modo decorar – sem compreender – a frase de Hegel (ou de Luhmann ou no futuro, de Anderson "Spider" Silva) ajudará um técnico do Judiciário (ou um defensor etc.) a exercer melhor suas funções? Lembro-me de uma pesquisa encomendada pelo Ministro da Justiça à Fundação Getúlio Vargas que comprovou que existe uma incoerência entre as competências esperadas de um servidor público e o "conhecimento" exigido nos concursos.

De todo modo, esse assunto "*quiz shows*-concursos públicos" já atinge patamares de dramaticidade. Os arguidores se esmeram. Como fazer para que o candidato que estudou profundamente não passe e o cliente dos cursinhos seja o protagonista dessa nova classe de profissionais que entram na máquina pública? O concurso tem a receita para isso.

Uma questão do concurso do Paraná me pareceu emblemática; ela retrata simbolicamente a crise paradigmática que atravessa o Direito brasileiro e que é fruto do ensino jurídico que está em crise:

> *42 – Acerca da Lei de Introdução às Normas do Direito Brasileiro, considere as seguintes afirmativas:*
>
> *1. Os princípios gerais de direito, estejam ou não positivados no sistema normativo, constituem-se em regras estáticas carecedoras de concreção e que têm como função principal auxiliar o juiz no preenchimento de lacunas.*
>
> *2. De acordo com o ordenamento jurídico brasileiro, o efeito repristinatório da lei revogadora de outra lei revogadora é automático e imediato sobre a velha norma abolida, prescindindo de declaração expressa de lei nova que a restabeleça.*
>
> *3. A revogação de uma norma por outra posterior tem por espécies a ab-rogação e a derrogação, e pode ser expressa ou tácita, sendo que, neste último caso, é obrigatório conter, na lei nova, a expressão "revogam-se as disposições em contrário".*
>
> *4. A lei em vigor terá efeito imediato e geral, respeitados os atos jurídicos consumados, mesmo que inválidos.*
>
> *5. A cessação da eficácia de uma lei não corresponde à data em que ocorre a promulgação ou publicação da lei que a revoga, mas sim à data em que a lei revocatória se tornar obrigatória.*
>
> *Assinale a alternativa correta.*
>
> *a) Somente as afirmativas 1, 3 e 4 são verdadeiras.*
>
> *b) Somente as afirmativas 2 e 5 são verdadeiras.*
>
> *c) Somente as afirmativas 1 e 5 são verdadeiras.*
>
> *d) Somente as afirmativas 3, 4 e 5 são verdadeiras.*
>
> *e) Somente as afirmativas 1, 2, 3 e 4 são verdadeiras.*

Claro. A questão tinha que invocar a LINDB. Uma lei que é pretenciosa, porque pretende ser guia para a interpretação da própria Constituição. Segundo o gabarito, das cinco alternativas, somente a 1 e a 5 são corretas. Então, vamos a elas. Repito a de número 1. [Levando em conta a LINDB,]

> os princípios gerais de Direito, estejam ou não positivados no sistema normativo, constituem-se em regras estáticas carecedoras de concreção e que têm como função principal auxiliar o juiz no preenchimento de lacunas.

Quiséssemos brincar, poderíamos, já de cara, fazer o teste da condição semântica de sentido do neopositivismo lógico, colocando um "não" na afirmativa. Isso não alteraria nada, porque a afirmativa, além de falsa, cientificamente nada quer dizer.

Porém, avancemos. A assertiva sobre princípios é particularmente instigante. Já há alguns anos, as pesquisas que realizo apontam para necessidade de, nesse quadrante da história, superarmos os discutíveis privativismos[110] que acompanham a trajetória do pensamento jurídico brasileiro durante todo o século XX. No caso, a finada LICC (Lei de Introdução ao Código Civil) alçou à condição de texto normativo a previsão dos *princípios gerais do Direito* como ferramentas de colmatação de lacunas (veja-se a assertiva 1 da questão em pauta). Uma discussão metodológica, *indeed*. Com Karl Larenz, diríamos: uma discussão de "ciência dogmática do Direito". Já na década de 1950

---

110 Os princípios gerais de Direito são construções novecentistas, destinados a resolver o problema representado pela clausura do ordenamento jurídico, "fechado" pelo art. 4º do Código Civil francês. Ou seja, foram introduzidos no Direito como um "critério positivista de fechamento do sistema", visando a preservar, assim, a "pureza e a integridade" do mundo de regras. Já não se pode falar hoje em princípios gerais do Direito na era dos princípios constitucionais (se alguém falar, azar – está defasado; e se até o STF usa, vale igualmente a observação). Quem fez a pergunta (ou afirmação) não sabe que houve uma descontinuidade entre princípios gerais do Direito e os princípios constitucionais. Caso contrário, nem mesmo os (pam)principialistas brasileiros conseguiriam escrever as coisas que escrevem. O que diriam os defensores, por exemplo, do princípio da afetividade diante da notícia de que princípio é regra estática carente de concreção?

do século passado, o Constitucionalismo Contemporâneo começou a articular um significado para o conceito de princípio que ultrapassa essa discussão sobre metodologia jurídica para solução de casos concretos. Princípios, agora, relacionam-se com os fundamentos da comunidade política. Dizem respeito aos aspectos centrais daquilo que, como comunidade, somos e aspiramos ser. Igualdade, democracia, liberdade, devido processo legal... todos apontam para uma discussão política profunda, num sentido de uma cooriginariedade entre Direito e moral. Juízes legislando? LINDB? Colmatação de lacunas? Mas isso é tão velho quanto nocivo à democracia!

Fica muito claro que, em um contexto como esse, não podemos mais continuar a falar em princípios constitucionais como princípios gerais do Direito. São coisas bem distintas. Do ponto de vista de uma adequada Teoria do Direito, é possível afirmar que os princípios constitucionais operaram uma ultrapassagem em relação aos princípios gerais do Direito. De todo modo, se há dúvidas sobre isso, não é para ser resolvida em pergunta de concurso público. Não sobra, para estes últimos, nenhum significado prático (a velha função metodológica dos princípios gerais é superada pelo "fechamento interpretativo" provocado pelos princípios constitucionais). Se algum interesse há sobre esse vetusto conceito jurídico, ele está reservado ao campo da história do Direito e não da hermenêutica jurídica (ou, como gostam alguns que insistem em cindir interpretação de aplicação, da "aplicação do Direito"). É por isso que, em *Verdade e Consenso*, formulei a tese – inspirado nas lições de Bobbio sobre o Estado – da descontinuidade entre os Princípios Gerais do Direito e os Princípios Constitucionais.

Tendo em conta a questão em específico, a perplexidade é ainda maior: por que os tais princípios gerais seriam "regras estáticas"? Sim, o que é uma *regra estática*? Há, então, uma *regra dinâmica* (e se isso fosse correto, por que o princípio geral do Direito seria estático e não dinâmico)? E pior: repararam que, de acordo com o enunciado, o princípio é uma regra? Sim, o concurso transforma o princípio em uma regra estática.

Se a prova da Defensoria fosse uma decisão judicial, caberiam embargos de declaração. Mais de um. Há de tudo um pouco aqui: omissão, contradição e obscuridade.

Só isso já anularia a questão. Se formos a fundo, também a alternativa 5 não se sustenta, porque confunde os conceitos de validade com eficácia.

Concursos públicos e as provas da OAB são o caminho de entrada no sistema. Se não consertarmos isso e não fizermos um concerto acerca de como podemos resolver isso, afundaremos cada vez mais.

O estado da arte é esse: o arguidor do concurso pergunta o que quer (ou sobre os livros de sua predileção). A resposta é aquela que ele quer que seja. Do mesmo modo, cada um decide como quer. Resultado: perdemos a capacidade de separar o joio do trigo.

Castoriadis dizia que tudo o que se apresenta no mundo social histórico está indissociavelmente entrelaçado com o simbólico. Não que tudo seja apenas simbólico. Mas nada existe fora do simbólico. Os exemplos aqui trazidos têm esse papel simbólico. Eles simbolizam o estado da arte. Do ensino jurídico. Da dogmática. Dos concursos. E assim foi se forjando um imaginário de ficções. Decorebas, pegadinhas, *quiz shows*. *Locus* para o surgimento de professores que querem facilitar tudo. Cantam. Choram. Põem máscaras. E escrevem plastificações. Direitos mastigados.

Nesse contexto, cabe analisar o concurso do MP-MG, no qual foi indagado sobre a "teoria" da graxa. Claro, tratava da corrupção. Mesmo que em outros campos haja menções a esse tipo de fenômeno de "vícios privados, benefícios públicos" (essa é a tese liberal do Barão de Mandeville que está ou deveria estar por trás da tal teoria – *sic* da graxa), não me parece que a *importação jabuticaba* para um concurso tenha alguma sustentabilidade, a não ser como pegadinha.

Consta que a teoria da graxa é o contraponto da "bola de neve" e o Estado Vampiro (*sic*). Ok. E daí? Mas isso é no campo da economia. Como trazer isso para o Direito e que importância teria? Dá uma monografia ou TCC? Quem sabe. Mas uma questão de concurso? *Como adequar isso ao edital?* Outra “teoria” estudada em cursinhos é a dos testículos despedaçados (*balls broken*).

A referida prova foi criticada por diversos professores. E uma estudante levantou um ponto preocupante: consta que a questão somente foi feita porque ela só foi abordada em um determinado cursinho de preparação. Logo, quem não frequentou o curso, não tinha ideia do que o arguidor queria. O concurso também cobra sobre o “Estado Vampiro”. A questão que se põe é: um agente político do Estado (no caso membro do Ministério Público), que receberá considerável e cobiçado salário, estuda por apostilas e resumões (para dizer o menos) e é inquirido acerca de “teorias” como a da graxa etc? Eis o simbólico da crise. Do ensino e da dogmática jurídica.

Até que ponto chegamos? Mas já não bastam resumos; eles já são considerados longos; houve uma adaptação darwiniana e alguém teve a ideia de fazer o resumo do resumo ou o “resumão” jurídico plastificado. Ou “*focanoresumo*”, como fez uma professora de cursinho. Daí a explosão do mercado para livros facilitados, plastificados, mastigados, tuitados, esquadrinhados e outras coisas desse gênero. Publica-se tudo às pressas: um livro “facilitador” de processo datado de 2017 falando do novo Código de Processo Civil ainda fala em processo cautelar... (deveria falar em tutela cautelar). Há livros que comentam o CPC com base no de 1973. No caso, a pressa é amiga das vendas. Bom para concurso. Há também *fitness* jurídico. *Coachings*. Máscaras de 50 tons de cinza. Sushi-aulas.

Fui aluno de Warat já em 1983. Ele já denunciava tudo isso. Falava dos discursos *prêt-à-porters* (e eu acrescentei: *prêt-à-penser* e *prêt-à-parler*). No que transformamos o ensino jurídico? E os cursinhos? E a produção da concursaria? A *resumocracia* venceu. Ou enfrentamos isso de frente ou devemos desistir e nos conformarmos com o império do *standard*. É isso que deveria estar no centro das preocupações do CNJ e do MEC.

CAPÍTULO VIII

DEVE EXISTIR VIDA INTELIGENTE PARA ALÉM DE CONCURSOS, CURSINHOS, TIKTOK E LIVROS FACILITADOS

O ensino jurídico não vai mal porque os estudantes ficam reféns das redes sociais, às vezes em plena aula. Mas o ensino jurídico vai mal também por isso.

Não há pedagogia sem dor. Não existe intelectual bronzeado (é uma metáfora). Não há possibilidade de avançarmos na melhoria do ensino jurídico enquanto a literatura utilizada for composta por produtos *prêt-à-porter*, *prêt-à-parler* e *prêt-à-penser* (isto é, literatura pronta para usar, para falar e para pensar – tudo pré-pronto, feito "sob medida").

Se a medicina fosse ensinada com livros "facilitados" como o Direito o é, a ciência hipocrática desceria a ladeira. Espero, sinceramente, que os esculápios *terrabrasiliensis* tenham uma formação melhor na graduação do que nossos bacharéis em Direito. Afinal, quem se submeteria a uma cirurgia realizada por um médico que tivesse escrito um livro com o título de "Operação Cardíaca Facilitada" ou

"A Fibrilação Atrial em Palavras Cruzadas"? Ou quem se submeteria a tratamento com esculápios que tivessem estudado com professores que utilizaram livros tipo resumo-do-resumo? Ou com professores que odiassem antibióticos (numa analogia com professores que criticam a Constituição e dizem que esta prevê "direitos em demasia")?

Hoje, há professores de Direito Civil que não conhecem a história do Direito Civil. Já fiz testes sobre isso, perguntando quando surgiu – estritamente falando – o direito de propriedade no Brasil. E qual a diferença entre o tratamento da posse e da propriedade no século XIX em relação ao Código de 1916? No que isso influenciou a questão fundiária? E a questão urbana? E a violência? Os estudantes sabem como funcionava o controle de constitucionalidade no Império? E as consequências disso?

Os estudantes de Direito leram a Teoria Pura do Direito? Sabem que Kelsen não separou o Direito da moral? Sabem que Kelsen não fala em aplicação da letra (fria) da lei? Se o seu professor de Introdução ao Estudo do Direito ou Filosofia do Direito não sabe o que é neopositivismo lógico (ou empirismo lógico) e sua importância para a construção da Teoria Pura do Direito, temos problemas. Ele pode até se recusar a aceitar a influência do empirismo lógico na TPD, mas não poderá deixar de ensinar o que foi o empirismo lógico.

Se falamos de positivismo, falamos de empirismo. Afinal, positivismo é uma teoria descritiva – seja em que versão se apresente. Seu professor de Processo Penal e de Processo Civil deveria questionar a livre apreciação da prova (ou livre convencimento); não deve dizer que isso é "assim mesmo" – por ser uma fatalidade ou que o tal princípio (*sic*) da verdade real existe mesmo (existem evidências que demonstram o contrário); igualmente o seu professor de Processo Civil deve relacionar Oscar Büllow com o instrumentalismo processual brasileiro. As consequências disso são imensas, bastando ver o modo como se institucionaliza a jurisprudencialização.

Seu professor de Direito do Trabalho acredita e sustenta, por mais bem intencionado que seja, o "princípio da primazia da realidade" em plena segunda década do século XXI? Ele não sabe que o "socialismo processual" (Menger, Klein) acabou há mais de cem anos e que o instrumentalismo processual vitaminou o protagonismo e o ativismo judicial – em todas as áreas do Direito?

O professor de Introdução ao Estudo do Direito ou de matéria correlata deve se comunicar com os professores de Processo Civil e Penal.[111] Afinal, a gestão da prova no processo é um problema de compreensão. De conhecimento. Enfim, uma questão filosófica. Deve haver uma grande discussão nas salas de aula acerca dos dogmas/mitos da dogmática jurídica, como o "decidir conforme a consciência", interligado com a livre apreciação da prova e livre convencimento. Trata-se de uma questão de paradigmas filosóficos. Decidir conforme a consciência tem relação direta com o "esquema sujeito-objeto".[112] Se o professor fala em verdade real, deve explicar a sobrevivência da concepção de verdade adequacionista ou da velha ontologia pré-moderna. Se fala em precedentes e súmulas, deve explicar a relação com as concepções textualistas-objetivistas. Nenhum conceito deve ficar "pairando no ar" ou considerado como "entendido".

---

111 Nesse sentido, vale referir a obra ABBOUD, Georges; OLIVEIRA, Rafael Tomaz de; CARNIO, Henrique Garbellini. *Introdução ao Direito*: Teoria, Filosofia e Sociologia do Direito. São Paulo: Saraiva, 2022. Há um longo posfácio elaborado por mim, em que trato dessa junção entre teoria e práxis.

112 Esse tema é, junto com o positivismo e realismo jurídico, um dos mais candentes, uma vez que aparece todos os dias em sentenças e acórdãos, além de jargões como "o juiz só precisa atender a sua consciência". Para um melhor entendimento sobre o tema, pode ser feito pelos professores um profícuo debate com decisões que invocam o "decidir conforme a consciência", livre convencimento etc. Nesse sentido, cf. STRECK, Lenio Luiz. *O que é isto*: decido conforme minha consciência? 2ª ed. rev. e ampl. Porto Alegre: Livraria do Advogado, 2010; ABBOUD, Georges; OLIVEIRA, Rafael Tomaz de; CARNIO, Henrique Garbellini. *Introdução ao Direito*: Teoria, Filosofia e Sociologia do Direito. São Paulo: Saraiva, 2022; NUNES, Diele; SALOMÃO, George; STRECK, Lenio Luiz (Coord.). *O fim do livre convencimento motivado*. Florianópolis: Tirant lo Blanch, 2016.

E nem vou falar, aqui, da complexidade acerca do positivismo jurídico (são mais de dez tipos), incrivelmente simplificado nas salas de aula. Em face da importância do tema, incluí um longo verbete no Glossário no final da presente obra. Para introduzir: há o positivismo clássico, o pós-exegético, o hartiano, o pós-hartiano, o positivismo exclusivo, o positivismo inclusivo, para falar apenas das concepções principais. E, escusas pela recorrência temática – mas é necessário – sem me esquecer do realismo jurídico, forma de positivismo fático, que considera o Direito como um fenômeno indeterminado (eis a questão do ceticismo em relação às regras e princípios jurídicos). Isso serve para a graduação e a pós-graduação, também carente desses conceitos.

E a propalada "ponderação"? Palavra anêmica e vazia semanticamente, a ponto de Tribunais Superiores aplicarem a técnica de forma descriteriosa.[113] Do modo como vem sendo utilizada, sem qualquer criteriologia, não passa de uma "fraude epistemológica". Do mesmo modo que a "verdade real", talvez a maior prova de uma mentira histórica no Direito. Imagine-se o número de vítimas dessas vulgatas.

Diga-se a mesma coisa em relação à proporcionalidade, tomada como "princípio". Na verdade, se examinarmos a literatura jurídica, veremos que a maior parte diz que a proporcionalidade,

---

113 Nesse sentido, seria interessante discutir em sala de aula acórdãos que utilizam e estão fundados na ponderação. Sugiro: STRECK, Lenio Luiz. "O STF, a prisão no júri e o voto equivocado do ministro Luis Roberto Barroso". *Conjur*, 3 jul. 2023. Disponível em: https://www.conjur.com.br/2023-jul-03/lenio-streck-stf-prisao-juri-voto-equivocado-ministro-barroso/#:~:text=O%20imbr%C3%B3glio.,das%20ADC%2043%20e%2044. Acessado em: 15.05.2024. Também os livros MORAIS, Fausto Santos de. *Ponderação e arbitrariedade*: a inadequada recepção de Alexy pelo STF. 3ª ed. São Paulo: Juspodivm, 2022; e LORENZONI, Pietro Cardia. *Jurisdição Constitucional de Crise*: o papel do STF no enfrentamento das crises constitucionais. 1ª ed. Rio de Janeiro: Forense, 2023.

da qual tanto se fala em sala de aula e nas decisões judiciais, é um princípio. Incorreta essa assertiva. Todos erram nisso. Alexy, por exemplo (que sempre é referido como "pai do conceito") discordaria se alguém lhe dissesse que a proporcionalidade é um princípio. Para ele, os subelementos da proporcionalidade são regras. Sua aplicação é sempre por subsunção. Eis aí um excelente tema para seminário reunindo estudantes, profissionais do Direito e professores. Inclusive na pós-graduação.

Para além de tudo isso, a grande questão é: *o que é isto – o direito?* O que é a lei? Como se interpreta? Como se aplica? Aqui há um bom mote para promover um debate em sala de aula da graduação e até mesmo em mestrado e doutorado. Explico. Em *As Aventuras de Gulliver*, Jonathan Swift apresenta um interessante problema acerca do que seja o fetiche da lei, quando a personagem "gigante" se depara com uma curiosa guerra travada entre dois reinos que fazem parte de uma espécie de "federação" (Blefuscu e Lilliput). Os dois povos estavam lutando já há muitos anos, tudo porque o filho do Rei de então, ao quebrar um ovo pela manhã, fê-lo pelo lado mais duro, ferindo-se no dedo. Em decorrência, o Rei editou um decreto (espécie de medida provisória – minha licença poética) determinando que, a partir daquele dia, todos "deveriam quebrar os ovos pelo lado mais delgado". Isso gerou uma controvérsia e posterior revolta. Centenas de livros foram escritos, sustentando teses opostas. Até que veio a guerra, com dezenas de milhares de mortos. Gulliver, então, indaga: e o que diz a Constituição (ele, por certo, estudara controle de constitucionalidade em *terrae brasilis* ou adjacências)? E o Rei responde: a Constituição é clara: "todos os fiéis quebrarão os ovos pela extremidade mais cômoda". E então?

Eis o fetiche da lei. Ainda interpretamos a lei como os liliputianos. E, depois, guerreamos. Apostamos tudo na "lei". Como se a lei fosse uma coisa e nela estivesse o seu conteúdo substancial, objetificado. Um cachorro ladra. E lá vai a vizinha ao Juizado Especial exigir a aplicação da Lei das Contravenções Penais. Que não foi recepcionada pela Constituição. Ela é da década de 40 do século passado e pretendia controlar os comportamentos sociais. No entanto, continua aí. "Ontologizada". E assim por diante.

O Código Penal, fosse filtrado hermeneuticamente, viraria pó em grande parte. Graças a esse atraso, a desproporcionalidade das penas é de extrema gravidade. Furto qualificado e lavagem de dinheiro: penas quase iguais. Com a diferença de que temos milhares de pobres presos por furto qualificado e poucas pessoas presas por lavagem de dinheiro. Claro que sempre há um não dito nessa história. A lei não tem um sentido em si. Mesmo que não existisse essa desproporcionalidade, ainda assim restaria o problema da aplicação, dependente de um intrincado jogo discursivo, que esconde as relações de poder (que, por vezes, chamamos de "teoria do bem jurídico"). Cada época tem a sua teoria do bem jurídico. O Código do Império foi feito para pegar escravos; o de 1890, para pegar ex-escravos etc.

Sim, senso comum teórico e fetiche da lei são questões interligadas. Um procurador da República ingressou com ação para retirar de circulação o *Dicionário Houaiss*, por causa do verbete "Cigano". O dicionário teria tecido "comentários" politicamente incorretos. Acho que ele acredita que a palavra "cigano" tem uma essência de "ciganidade" (como a ranidade da rã em Aristóteles). Expungindo o verbete, resolve-se o problema. Como em *1984*, de George Orwell. É a *Novilíngua*. O Ministério da Guerra era chamado de Ministério do Amor. O da Fome se chamava Ministério da Fartura.

É desse modo que os lidadores do Direito atribuem sentidos às leis. Dá-se o nome que se quiser. Depois ocorre a ontologização. E a realidade estará "transformada". Do fetiche se passa à reificação. Ideias (ou palavras) são transformadas em coisas. Também podemos denominar esse fenômeno de objetificação. Parte da comunidade jurídica é, por assim dizer, "ontológica" (mormente no sentido vulgar). Acreditam que há essências. Primeiro, "criamos coisas", para, depois, delas retirar a essência, com o que extraímos o sentido. Por vezes, chamamos isso de natureza jurídica. Ou "conceito ontológico" mesmo. E o caminho para isso é o criterialismo. Por isso se pensa que, alterando a palavra, *fiat lux*: tudo está solucionado.

Jhering faz uma ácida crítica ao que ele denominou de "paraíso dos conceitos do formalismo", que, *mutatis mutandis*, é o que se vê reproduzido nas salas de aula, doutrina e jurisprudência. Segundo Jhering,[114] os habitantes do paraíso dos conceitos (que podemos substituir pela nossa dogmática criterialista) só conseguem falar sobre algo depois que a coisificam. Isto é, transformam palavras em coisas. É como se a dobra da linguagem fosse uma verdadeira e concreta dobradura, como em uma roupa ou uma folha de papel. Para eles, sempre há uma essência. O livro de Jhering é tão impactante que nos faz lembrar do caráter ontológico que, no plano da dogmática jurídica tradicional, dá-se aos conceitos e institutos jurídicos. Como se a coisa julgada fosse uma senhora rechonchuda. E litisconsorte ativo fosse um rapaz alto, com gel no cabelo. Aliás, deixemos o Jhering falar sobre a Mora:

— "Ela geralmente se deita no canto. Se a interpelação não a assustar de vez em quando, ela nem se mexe".

— "Você certamente reconhecerá o conceito que agora se aproxima de Dolus".

— Deve ser a *bona fides*. A expressão inconfundível de franqueza, honestidade e verdade em seu semblante a denúncia.

— "Ela certamente foi fácil de se reconhecer. O conceito de pé, no meio do corredor, também não será difícil para você".

— Só pode ser o conceito de Propriedade. Ele combina com a imagem que eu fazia dele: atarracado, forte, com membros robustos, bem alimentado e com a expressão facial de alguém que está saciado e confortável.

---

114 Cf. JHERING, Rudolf von. *Paraíso dos conceitos*. Trad. Thiago Aguiar de Pádua e Jefferson Guedes. São Paulo: Contracorrente (no prelo).

Vemos essa espécie de fetichização todos os dias, reproduzidos em peças processuais, sentenças e acórdãos. É como se palavras e coisas fossem coladas-imantadas, isto é, como se o texto contivesse o próprio sentido e esse sentido fosse unívoco (aliás, Anibal Bruno dizia que interpretar a lei é desvendar o sentido unívoco da norma; Carlos Maximiliano entendia que interpretar é a busca do esclarecimento, do significado verdadeiro de uma expressão; Maria Helena Diniz entende que interpretar é descobrir o sentido e o alcance da norma, procurando a significação dos conceitos jurídicos). Por isso, talvez, os precedentes se descolem tão facilmente das coisas (casos) – tornadas despiciendas, à espera de sua invocação à *la carte*.

Ora, é preciso entender que a linguagem não é uma terceira coisa entre um sujeito e um objeto. Ela é condição de possibilidade. Logo, ela não é mero instrumento. Ela não está à minha (ou nossa) disposição (*Ge-stel*). Do mesmo modo, o Direito não pode ser visto como uma mera racionalidade instrumental. Não é uma mera técnica. Para aqueles que têm a crença de que, trocando as palavras, se trocam as coisas, lembro que a palavra "bomba" não explode. Pode ser apenas uma "notícia forte", bombástica. Na rosa não está o seu perfume, para usar um exemplo antigo. Não precisamos falar, neste pequeno espaço, dos usos sociais da linguagem etc.

Apenas quero dizer que não podemos dar às palavras o sentido que queremos, tampouco podemos pensar que, trocando-se os nomes, as coisas mudam (pelo menos da noite para o dia). Não adianta querer erradicar a febre amarela por decreto, como queria Papa Doc, no Haiti (sei, sim, da importância da lei; basta ler *Senhores e Caçadores*, de Edward Thompson, que dizia: a lei importa e por isso nos importamos com isso tudo). Os liliputianos guerrearam durante anos, até a chegada de Gulliver. E a "Constituição" deles era muito "clara", pois não?

Daí a pergunta: o que, minimamente, um curso de Direito precisa proporcionar ao estudante? O que mencionei – e mencionarei – é o básico. Assim como, para estudar física, engenharia ou filosofia, há um "*kit*" mínimo para iniciar os estudos, também no Direito deveríamos fazer uma "cesta jurídico-epistêmico-básica", algo como a Garantia do Mínimo Existencial na Cultura Jurídica (MECJ).

De qualquer forma, um curso de Direito não deveria ofertar (e obrigar a cursar) tantas disciplinas (aqui, inexoravelmente, esse assunto se mescla com os currículos de cursos). Muitas delas são sobrepostas. Claro que tudo dependerá de quem ministra e de seu conteúdo. Algumas disciplinas "possuem" excesso de semestres letivos. Estudar o(s) Código(s) – do modo como fazem – é mera técnica. O que o estudante deve saber é a matriz jus-político-ideológica que sustenta o(s) Código(s) e a necessária matriz de interpretação/aplicação da legislação. No decorrer desta obra, isso aparecerá. Por outro lado, devemos duvidar do imaginário "especialista em..." Um jurista (na acepção do termo) bem preparado – com profundo embasamento teórico – "pega" uma lei e faz um estudo sobre ela e desafia o neoespecialista.

Especialidades podem esconder a complexidade do fenômeno jurídico. Podem "oferecer facilidades". Por exemplo, estudar direito do consumidor pode ser "especializado dogmaticamente". Mas pode, com isso, obnubilar as complexidades da disciplina em uma sociedade complexa. Reduzir um determinado ramo do Direito em estudo da lei é, por vezes, deixar de lado um universo de violações estruturais – e nesse sentido, o direito do consumidor é um *case* para ser pesquisado.

A dogmática jurídica perde complexidade quando reduzida ao criterialismo e à descrição do que foi decidido nos tribunais. Fico impressionado com o modo como determinados professores aparecem na TV (ou nas redes sociais) "explicando" obviedades, por meio de reproduções de ementas de julgamentos. Platitudes parecem virar especialidades. E isso, sem dúvida, tem direta relação com a crise do ensino jurídico.

Outra coisa que causa espanto é uma espécie de quase unanimidade de se buscar o simples, rebaixando o nível da linguagem, problemática que se tornou mais grave com o advento das redes sociais (TikTok e congêneres) e a inteligência artificial. Há uma espécie de "disputa pelo modo de dizer o Direito de forma mais simplória".

É necessário frequentar a faculdade de Direito para ter um professor lendo para o estudante o que diz a legislação? Mas, então, o que temos é um curso de legislação (nas últimas décadas, cursos de relato de jurisprudência)? Sempre pensei que deveríamos ter Faculdades de Direito e não meros "métodos de memorização". E professores não necessitam ser animadores de auditório.

O quadro da antiga repetição de legislação vem sofrendo alterações: agora os docentes repetem, via *power point*, as "teses" dos Tribunais Superiores, chamadas de Cortes de Precedentes. O avanço do realismo jurídico (tema, insisto, praticamente ausente das discussões em sala de aula) transferiu a leitura das leis para "aquilo que os tribunais dizem das leis". Por outro lado, por causa das demandas de concursos, há hoje cursinhos chamados "lei seca" para ensinar truques de decoreba. Há livros, por exemplo, que "ensinam" que "o crime consumado tem as pernas subjetiva (dolo) e a objetiva (execução/resultado) completas (do mesmo tamanho, portanto). Acreditem: segundo um determinado professor, isto quer dizer que a modalidade tentada em um crime é um "tipo manco". Não parece espantoso? Como chegamos a esse ponto? Aqui um tema para a reunião dos professores do curso. Aliás, Roberto Lyra Filho dizia: precisamos urgentemente criar faculdades de Direito! Ele tinha toda a razão.

Por que frequentar uma disciplina em que o professor utiliza um resumo ou livro de facilitação (ou "mapas mentais de Direito Penal" ou algo assim – sim, isso existe) para "descobrir" que agressão atual é a que está acontecendo? E "agressão iminente está por acontecer"? Ou que escalada é subir em alguma coisa? Ou discutir o assalto de Caio? De Tício? Ou "problematizar" a solução para o problema de um gêmeo xifópago ferir o outro à faca – com certeza, xifópagos devem andar armados. Veja-se o grau de alienação do

Direito. Ou ficar decorando verbetes (enunciados) provenientes de julgados extraídos *ad hoc*? Ou repetir teses e temas de Tribunais Superiores, sem contexto fático e sem discutir a *holding* do precedente?

Não há solução mágica. Não há como aprender Direito sem que os estudantes leiam... livros. Sim, livros e não resumos de livros ou "livros orelhados". O que se está fazendo hoje é um processo de violência simbólica, para lembrar um famoso livro dos anos 1980 chamado *A Reprodução*, de Pierre Bourdieu e Claude Passeron. Direito não se aprende por jogral. Nem por decoreba.

CAPÍTULO IX

O QUE ACONTECE NAS SALAS DE AULA: DO ESBOÇO ESPECULATIVO DOS "MODELOS DE PROFESSOR" AO "ESTUDANTE IDEAL"

Se juízes, integrantes do Ministério Público e advogados passaram pela Faculdade de Direito, talvez seja lá que esteja o paciente zero da epidemia do Direito brasileiro. Então, em vez de traçar os modelos de juiz, prefiro traçar oito tipos de professores que são facilmente encontrados nas salas de aula de todo o país (que fique bem claro – trata-se de uma mera alegoria; qualquer semelhança com a realidade será mera coincidência e não terá sido minha intenção "fazer caracterizações"):

Modelo 1. Professor neoconstitucionalista: comunica, de forma espetacular, que o juiz boca da lei morreu e, em seu lugar, nasceu o juiz dos princípios. Tem um caso difícil? Use um princípio. Tem um caso fácil? Use uma regra. Com isso ele se diz pós-positivista. Por exemplo, uma regra do Código Civil que trata do direito sucessório pode ser derrotada por um "princípio" qualquer. Esse modelo de professor parece usar o "fator Groucho Marx": "eis aqui os meus princípios; mas se você não gostar deles, tenho outros!" Sempre tem chance de ser o paraninfo da turma.

Modelo 2. Professor realista-retrô: diz para os estudantes que "o Direito é o que o Judiciário diz que é e não adianta fazer nada contra isso". Usa preferentemente livros com *prêt-à-porters* jurisprudenciais e ementários. Passa as novas teses dos tribunais em *power point*. Também se diz pós-positivista, sem explicar o que é esse conceito. O Direito, para ele, será sempre o que algum verbete jurisprudencial ou súmula disser que é. Gosta também de usar enunciados feitos em *workshops* jurídicos. Considera-se um prático. Usa por vezes a máxima "na prática a teoria é outra".[115] Um exemplo que bem simboliza o professor realista-retrô é a pesquisa feita com juízes em Israel, pela qual se "constatou" que os juízes com fome

115 Na entrevista concedida a Luã Jung, Draiton Gonzaga de Souza fala sobre a antiga dualidade entre teoria e prática e como isso se reflete no Direito: "a razão tem, em Aristóteles, uma dimensão teórica, uma dimensão prática (e uma dimensão poiética), conforme destacado pelo filósofo Henrique Cláudio de Lima Vaz, nos seus *Escritos de Filosofia*. A Filosofia, assim como o Direito, opera nos níveis teórico e prático, tanto que Kant escreveu a *Crítica da Razão Pura* (teórica) e a *Crítica da Razão Prática*. O Direito também apresenta muita teoria. Nesse sentido, podemos analisar o próprio conceito de 'dignidade da pessoa humana', inserido no art. 1º, inciso III, da Constituição Federal. Se tomarmos detidamente esses três termos – 'dignidade', 'pessoa' e 'ser humano' –, constataremos diversos pressupostos de ordem filosófica, ou seja, teóricos. Temos, portanto, grandes questões especulativas no Direito, mas o espaço jurídico não se restringe à teoria. Basta olhar para a atuação prática de um advogado, que, quando ajuíza uma ação, busca um determinado resultado da jurisdição: a sentença. Não basta que um juiz teorize em sua sentença, pois sua decisão tem um resultado no mundo prático. Mas essa dimensão prática também tem de ser racional: é o domínio da razão prática, que ordena a superação do irracionalismo, do subjetivismo, do pragmatismo e do solipsismo, como Prof. Lenio Streck destaca de modo contundente em várias de suas obras" (SOUZA, Draiton Gonzaga de. "Entrevista a Luã Jung". *In*: STRECK, Lenio Luiz (Coord.). *Um Tributo a Hermenêutica Jurídica e(m) Crise, de Lenio Streck*: 25 anos depois. Florianópolis: Tirant lo Blanch, 2023, pp. 229 e ss.).

são mais rígidos. Conclusão: o Direito é o que a fome dos juízes diz que é. E coisas desse gênero (trata-se, uma vez mais, de alegoria). A única coisa que o professor realista-retrô não explica é o que foi, ou é, efetivamente, a teoria do realismo jurídico (norte americano ou escandinavo).

Modelo 3. Professor teórico político do poder: esse é *mix* dos dois primeiros modelos. Direito, para ele, é poder. E pronto. Fica falando em ponderação a todo momento, sem explicar com profundidade a teoria alexyana. Diz – e repete – que princípios são valores. Desconhece que, em Alexy, não há aplicação direta de princípios. Passa um semestre ou ano inteiro falando em ponderar, mas não explica, com o cuidado necessário, o que Alexy propõe. Sustenta que, sem ponderar, é impossível decidir. Também critica o positivismo, que, para ele, está morto, anunciando essa "boa nova" do mesmo modo que faz o professor neoconstitucionalista.[116]

Modelo 4. Professor dualista-metodológico: ele é um adepto do dualismo, só não sabe que é um "dualista". Diz-se pós-positivista, só que nunca explicou por que e o que é "ser pós-positivista". Para ele, vale mais a voz das ruas do que a Constituição. Se há uma dúvida entre um juízo moral e o Direito, ele fica com os juízos morais. Sem se dar conta de que quem disse isso foi Jellinek, fala todo tempo que as Constituições escritas rígidas não podem evitar que se desenvolva junto a elas e contra elas um Direito Constitucional não escrito, que vem das ruas e da consciência social. Assim, o professor "dualista" contrapõe a realidade social à Constituição (e ao Direito em geral) e opta, obviamente, pela realidade social, pouco importando a força normativa da Constituição. O professor "dualista" no discurso desconhece que a tese dualista é uma herança de Laband e Jellinek e que justifica, passados mais de um século, uma concepção decisionista da jurisdição e contribui para a compreensão das cortes constitucionais

116 Aqui, remeto o leitor para os verbetes "Positivismo" e "Pós-positivismo" do meu *Dicionário de Hermenêutica*, em que explico os diversos aspectos do problema. Só depois volte à leitura deste livro.

como poderes constituintes permanentes.[117] Alguns dos professores dualistas acham que existem direitos de mais e poucos deveres na Constituição. Também dizem que a Constituição traz mais direitos do que deveres e que isso precisa ser alterado. Quando falam da presunção da inocência, dizem que existe muita violência por aí e por isso a interpretação do Supremo Tribunal deve ser a que manda prender desde logo. Esse modelo de professor viola o tempo todo a lei de Hume: do "é", ele tira um "deve ser". Só o que não explica é o que, de fato, é o dualismo metodológico. E nunca ouviu falar de David Hume. É consequencialista, sem se dar conta disso.

Modelo 5. Professor "kelseniano":[118] esse modelo mistura uma série de posturas formalistas para justificar suas posições ideológicas conservadoras em relação ao Direito. Para isso, faz uma confusão entre teorias, como dizer que "Kelsen proporciona segurança jurídica"; "temos de voltar a Kelsen"; "Kelsen defendia a aplicação da letra fria da lei – porque separava Direito e moral" – erros crassos, aliás, que continuam sendo repetidos em salas de aula Brasil afora; "contra essa gente que trata de princípios, precisamos do positivismo", sem explicar o problema central do positivismo, que não é uma teoria prescritiva; critica o pós-positivismo, confundindo-o com voluntarismo.

Modelo 6. Professor "profissional": esse pode aparecer combinado com qualquer dos outros modelos. E quando isso acontece, a mistura é explosiva. O professor "profissional" é assim chamado

---

117 Nesse sentido, cf. (i) o verbete "Dualismo metodológico" (em meu *Dicionário de Hermenêutica*); (ii) STRECK, Lenio Luiz. "STF obedecer à voz das ruas – qual o valor da Constituição?" *Conjur*, 28 abr. 2018. Disponível em: https://www.conjur.com.br/2018-abr-28/observatorio-constitucional-stf-obedecer-voz-ruas-qual-valor-constituicao/. Acessado em: 17.02.2024; e (iii) HORTA, Raul Machado. *Direito Constitucional*. Belo Horizonte: Del Rey, 2002, pp. 104/105; VERDÚ, Pablo Lucas. *Curso de derecho político*. vol. 4. Madrid: Tecnos, 1984, pp. 179/180.

118 As aspas são indispensáveis para a compreensão do modelo.

porque ele não separa a sua profissão (ou função) da que exerce na sala de aula. Não pratica os "dois corpos do rei". É especialista em contar historinhas e causos de sua profissão. Se juiz, fala de suas sentenças. Se promotor, conta suas recentes denúncias e condenações que obteve. Também é especialista em platitudes. Tem de sair mais cedo da aula porque tem audiência. Ou reunião no escritório. Sua preocupação é uma só: assinar como professor. Autodenominar-se professor, o que lhe ajuda a sustentar sua atividade profissional. O modelo profissional pode ser um excelente professor. Porém, vira "profissional" (daí as aspas) se misturar a sua função-profissão com a de professor e obnubilar esta. Se obscurece a função de professor, será apenas um profissional falando de suas coisas. Porque usará o cargo-função-profissão para granjear vantagens. Usa o *status*. Isso também acontece quando o professor de cursinho não separa o cursinho da sala de aula da faculdade. Nesse caso, vira "profissional".

Modelo 7. Professor "crítico": é o professor que olha tudo pelo olhar "crítico". Sua teoria é "crítica". É um cético. Aproxima-se do realista-retrô. Só que lhe falta teoria. No mais das vezes. Com exceções, é claro. Sempre há exceções. Nesse modelo, tudo vira objeto de "crítica". Só que não faz uma epistemologia para explicar o que é a crítica. O ponto central do professor crítico é criticar. Tudo. Também se aproxima de uma variação do professor teórico político do poder. O professor crítico é um modelo que está na moda. Perigosíssimo. Fala muito em epistemologia. Usa termos como "injustiça epistêmica". A sua crítica só poupa um alvo: ele mesmo. Para ele, o Direito sempre é "uma coisa ruim". Se ele é de esquerda, diz que o Direito só oprime. O direito é uma superestrutura. Se é de direita, põe as culpas no Supremo Tribunal. Aliás, não se sabe as razões pelas quais o professor optou pela área jurídica. Deveria ter optado pela política. Ou ter cursado ciência política. Espinafra a Constituição. Facilmente se mescla com o modelo "professor kelseniano".

Modelo 8. Professor-professor: é o mais tradicional e, ao mesmo tempo, o mais simples. Trata-se do professor que ensina uma coisa velha, denominada Direito. Ele pode ser professor em dedicação exclusiva, juiz, promotor, defensor ou advogado – desde que com as ressalvas já explicitadas no modelo "profissional". Pode-se chamá-lo de Professor Maestro (ou simplesmente Professor de Direito).[119] Já desde o primeiro dia, diz a que vem. Suspende seus pré-juízos. Não mistura sua eventual profissão que exerce para além de professor. Sabe o que são os dois corpos do Rei – nessa alegoria de Kantorovich. Usa bastante literatura clássica nas aulas. E trabalha com os clássicos como Hobbes. E apresenta aos estudantes as Eumênidas, da trilogia Oresteia. Faz isso para ensinar que a vingança não pode se sobrepor ao Direito. É antidualista. Apresenta para os estudantes um combo epistêmico que extrai da Trilogia Oresteia: Direito Penal, Processual, Teoria do Direito e Direito Constitucional. O primeiro julgamento da história é da mitologia. Mas o professor Maestro demonstra como esse julgamento marca a história civilizacional do Direito. Quando fala de Direito Penal, insere-o na sangria do cotidiano. Trata do Direito inserido na história. Quando fala de processo, mostra o caminho trilhado há séculos e as razões pelas quais fomos vitimados pelo instrumentalismo e suas derivações. Não usa ementários ou enunciados jurisprudenciais sem o contexto. O professor-professor faz epistemologia. E explica o que é epistemologia. O modelo Maestro dispensa resumos e não gosta de que os estudantes fiquem usando celular em sala de aula. Cobra questões dissertativas nas provas. Não renuncia à interdisciplinaridade. Quase nunca é escolhido paraninfo. Nas Universidades privadas, seu emprego está sempre em risco.

Na realidade, o professor maestro deveria ser o "modelo" mais comum. É o tipo ideal de professor. Professor-professor. Defender a legalidade constitucional – conceito que aprendi há décadas com o constitucionalista espanhol Elias Diaz – é um ato revolucionário, a

---

119 Nesse sentido, ver BERNSTS, Luisa. "O ofício do professor e sua repercussão no modo-de-ser antropofágico da crítica hermenêutica do Direito". *In*: STRECK, Lenio Luiz (Coord.). *Um Tributo a Hermenêutica Jurídica e(m) Crise, de Lenio Streck*: 25 anos depois. Florianópolis: Tirant lo Blanch, 2023, pp. 126 e ss.

ponto de poder afirmar que Professor Maestro é, hoje, um subversivo, se trabalhar, efetivamente, com a força normativa da Constituição. Esse professor, se estiver acompanhado de outros pesquisadores (quatro ou mais), corre sempre o risco de ser processado pelo crime de obstrução da justiça.

Aqui, outra vez a advertência: a "classificação" dos modelos de professor que lancei acima pretende apenas metaforizar (ou alegorizar) o problema da crise do Direito. E, atenção: uma crítica sempre corre o risco de provocar generalizações e até mesmo exageros. Não é minha intenção. Minhas críticas ao ensino jurídico vêm de mais de três décadas. Não são sequer novidade. Warat ensinava que o ensino jurídico era responsável pela reprodução de uma dogmática jurídica que produzia próteses para fantasmas. E Carlos Cárcova chamava a essa reprodução de "opacidade do Direito", que ocorre graças ao senso comum teórico que predomina no imaginário jurídico. Veja-se: voltamos ao senso comum teórico dos juristas. Ou ao mundo da pseudo-concreticidade de que falava Karel Kosik.

Com toda a lhaneza e fidalguia acadêmica, é possível dizer, face ao estado da arte da doutrina e da jurisprudência pátrias, que necessitamos de professores que perfazem o perfil do modelo "Maestro". A vantagem é que ele não é excludente. E nem epistemicamente discriminatório.

O que importa referir, em síntese, é que o decisionismo se dá porque o Direito ensinado nas faculdades se confunde com a moral, a economia e a política. Em vez de o Direito filtrar a moral, a política e a economia, acaba, ele próprio, sendo filtrado por estes seus predadores naturais (de novo, é preciso dizer que a afirmação de que o Direito não pode ser corrigido por argumentos morais não significa, sob qualquer hipótese, que isto seja uma assertiva positivista – remetendo o leitor, uma vez mais, ao Glossário e ao *Dicionário de Hermenêutica*).

Por isso, fazendo uma blague, pode-se dizer que as consequências vêm sempre depois, como "lecionava" o Conselheiro Acácio, caricata personagem do romance *Primo Basílio*, de Eça de Queiroz. Porque nada é por acaso e porque sempre há um paciente zero. Se se ensinasse direito o Direito, a crise não seria tão grave. Não se insistiria, para dar um exemplo, em coisas como "Kelsen era um exegeta" ou "temos um sistema de precedentes".

O que há, efetivamente, de novo? Há trinta anos, refiro, em vários artigos e livros, um trabalho de um aluno de pós-graduação na Faculdade de Direito da USP, da década de 1980, citado por José Eduardo Faria no livro *Reforma do Ensino Jurídico*, que já então denunciava:

> O ensino do Direito como está posto favorece o imobilismo de alunos e professores. No esforço de renovação, uns atingem o grau de doutrinadores e o prestígio da cadeira universitária. Os outros, além do mítico título de "doutor", obtêm a habilitação profissional que lhes permite viver de um trabalho não braçal (*white collar*). A tarefa do ensino para o aluno é cumprida nestes termos: aprendido o abc do Processo e do Direito Civil, já está habilitado a viver de inventários e cobranças sem maior indagação.

Diz ainda a pesquisa:

> É claro que este operário anônimo do Direito é necessário, mas por que deve ser inconsciente? (...) Sua atividade passa a ser meramente formal, sem influência no processo de tomada de decisão e no planejamento.

Mais:

> O jurista formado por escolas, convém lembrar, não será apenas advogado: será também o juiz que fará parte, afinal de contas, de um dos poderes políticos do Estado. A alienação do jurista, deste modo, colabora também na supressão das garantias de direitos. É que o centro de equilíbrio social

> (ou de legitimação) é colocado na eficiência, não no bem do homem. Começa-se a falar em um bem comum que só existe nas estatísticas dos planejadores, mas que a pobreza dos centros urbanos desmente. E, em nome desse bem comum, alcançável pela eficiência, sacrificam-se alguns valores que talvez não fosse inútil preservar.[120]

Pergunto: o que mudou de lá para cá? Eis a pergunta fatal. De todo modo, eis algumas observações sobre o que é e como pode(ria) ser o ensino jurídico:

a) É necessário reformular as grades curriculares, dando ênfase às disciplinas formativas e não às meramente informativas.

b) Quando me refiro à formação, quero dizer que, inclusive nas cadeiras de processo, o estudante deve compreender os acessos filosóficos ao processo de formação da prova e estudar os paradigmas filosóficos que estão por trás dos procedimentos. Não basta aprender que "o livre convencimento veio para superar a prova tarifada", um meme sem contexto superado e repetido em livros e em salas de aula, sem que se conheçam os fundamentos filosóficos dessa mudança e sem que se contextualize historicamente; do mesmo modo – e refiro como componente simbólico da crise –, não adianta tentar falar de Alexy e se limitar ao meme "regras é com subsunção; princípios é na ponderação".

c) Disciplinas formativas – Filosofia do Direito, introdução, hermenêutica etc. – devem ser ministradas por professores com formação e produção científica na área e não com "quebradores de galho" que chegam à aula dizendo: "Direito é uma questão de bom senso" e que "positivismo é aplicar a letra da lei".[121] Mais grave

---

120 FARIA, José Eduardo. *Reforma do ensino jurídico*. Porto Alegre: Fabris editor, 1987, p. 67.

121 A mais de uma década, prefaciei uma obra, fruto de tese de doutorado que orientei na Unisinos, que dedicadamente desvelou algumas das

ainda é utilizar, em sala de aula, manuais que resumem Aristóteles em meia página.

d) As faculdades de Direito devem fazer reuniões para discutir a bibliografia indicada pelo professor. Isso não quer significar censura (índex) sobre o que não deve ser lido/utilizado, mas a coordenação ou os órgãos deliberativos do curso (colegiados de curso e núcleos docentes estruturantes) deveriam, no mínimo, estimular os professores das respectivas áreas a debaterem a literatura utilizada em aula; se uma decisão judicial não deve ser solipsista, parece óbvio que a escolha do programa da disciplina não dependa do olhar individual do docente.

e) É comum, atualmente, mencionar a falta de "espírito crítico" por parte dos estudantes. Todas as dissertações e teses sobre o assunto dizem que "falta espírito crítico". Mas cabe perguntar: de que modo se pode cobrar algum tipo de postura investigativa por parte do discente se, na maioria dos casos, os docentes se colocam passivamente diante dos conteúdos que existem na literatura padrão sobre o Direito? Há cursos em que as aulas são pré-programadas por meio de apostilhas. Deve haver, no mínimo, uma recomendação por parte dos órgãos deliberativos no sentido de serem evitados compêndios de baixa densidade epistemológica, resumos, "resumões", plastificações, livros "tipo" Direito facilitado.

f) Preocupa sobremodo o uso de telas (telefones celulares, *tablets*) nas salas de aula. Na Suécia e na Holanda, o governo proíbe o uso desse instrumental nas salas de aula do ensino fundamental e médio. Em breve, essa vedação deve chegar às faculdades. Estamos cercados por telas e pessoas curvadas. Até em cinemas e cerimônias é possível perceber o vício das telas. Crianças são mantidas "comportadas" nos restaurantes com o auxílio de "telas babás".

---

idiossincrasias do ensino jurídico. Trata-se de HUPFFER, Haide Maria. *Ensino jurídico*: um novo caminho a partir da hermenêutica filosófica. Viamão: Entremeios, 2008. Sugiro a leitura.

E isso faz com que se perca até mesmo o sentido da percepção de profundidade das pessoas. Textos diminuem, gravações são encurtadas, porque o público já não lê algo com mais de quinze linhas. Os celulares receberam o recurso do apressamento das mensagens, cuja velocidade vai até mesmo ao vetor dois. Os filmes nos *tablets* possuem mecanismos para adiantar em quinze segundos. Palestras são vendidas sob o modelo TED 18 – em dezoito minutos, o ministrante deve dizer a que veio, porque, se diz, as pessoas não prestam atenção por mais tempo que esse período.

Nessa linha, o historiador, jornalista e professor Muniz Sodré, em artigo intitulado "Descaminhos da Atenção",[122] traz à luz a crise generalizada da atenção. Em aulas, espetáculos, conversas pessoais, perde-se com frequência o foco para a onipresença do celular. Ainda que este não esteja de fato sendo manuseado, seu efeito é perceptível na interlocução, seja pelo alheamento ou pela incompreensão discursiva. Enunciados muito articulados ou prolongados são motivos de impaciência. Até mesmo as canções de sucesso são cada vez mais curtas, algumas com menos de um minuto.

O fenômeno tem raízes antigas, alerta Sodré. O principal objetivo da mídia sempre foi a captura da atenção pública. As técnicas usuais do jornalismo não têm a ver com nenhuma filosofia, mas com estratégias textuais de tempo mínimo. Com o aporte da eletrônica, intensifica-se a apropriação mercadológica dessa matéria rentável que é o tempo do outro. No mercado, tempo é mesmo dinheiro. Na vida social regulada por redes informativas, o fenômeno generaliza-se por focos mobilizadores de atenção. Ou seja, por pontos nevrálgicos da fricção entre as classes sociais, em que a informação desligada do contexto sociopolítico pode ser apenas mistificação do senso comum. Isso fica evidente em grupos minoritários, sem voz nem influência social.

---

122 FOLHA DE SÃO PAULO. *Descaminhos da Atenção*. Disponível em: https://www1.folha.uol.com.br/colunas/muniz-sodre/2023/10/descaminhos-da-atencao.shtml. Acessado em: 17.02.2024.

E acrescenta Sodré: o fenômeno é globalmente afetado pela disseminação da lógica (algorítmica) do autômato. O social, enquanto tal, não existe: a ideia de sociedade depende do pacto de confiança subjacente a toda organização. "Acreditar na palavra humana, falada ou escrita, é tão indispensável aos humanos quanto se fiar na firmeza do solo"[123] (Paul Valéry). Isso é dar atenção, "a forma mais rara e pura de generosidade", na definição de Simone Weil.[124]

Há um importante livro sobre o tema "déficit de atenção e as telas". Trata-se de *Foco Roubado: Porque Você não Consegue Prestar Atenção e como Pensar Profundamente de Novo*, de Johann Hari,[125] em que investiga como nossos cérebros foram duramente afetados pela tecnologia e o que podemos fazer para recuperar a capacidade de concentração perdida.

Segundo as pesquisas de Hari, o típico trabalhador americano (ele fala de escritórios) se concentra em uma determinada tarefa por apenas três minutos. Para mostrar outro dado constrangedor trazido por Hari: em média, cada dia nós tocamos ou verificamos nossos celulares 2.617 vezes e gastamos mais de três horas olhando para eles. Como chegamos a esse estado, pergunta Hari. Resumindo, trata-se de uma crise de atenção. Há vários fatores que nos levaram a esse estado de coisas.

---

123 FOLHA DE SÃO PAULO. *Paul Valéry desafia as vanglórias do mundo intelectual*. Disponível em: https://www1.folha.uol.com.br/fsp/1996/1/07/mais!/13.html. Acessado em: 17.02.2024.

124 FOLHA DE SÃO PAULO. *Simone Weil, 100 anos*. Disponível em: https://www1.folha.uol.com.br/fsp/ilustrad/fq0302200915.htm. Acessado em: 17.02.2024.

125 Cf. (i) HARI, Johann. *Stolen Focus*: why you can't pay attention and how to think deeply again. Nova York: Crown, 2023; e (ii) O GLOBO. *O prazer do foco, maior que retuítes e curtidas, afirma autor que já escreveu sobre depressão e vício*. Disponível em: https://oglobo.globo.com/saude/o-prazer-do-foco-maior-que-de-retuites-curtidas-afirma-autor-que-ja-escreveu-sobre-depressao-vicio-25399772. Acessado em: 17.02.2024.

Os docentes devem estar cientes de que, no mundo *fast* (*food*), a velocidade da informação e as demandas de um mercado desumanizado, tudo converge para a crise de atenção. Fomos capturados. Hari diz que não adianta tomar atitudes individuais do tipo "ficarei longe das telas" ou "vou me isolar". Ele mesmo tentou e testou a hipótese. Três meses de isolamento. Leu livros oito horas por dia. Achou que estava "curado". Um detalhe que ele conta no capítulo 1: ele tentou comprar um aparelho celular pelo qual não conseguisse acessar *internet* (para que não caísse em tentação durante sua abstinência). O engraçado é que o empregado da loja Target não conseguia entender o que ele queria. O diálogo com o atendente mostra a percepção do "homem médio".

O capítulo 2 ("The cripping of our flow state" – algo como "A mutilação de nosso estado de imersão") mostra a desintoxicação. E coisas engraçadas que decorrem da abstinência... "Largue seu celular. Atire fora essa coisa demoníaca (*damn phone*)", algo assim. Porém, psicanaliticamente, ele queria dizer para as pessoas que olhavam seus aparelhos: "*give me that phone! Mine!*" Me dê esse telefone. É meu!

Todavia, depois dos três meses, Hari começou de novo a usar as telas e logo estava quase igual a antes. Moral da história: você não resolve o problema da poluição usando máscara contra gás. Você pode se salvar... desde que use máscara todo o tempo. Logo, a solução terá que ser para além de sua atitude individual. Sim, pensamos que isso é um problema pessoal, nosso, individual, diz Hari no livro. Mas não é isso. Aí entra o título: *nosso foco foi roubado*. Há causas profundas. Ele aponta um conjunto de medidas. O livro possui quase 400 páginas. Ele adverte: tem de haver um movimento do outro lado, de todos nós, em dizer: "*Não, você não pode fazer isso com a gente. Queremos ter uma vida em que possamos pensar profundamente, ler livros e na qual nossos filhos possam conversar*".

Ele também fala sobre milhões de crianças com Transtorno do Déficit de Atenção com Hiperatividade (TDAH). Há controvérsias sobre as causas. Porém, diz Hari, temos de levar em conta que

> esta é a primeira sociedade humana que tentou fazer com que as crianças ficassem quietas durante oito horas por dia. Ninguém nunca fez isso antes porque é uma coisa absolutamente idiota de se fazer.

Uma das coisas a fazer, sustenta Hari, é uma rebelião de atenção (*Attention Rebellion*). Trata-se de nos conscientizarmos. Isso não está nos fazendo bem. Chega uma hora em que é preciso dizer "chega". É normal não conseguir ler um livro? "Enjoar" logo no início? Não conseguir ler sequer um texto até o final? Emburrecemos tanto?

É bem verdade que o *smartphone* é o ópio. Porque no aparelho estão todas os psicotrópicos que usamos mais de duas mil vezes por dia (incrível esse número, pois não?), como Facebook, Instagram, Twitter, TikTok. Os malditos algoritmos são implacáveis. Mas o mais importante: de nada adianta isso se não fugir da mediocridade. Das nesciedades. Há que evitar o clichê e fugir dos resuminhos de qualquer tipo. Desconfie. Tenho uma espécie de "clichemetria", que "apita" já no início do texto (é uma solução eivada de ironia!).

g) Embora o acesso à informação seja algo inegável, sabe-se, como já disse T. S. Eliot, que informação não é conhecimento; conhecimento não é saber e saber não é sabedoria. Paradoxalmente, informação de mais é informação de menos. Isso deve ser levado em conta nos cursos de Direito. Uma formação não se faz apenas com informações. Um livro que bem mostra esse fenômeno é *Reprodução*, de Bernardo de Carvalho.

h) Por isso, a tarefa do professor é transformar informação em conhecimento. Afinal, o Direito é uma disciplina alográfica, como bem explica Eros Grau, dependendo sempre de um *medium interpretandi*. Ao contrário de uma obra de arte moderna, que é autográfica. Como lembra de há muito Paulo Barros de Carvalho, se há uma lei ou regulamento que disciplina a disputa de três pessoas por uma cadeira no Senado, ninguém pensará, a não ser o marceneiro talvez, que essas pessoas disputarão o móvel do Senado. Há uma especificidade na linguagem científica. Mais uma razão para se fugir o "império do simples" no Direito. Não substituamos nossa reflexão por algoritmos ou desenhos. Humanos, ainda somos. Como dizia o grande Rubem Alves, que tinha horror ao naturalismo vulgar da literatura:

> *O que é que se encontra no início? O jardim ou o jardineiro? É o jardineiro. Havendo um jardineiro, mais cedo ou mais tarde um jardim aparecerá. Mas, havendo um jardim sem jardineiro, mais cedo ou mais tarde ele desaparecerá. O que é um jardineiro? Uma pessoa cujos sonhos estão cheios de jardins. O que faz um jardim são os sonhos do jardineiro.*[126]

E eu pergunto: ainda há espaço para jardineiros no Direito?

i) Não menos importante: o estudante deve ler livros de literatura; isso deve ser incentivado pelas faculdades.[127] Deve ler especialmente os romances. Neles o estudante perceberá, além de um contato com a língua em sua forma mais emblemática, a possibilidade de se deparar com personagens fictícios que enfrentam dramas da vida próximos daqueles que os cientistas sociais enfrentam; próximos daqueles que os juristas enfrentam. Frustrações, paixões, um desfile de dilemas morais, tudo que nos leva a nos sentirmos mais humanos, menos bestializados. Não é à toa que as grandes utopias humanistas queriam formar uma espécie de comunidade universal de leitores. Na literatura, temos a representação maior de como as relações humanas se desdobram e produzem sentido no mundo prático. Basta relembrar a operacionalidade geométrica do Direito para percebermos que a realidade não sensibiliza os juristas; as ficções,

---

126 ALVES, Rubem. *Entre a ciência e a sapiência*: o dilema da educação. São Paulo: Loyola, 1999.

127 Nesse sentido, TRINDADE, André K.; STRECK, Lenio Luiz. *Superinterpretação no Direito*. Florianópolis: Tirant, 2023; também STRECK, Lenio Luiz; TRINDADE, André K. *Os modelos de Juiz*: ensaios de Direito e Literatura. São Paulo: Atlas, 2015.

sim. Com isso, seguimos confundindo as ficções da realidade com a realidade das ficções. Ficamos endurecidos.

j) O uso da literatura pode apresentar importantes avanços no modo de aprendizado e da relação Direito e realidade. Realizo essa inserção há muitos anos, a partir de textos de Shakespeare (*Medida por Medida*, *Mercador de Veneza*), de Ésquilo (*Trilogia Oresteia*) e de vários livros que tratam "dos modelos de juízes" (de Aristófanes a Azdak, passando por Tolstói).[128]

A literatura antecipa. Os gregos nos "alertaram" para fenômenos como o ativismo judicial, com Aristófanes (*As Vespas*); o primado do privado sobre o público em *Antígona* (aqui há um gancho para estudar *O Homem Cordial*, de Sérgio Buarque de Hollanda); a noção de princípio em Críton; a autonomia do Direito e o valor do processo em *Eumênidas*, de Ésquilo – *Trilogia Oresteia*, além da discussão sobre o *in dubio pro reo*, mostrando a absoluta inadequação do ainda usado "*in dubio pro societate*";[129] sob outro viés, a discussão da autonomia do Direito aparece em Guimarães Rosa, *Grande Sertões*, no julgamento de Zé Bebelo.

---

128 Todos esses modelos podem ser estudados em STRECK, Lenio Luiz; TRINDADE, André K. *Os modelos de Juiz*: ensaios de Direito e Literatura. São Paulo: Atlas, 2015.

129 Nesse sentido, aqui também vai um alerta aos estudantes sobre o "grau zero de sentido" e o "fator água mineral" (citação da fonte e de quem inaugurou a discussão sobre determinados temas). O caso do *in dubio pro societate* e de sua inadequação no Direito, por exemplo, já fora objeto de textos meus desde a década de 1990 (*Tribunal do Júri: Símbolos e Rituais*), logo após a Constituição – embora, em peças processuais, eu já tivesse manifestado que um sistema democrático não é compatível com a dúvida sendo colocada à favor da sociedade-Estado, coisa que já os gregos sabiam. Registro esse detalhe porque há vários artigos contemporâneos que reivindicam o ineditismo dessa crítica. Em termos metodológicos, é importante que, com o auxílio que hoje temos do Google, sempre seja feita uma breve reconstrução da história institucional do conceito. É o que se chama "método hermenêutico".

Podemos estudar a "pós-modernidade fragmentada e distópica" da Academia de Ciências de Lagado em *As Viagens de Gulliver*; o Ministério Público como instrumento do poder (igualmente em Swift, em *As Viagens*); Shakespeare na encruzilhada entre textualismo e voluntarismo, com seu *Medida por Medida*; o niilismo e o decisionismo por meio de Dostoievski e *Crime e Castigo*; com o Grande Inquisidor, da obra *Os Irmãos Karamazov* (Dostoievski), estudar o "agir principiológico"; o solipsismo judicial em *Alice Através do Espelho*; a sociedade totalitária em *1984* (George Orwell); *Admirável Mundo Novo* e a robótica; os costumes, moral e teocratismo em *O Conto de Aia*, de Atwood; o Direito Penal e o punitivismo, com *Colônia Penal*, de Kafka; o instrumentalismo processual, com *O Processo*, de Kafka; o surgimento do Estado Moderno, com *Senhor das Moscas*, para citar apenas alguns dos livros importantes. Há tanto material bibliográfico à disposição, inclusive no YouTube, com os mais de 600 vídeos do *Programa Direito & Literatura da TV Justiça*, ancorado por mim durante uma década.

Importante ter em mente que a simples inclusão de literatura pode não trazer resultados promissores. Não adianta discutir *Antígona* a partir de simplificações como "*Antígona* representa o Direito Natural" ou algo assim. Ou pegar Shakespeare e ficar no âmbito do *Mercador de Veneza* só porque tem a juíza Pórcia. Também a imbricação Direito & Literatura passa por uma crise. E não somente livros de literatura que tratem de Direito devem ser manuseados. Isso é fazer pouco da literatura. *Alice Através do Espelho* é rica porque trata da crítica do autor aos sofistas e/ou ao solipsismo. E, portanto, não precisa o livro tratar diretamente de Direito. E assim por diante. A visita de Gulliver à Academia de Lagado proporciona uma discussão filosófica incomensurável.

Nesse sentido, registro experiência feita por meu professor e orientador, Luis Alberto Warat, no ano de 1984, no mestrado em Direito da UFSC, com a obra *O Nome da Rosa*, de Umberto Eco. Durante todo o semestre, estudamos a obra. Fiz uma ligação dos (e com) os seguintes temas: *O Nome da Rosa* e o segredo; *O Nome da Rosa* e a verdade; *O Nome da Rosa* e o panóptico; *O Nome da Rosa* e o imaginário, entre outros temas. Fizemos leitura dirigida, apresentação de trabalhos, e sempre relacionamos a obra com os temas do Direito.

k) Também podem ser utilizados os mais de 300 vídeos do Programa *Direito & Literatura*, disponíveis nas redes sociais, que foram transmitidos pela TV Justiça, do Supremo Tribunal Federal.[130] Quase todos os livros relacionados no item anterior foram analisados no programa *Direito & Literatura*, do qual fui âncora por 11 anos. Nessa linha de utilização da literatura e do cinema, cabe registrar o estudo publicado em 2016 pelos professores Carlos Eduardo Paletta Guedes e Marcos Vinício Chein Feres da Universidade Federal de Juiz de Fora, em que relatam experiencia com três turmas de primeiro semestre da disciplina Instituições de Direito.[131] Os estudantes foram instados a debater a relação entre autonomia moral e Direito Positivo, a partir dos seguintes pontos: liberdade *versus* segurança, escolhas éticas sobre a vida que valem a pena ter e escolhas morais universalizáveis, esfera pública e esfera privada. Qual deve ser a função do Direito Positivo? Como se constitui a relação entre autonomia privada e autonomia pública? Segundo Guedes e Feres, foram utilizados textos e filmes como *Senhor das Moscas*, *Invasões Bárbaras*, o julgamento de Zé Bebelo (da série *Grande Sertão: Veredas*), entre outros. No caso do julgamento de Zé Bebelo, os estudantes assistiram ao vídeo na sala de aula e depois criaram, em grupos, textos colaborativos (Wiki) na plataforma *online* Moodle, relacionando o tema da aula (ordem normativa e ordem institucional) com os aspectos dramáticos da mídia. A atividade proposta foi:

---

130 O programa *Direito & Literatura* foi produzido por André Karam Trindade e ancorado por mim. Foram 393 programas em 12 anos.

131 Cf. GUEDES, Carlos Eduardo Paletta; FERES, Marcos Vinício Chein. "Educação jurídica para além da dogmática: um estudo de caso a partir da perspectiva humanista de Nussbaum". *Revista de Sociologia, Antropologia e Cultura Jurídica*, vol. 2, nº 2, 2016, pp. 909-928.

> Considerando as discussões travadas no fórum, construam um texto coletivo contendo uma análise crítica da ordem institucional e normativa brasileira contemporânea, a partir da leitura obrigatória da plataforma e do exemplo da literatura brasileira em *Grande Sertão: Veredas*.

O conteúdo "Direito e Estado Constitucional" também foi trabalhado a partir de um filme de ficção baseado no livro homônimo *Senhor das Moscas*. E assim por diante. Os dados coletados e a análise qualitativa empreendida indicam que as inovações no método do ensino da disciplina Instituições de Direito da UFJF têm se mostrado eficazes no sentido de desenvolver as capacidades elencadas por Martha C. Nussbaum.[132]

l) Outro ponto fundamental a ser enfrentado na crise do ensino jurídico é o Trabalho de Conclusão do Curso (TCC). Com raras exceções, os TCCs reproduzem a fragilidade dos cursos de Direito. A característica principal é a compilação de citações, com pequenos ganchos de ligação do tipo "sobre o assunto, o autor fulano assim se manifesta", para, na sequência, dizer que "é imprescindível referir o dizer de fulano", sem que apareça a autoria do estudante. Isso sem falar do crônico problema do recorta e cola, nestes tempos de redes sociais, resumos e compilações que, na multiplicação, perdem as fontes originárias, algo, aliás, presente no ChatGPT. Em parcela dos TCCs, são repetidos jargões como "método dedutivo", "método indutivo", "método dialético", "método empírico", sem que se saiba do que, de fato, o estudante está tratando efetivamente. Esse problema também está presente em dissertações de mestrado e até em teses de doutorado, tudo por falta de um rigor epistemológico.

---

132 O desenvolvimento da pesquisa e os resultados estão no artigo GUEDES, Carlos Eduardo Paletta; FERES, Marcos Vinício Chein. "Educação jurídica para além da dogmática: um estudo de caso a partir da perspectiva humanista de Nussbaum". *Revista de Sociologia, Antropologia e Cultura Jurídica*, vol. 2, nº 2, 2016.

m) O uso da inteligência artificial no sistema de justiça e no ensino jurídico, assunto tratado sob outra perspectiva páginas atrás, acarreta sérios problemas para além da solução de problemas, transformando-se no problema da solução. Matéria publicada no jornal *O Estado de S. Paulo* mostra o uso normalizado da IA nos tribunais do país. Em matéria intitulada "Como o Judiciário brasileiro está usando IA para reduzir burocracia e agilizar processos", tem-se que, segundo o CNJ, 53 tribunais já utilizam a ferramenta com diferentes objetivos, como a automatização de processos e a celeridade na análise de documentos, abrangendo diferentes ramos da Justiça. O avanço dos modelos, que aportaram no Judiciário muito antes da criação do ChatGPT e dos sistemas chamados regenerativos, levou o CNJ a instituir, no dia 30 de novembro de 2023, um grupo de trabalho somente para avaliar a aplicação e impacto da IA nos tribunais brasileiros. O CNJ diz que o Judiciário brasileiro está na "vanguarda mundial" quando se trata de tecnologia da informação e comunicação. O investimento em tecnologia é um dos pilares da gestão do Ministro Luís Roberto Barroso, presidente do STF e do CNJ, quem, inclusive, encomendou a fabricação de robôs "só para o Judiciário", que farão esboços de decisões a partir da base de dados de todo o Brasil. Além disso, há tribunais, como o de Goiás, que buscam, via IA, simplificar a linguagem das sentenças. Segundo o Tribunal, os robôs terão a função de tornar os processos mais acessíveis, com a geração automática de documentos que resumam as ordens dos magistrados estaduais, indicando caminhos para os magistrados, com base em modelos de sentenças dadas por eles.[133]

Um ponto que não está sendo levado em conta nem pelos críticos do uso da IA é que o uso de robôs vai institucionalizar, em definitivo, a jurisprudencialização do Direito (realismo jurídico,

---

133 Cf. O ESTADO DE SÃO PAULO. *IA já ajuda a reduzir tempo e agilizar processos no Judiciário*. Disponível em: https://www.estadao.com.br/politica/blog-do-fausto-macedo/ia-ja-ajuda-a-reduzir-tempo-e-agilizar-processos-no-judiciario/. Acessado em: 17.02.2024.

como se pode ver no Glossário acostado ao final). Robôs não usam doutrina. Robôs não citam fontes. Em 2023, foi descoberto um caso em que o ChatGPT inventou um precedente, fazendo com que um cidadão perdesse uma ação. O Conselho Nacional de Justiça passou a investigar esse caso, no qual uma sentença assinada por um juiz federal, do TRF-1, foi feita por meio de inteligência artificial, via ChatGPT. O problema foi que o ChatGPT simplesmente inventou jurisprudências do STJ. O advogado da parte derrotada na ação descobriu a fraude e reclamou.

Essa é a ponta do *iceberg*. Terceirizamos tanto a atividade que o robô coloca o direito a nu. Agamben fala da "vida nua", "*aquela que qualquer um pode tirar sem cometer homicídio ou aquela que qualquer um pode levar à morte, em que pese seja insacrificável*". Há décadas denuncio o "Direito nu". Um Direito descontado. Um Direito degenerado. Um Direito que desrespeita o cidadão. Direito nu é aquele que pode ser tirado de qualquer pessoa sem que se diga que há injustiça. O que não está dito e nem perguntado: quantos casos iguais a esse do TRF1 ocorrem todos os dias? Quantas pessoas já perderam propriedades, liberdades e, pior, a dignidade. Perder uma ação faz parte. Mas perder para um falso precedente, inventado por uma máquina? E a culpa é da assessoria? Ou do "sistema"? Quer dizer que é normal a assessoria usar ChatGPT? Nessa é que deu errado? Ou isso ou terá que ser respondida a seguinte pergunta: por qual razão isso seria "um caso isolado"?

Vimos, recentemente, o presidente do Supremo Tribunal Federal dizer que encomendou um ChatGPT exclusivo para o Judiciário. O robô vai juntar toda a jurisprudência e, a partir daí, esboçar decisões. Pergunto – e aqui está o ponto que interessa à doutrina e deve ser tema de debates nas salas de aula da graduação e da pós-graduação: e a doutrina? Não parece evidente que um robô que esboça decisões ignorando a doutrina (sim, não há maneira de um robô escolher a doutrina, se por acaso vier a citar) só reforçará a opção brasileira pelo realismo jurídico. A jurisprudencialização do Direito sendo reforçada por meio da IA.

Lembremos o que disse Noam Chomsky, em artigo publicado no dia 8 de março de 2023, no New York Times:[134]

> a mente humana não é, como ChatGPT e seus semelhantes, uma máquina estatística glutão para o reconhecimento de estruturas, que engole centenas de *terabytes* de dados e tira a resposta mais plausível a uma conversa ou a mais provável a uma pergunta científica. Ao contrário... a mente humana é um sistema surpreendentemente eficiente e elegante que opera com uma quantidade limitada de informações. Não tenta lesionar correlações não editadas a partir de dados, mas tenta criar explicações. (...) Vamos parar de lhe chamar Inteligência Artificial e chamá-lo pelo que é: "*software* de plágio".

E complementa:

> Não crie nada, copie obras existentes de artistas existentes e altere-o o suficiente para escapar às leis de direitos autorais. É o maior roubo de propriedades desde que os colonos europeus chegaram a terras nativas americanas.

Talvez o robô, ao falsificar um precedente, paradoxalmente tenha nos ajudado. Serviu para colocar o Direito a nu. Vida nua, Direito nu. Por isso, esse assunto importa tanto para a própria sobrevivência da doutrina. Um bom título para "chamar" um seminário jurídico poderia ser "ChatGPT: será que nem assim a doutrina brasileira vai acordar?"

n) Deve-se ter em conta que vivemos em um país de modernidade tardia, no qual os estudantes não possuem tempo integral como em Harvard ou em universidades públicas em que os pais podem sustentá-los. A maioria dos acadêmicos trabalha oito horas

---

134 Cf. FOLHA DE SÃO PAULO. *A falsa promessa do ChatGPT*. Disponível em: https://www1.folha.uol.com.br/tec/2023/03/a-falsa-promessa-do-chatgpt.shtml. Acessado em: 17.02.2024.

por dia e, à noite, vai à faculdade. Portanto, temos que ser realistas e nos adaptar às adversidades. Fazendo uma espécie de alegorização do problema: um estudante de filosofia, se tem uma prova sobre o sujeito da modernidade em Kant, não faz festa até às quatro da manhã (outra vez, o aviso: é uma metáfora, ou uma alegoria). Em regra, cursos complexos como física ou química exigem dedicação e estudo intenso. Já o estudante de Direito, regra geral, consegue fazer festa até as quatro da manhã e responder, no dia seguinte, a prova objetiva de Direito Civil e tirar sete (estou fazendo uma caricatura, evidentemente). Isso acontece porque apenas quem possui uma conexão privilegiada ou influência nas faculdades de Direito consegue reverter essa situação. Sugiro, pois, que se leve em consideração o simbólico que chamo de "fator olheiras". Mais uma vez, insisto em outra metáfora: a de que não existe intelectual bronzeado. Ou, para ser mais polido, ninguém se torna um bom estudante de Direito se ficar lendo resumos e Direito Desenhado. Ou Direito em Mapas Mentais.[135] A vida é bela, mas é dura. O resto é autoajuda, que não resolve nada. Não podemos nos iludir como o Barão de Münchhausen: afogado no pântano com seu cavalo, puxa-se a si mesmo pelos cabelos... e junto com o seu cavalo.

Compreender a complexidade do Direito exige muito esforço. Mas encarecer nossas exigências epistemológicas, na formação jurídica, é condição necessária (não suficiente, mas necessária) para começarmos a avançar em direção a um cenário no qual o que importa é o que diz o Direito, corretamente compreendido, e não a opinião pessoal deste ou daquele juiz (ou do professor) acerca do que diz o Direito.

Por fim, numa palavra, alguém poderá dizer que tudo isso é absolutamente utópico e que esse tipo de sofisticação curricular-conteudístico

---

135 Cf. STRECK, Lenio Luiz. "Quando o senhor de engenho vira diretor de concursos". *Conjur*, 14 mar. 2013. Disponível em: https://www.conjur.com.br/2013-mar-14/senso-incomum-quando-senhor-engenho-vira-diretor-concursos/. Acessado em: 17.02.2024.

está longe de ser realizável. Todavia, aqui podemos fazer uma espécie de absorção ou "fungibilidade", para usar um jargão da área. Aquilo que se considere muito sofisticado para a graduação pode, por todas as razões, ser tratado nos cursos de mestrado e doutorado.

O presente livro tem uma destinação *stricto sensu* para a graduação, porém, *lato sensu* serve para a pós-graduação. Um pé na graduação e outro na pós-graduação. Se os cursos de graduação estão em crise – e há consenso sobre isso ao que constato em toda a literatura a respeito –, a pós-graduação não atravessa águas tranquilas. Se a pós-graduação estivesse bem, a graduação não estaria envolvida nessa crise.

Com efeito, com não tantas exceções, na pós-graduação, continuamos a fazer descrições de leis e casos, o que agora fora agravado com o "sistema de precedentes".[136] Faz-se a mesma coisa, só que com grife. A preocupação central é: o que os tribunais estão

136 Esse não é apenas um problema brasileiro. Há uma discussão que "insiste em não ser feita": o alto valor investido (dinheiro público) em cursos de mestrado e doutorado (e doutorado em Direito) no exterior. Em si, isso não constituiria qualquer problema. Ao contrário. Necessitamos qualificar nossos professores e pesquisadores. Todavia, não há um filtro para determinar as universidades estrangeiras nas quais um país pobre como o Brasil pode investir seus escassos recursos, mormente quando, por aqui, há centros de excelência. Ademais, enquanto, no Brasil, é necessário cursar mestrado como requisito para doutorado (falo na especificidade do Direito), há, no exterior, possibilidades múltiplas de cursar doutorado diretamente. Parece uma incongruência que isso seja feito com recursos públicos, se, no Brasil, as exigências são diferentes e até maiores (afinal, ter de cursar mestrado antes é um requisito temporal no mínimo mais oneroso). Visivelmente não parece aconselhável investir recursos públicos (recursos privados estão fora, por óbvio, de minha análise) para elaborar teses monográficas sobre o funcionamento da execução penal brasileira em um país estrangeiro, para exemplificar simbolicamente o problema. Há alguns anos, fiz um levantamento sobre esse tema e descobri coisas como financiamento para tese na Líbia, sem qualquer prognose acerca da qualidade da instituição receptora. O exemplo também simboliza a dimensão do problema. Minha pesquisa não chegou ao final, por razões políticas.

pensando sobre...! Hoje há *sites* especializados em fornecer "precedentes". Além disso, os cursos de mestrado e doutorado, em certa medida, colaboram com a prevalência do protagonismo judicial. Esse ponto é reforçado por Oscar Valente, professor e magistrado, em sua tese doutoral publicada em livro,[137] no qual, correta e criticamente, aponta "duas caraterísticas aparentemente contraditórias" do Poder Judiciário:

> i) a valorização excessiva da jurisprudência, que, ainda que *contra legem*, tornou-se uma "jurisprudência de ementários", com a reprodução de ementas e enunciados, em detrimento da comparação dos casos e a escolha da decisão mais adequada (sistema que de certa forma aproxima-se de precedentes do *common law*);
>
> ii) e a valorização excessiva do papel do juiz, com o desvirtuamento das garantias da magistratura, o que deu origem a uma cultura de "juiz infalível", e que pode decidir do modo que entender mais adequado (na sua concepção, ainda que não tenha base legal, jurisprudencial ou teórico-doutrinária, em decisão que será válida, desde que seja formalmente fundamentada.

Veja-se que o autor captou muito bem a problemática. Diria, todavia, que não há nada de "aparentemente contraditório" nas duas afirmações. Em "i" e "ii" acima, tem-se a descrição perfeita do problema. Porém, apenas acrescentaria – e aqui lhanamente encosto minha crítica – que é contraditório fazer essa crítica se, no mesmo livro, o autor sustenta o livre convencimento, dizendo que, apesar de o Código de Processo Civil ter expungido, o instituto permanece. Ora, os problemas corretamente apontados por Valente – protagonismo e jurisprudencialização – são, exatamente, produtos do livre convencimento (eufemisticamente também chamado de persuasão

---

137 CARDOSO, Oscar Valente. *As três vinculações da fundamentação das decisões judiciais no processo civil*: pedidos, provas e precedentes. São Paulo: Dialética, 2022, pp. 168-174.

racional) e do imaginário que se formou a partir do "decido conforme minha consciência".

O problema reside na relevante circunstância de que está normalizada a ideia de que os juízes decidem conforme sua consciência (ou por livre convencimento, o que dá no mesmo, se levarmos em conta o modo como esses conceitos são trabalhados na dogmática jurídica). Isso está enraizado. Nesse sentido, a tese de doutorado de Regina Lúcia Teixeira Mendes da Fonseca,[138] orientada pelo respeitado antropólogo jurídico Roberto Kant de Lima, oferece um duro retrato das representações sociais dos juízes em torno do conceito de livre convencimento motivado. A partir de uma série de entrevistas, a tese evidencia o que os juízes realmente entendem por livre convencimento em sua prática forense, bem como as associações que estabelecem entre este e toda uma rede de outros conceitos, como iniciativa probatória, verdade real, discricionariedade, fatos e direitos etc. Ademais, o trabalho mostra como tais conceitos são referidos pela legislação, o modo como são compreendidos pelos doutrinadores e, em contraste, como funciona a sua vigência concreta no trâmite do processo e julgamento dos casos.

As entrevistas constantes na tese mostram uma espécie de "justiça como ela é". Há trechos de fazer Jerome Frank parecer um legalista ingênuo, tamanha a ênfase em se destacar que a lei nada pode e que o juiz cria livremente a decisão, decidindo primeiro e fundamentando depois (isso é repetido à exaustão – confirmando a institucionalização do viés de confirmação – aliás, o então Ministro Marco Aurélio, do STF, dizia e escrevia que "primeiro decido, depois busco o fundamento"), muitas vezes se orgulhando de seus vieses e pré-juízos. Além de todos os chavões já conhecidos na prática, em muitas passagens retiradas dos depoimentos dos entrevistados, há

---

138 FONSECA, Regina Lúcia Teixeira M. da. *Dilemas da decisão judicial*: as representações de juízes brasileiros sobre o princípio do livre convencimento motivado. Rio de Janeiro: Universidade Gama Filho, 2008. (Tese de Doutorado).

invocações de certas teorias como álibis. Como alguém que há anos denuncia os abusos cometidos em nome do livre convencimento (o "motivado" é mera adjetivação), recebo o dedicado trabalho de Regina Mendes da Fonseca como a confirmação empírica de meus escritos e denúncias de décadas.

A autora mostra o que já se sabia sobre o sentido pragmático do livre convencimento motivado. Está aí a clara associação entre toda uma série de ideias que venho criticando há décadas, e que muitos querem fazer crer que não constituem um problema sistêmico. Longe de se tratar de problemas isolados e pontuais, fica claro que o decisionismo nos julgamentos, o instrumentalismo no processo e o axiologismo na interpretação constituem os sintomas de uma crise paradigmática do Direito brasileiro, centrando em um subjetivismo que é tanto epistemológico como sociopolítico, remetendo a uma concepção patrimonialista no uso do Poder Público, especialmente no âmbito judicial.

E isso é reproduzido pelo discurso predominante nos cursos jurídicos e (até mesmo) na pós-graduação. A reprodução desse imaginário é feita inclusive por juristas do campo crítico, como Rui Portanova, destacado magistrado e professor expoente do Direito alternativo nos duros tempos do *ancien régime* (ao lado de outros não menos importantes, como, por todos, Amilton Bueno de Carvalho, Márcio Puggina, James Tubenschlak e Antônio Carlos Wolkmer, para citar apenas esses) – que não discrepa dessa posição, ao dizer, por exemplo, que:

> enfim, todo homem, e assim também o juiz, é levado a dar significado e alcance universal e até transcendente àquela ordem de valores imprimida em sua consciência individual. Depois, vê tais valores nas regras jurídicas. Contudo, estas não são postas só por si. É a motivação ideológica da sentença.[139]

---

139 Cf. PORTANOVA, Rui. *Motivações ideológicas da sentença*. 3ª ed. Porto Alegre: Livraria do Advogado, 1997.

Embora Portanova reconheça que "o sentenciar alternativo não é autorização para motivações arbitrárias" e que o "o juiz deve manter-se dentro de um sistema jurídico, mas com liberdade para assumir posição diante da lei, na busca de traduzir o sentimento de justiça da comunidade", mais adiante, no mesmo livro, concorda com um processualista dogmático como Ernani Fidélis, para quem "não há nada que se sobreponha ao juiz, nem a própria lei", o que acaba dando razão às conclusões da pesquisa orientada por Kant de Lima.

Parece grave essa afirmação de Fidelis endossada por Portanova, se pensarmos em um Estado Democrático de Direito. Evidentemente que o juiz não deve obedecer a uma lei inconstitucional. Mas não é disso que Fidélis tratava. Em várias passagens, parece nítida a prevalência de uma postura voluntarista (subjetivista no sentido filosófico da palavra), como quando Portanova diz que

> o que importa para o juiz é fazer justiça conforme sua convicção na apreciação da matéria de fato (fundada em prova) ou no acolhimento das questões de Direito em debate (...) o juiz não é escravo da lei. Pelo contrário, o juiz deve ser livre, deve ser responsável. Enfim, dotado de inteligência e vontade, o juiz não pode ser escravo, nem da lei. A sentença, provindo de sentir, tal como sentimento, deve expressar o que o juiz sente, e diante desse sentimento definir a situação. Não há como afastar, assim, o subjetivismo no ato de julgar.[140]

Em outra obra não menos relevante, Portanova assevera que

> é difícil acreditar em algo que possa restringir a liberdade do juiz de decidir como quiser. É preciso reconhecer realisticamente: nem a lei, nem os princípios podem, prévia e plenamente, controlar o julgador (...) Depois de tantos anos, os juízes aprendem como moldar seu sentimento aos fatos trazidos nos

---

140 PORTANOVA, Rui. *Motivações ideológicas da sentença*. 3ª ed. Porto Alegre: Livraria do Advogado, 1997.

> autos e ao ordenamento jurídico em vigor. Primeiro se tem a solução, depois se busca a lei para fundamentá-la.[141]

Em outras palavras, a interpretação (aplicação) do Direito fica nitidamente dependente de um sujeito cognoscente, o julgador. Não parece que isso seja compatível com o Estado Democrático de Direito. A Teoria do Direito do mundo democrático vem pesquisando cada vez mais modos de tirar essa dependência da interpretação do Direito do privilégio cognitivo do julgador. Todos os esforços dos teóricos vão nesse sentido.

E essa questão vem de longe, na verdade, do século XIX. Desde então, há um problema filosófico-paradigmático que continua presente nos diversos ramos do Direito, passados dois séculos, mormente na problemática relacionada à jurisdição e o papel destinado ao juiz. Desde Oskar Büllow – questão que também pode ser vista em Anton Menger e Franz Klein –, a relação publicística está lastreada na figura do juiz, "porta-voz avançado do sentimento jurídico do povo", com poderes para além da lei, tese que viabilizou, na sequência, a Escola do Direito Livre. Essa aposta solipsista está lastreada no paradigma racionalista-subjetivista que atravessa dois séculos, podendo facilmente ser percebida, na sequência: em Chiovenda, para quem a vontade concreta da lei é aquilo que o juiz afirma ser a vontade concreta da lei; em Carnelutti, de cuja obra se depreende que a jurisdição é "prover", "fazer o que seja necessário"; também em Couture, quem, a partir de sua visão intuitiva e subjetivista, chega a dizer que "o problema da escolha do juiz é, em definitivo, o problema da justiça"; em Liebman, para quem o juiz, no exercício da jurisdição, é livre de vínculos como intérprete qualificado da lei.

Essas observações são relevantes para demonstrar a problemática do arraigamento do protagonismo judicial no âmbito da doutrina

141 Cf. PORTANOVA, Rui. *Princípios do processo civil*. 4ª ed. Porto Alegre: Livraria do Advogado, 2001.

e, por consequência, da jurisprudência. Nesse sentido, encontramos passagens na dogmática brasileira – e junto às de Portanova, podemos acrescentar todas as que confirmam o livre convencimento[142] e o instrumentalismo processual, assim como as posturas que aderem ao realismo jurídico (genovês ou não) – que são um resumo perfeito do tratamento epistêmico dedicado a essas questões todas e um resumo de como isso não deveria ser tratado. É uma síntese do problema fulcral da dogmática jurídica, em seu criterialismo *ad hoc*. É aqui que entra, outra vez, o elaborado e sofisticado livro sobre provas e precedentes de Oscar Valente,[143] quando assevera:

> É ilusório crer (e tentar fazer crer) que o CPC retira a liberdade do julgador, como o único legitimado no processo, para a valoração das provas dos *fatos*. A restrição à interpretação e aplicação *do Direito* existente no sistema de precedentes não retira a liberdade na atribuição de valor para as provas

---

142 Tão impregnado está o conceito de livre convencimento no imaginário jurídico, que um processualista importante como Gustavo Badaró considera que esse deve ser entendido, atualmente, como garantia inerente ao devido processo legal, que imponha uma racional e motivada valoração das provas legitimamente produzidas, para verificar se a hipótese fática da culpabilidade do acusado está provada. (Cf. BADARÓ, Gustavo Henrique. *Epistemologia judiciária e prova penal*. São Paulo: Revista dos Tribunais, 2019, pp. 210 e ss.). Não concordo com esse "otimismo metodológico" de Badaró acerca de o livre convencimento constituir em garantia "inerente ao devido processo legal". Diria exatamente o contrário. Ademais, fica contraditória a adoção por parte de Badaró do conceito de verdade correspondencial (*adeaquatio*) com a admissão da continuidade (como garantia do devido processo legal, nas suas palavras) do livre convencimento. De que modo é possível conciliar uma verdade objetivista com a admissão de uma tese subjetivista, que é o livre convencimento? Se a verdade é realista-objetivista (basicamente é esse o conceito robusto de verdade correspondencial e que é adotado por Badaró), tudo o que vem do subjetivismo não poderia ter valor. É o velho problema do empirismo descritivista.

143 CARDOSO, Oscar Valente. *As três vinculações da fundamentação das decisões judiciais no processo civil*: pedidos, provas e precedentes. São Paulo: Dialética, 2022.

> do processo... A tarifação legal confere um poder *prévio ao legislador*, enquanto o livre convencimento (motivado ou não) atribui um poder *posterior ao julgador*. As diferenças estão no sujeito e no momento de atribuição de valor às provas.

O autor segue – e aqui os grifos são meus: "o principal fundamento do livre convencimento motivado, reiterado na parte final do art. 371, está *na Constituição (art. 93, IX)*" (!). Em que parte do artigo 371 isso está previsto? E que parte da Constituição estaria o livre convencimento? Por qual razão uma Constituição que coloca o poder popular como ponto fulcral da democracia deixaria aos juízes o poder do livre convencimento?

E segue:

> A ausência de previsão expressa da expressão "livre" ou "livremente" no CPC não leva ao afastamento do livre convencimento motivado no Direito Processual brasileiro.

Quero apenas registrar que a densa obra de Valente (isso se aplica à igualmente densa e erudita obra de Portanova) é uma síntese do que a dogmática repete todos os dias no Brasil – e esse é um tema que devemos debater nas aulas de pós-graduação (mestrado e doutorado).

É evidente que Valente e Portanova tratam dos temas com mais refino do que a dogmática mais cotidiana. Porém, acabam por referendar os equívocos cometidos por essa mesma dogmática – que, aliás, levaram a este estado de coisas que vivemos no Brasil (jurisprudência defensiva e realismo jurídico). E esse, sim, é problema central da dogmática jurídica. É "o problema", porque, como tento demonstrar, tudo isso parte de uma impossibilidade filosófica, de uma cisão artificial e de uma reconstrução histórica sem nuances de algo que não foi bem assim como se diz que foi.

Observe-se que Valente faz uma crítica ao protagonismo e, ao mesmo tempo, admite que o Judiciário acerta ao dizer que "a ausência de previsão expressa da expressão livre ou livremente no CPC não leva ao afastamento do livre convencimento no Direito Processual brasileiro". Não seria exatamente o protagonismo judicial que faz com que uma decisão do legislador seja desrespeitada?

Os pontos da crise da e na dogmática jurídica são vários, agravados recentemente pelo crescimento do protagonismo do Judiciário e pela "cultura dos precedentes" que carece de uma boa epistemologia. Por exemplo, há que se responder a seguinte pergunta: se é fato que o Código de Processo Civil de 2015 retirou a expressão "livre", tal circunstância não possui relevância, sob qualquer tipo de exegese que se faça? "Ah, retirou o livre convencimento, mas não mudou nada". Bem, nisso os autores (doutrinadores da dogmática processual) têm razão. No agir cotidiano, infelizmente, nada mudou, até porque os Tribunais Superiores sacramentam esse drible hermenêutico cotidianamente.

Talvez doutrinadores como Valente e Portanova (e os refiro pela relevância de suas obras) estejam se referindo a uma espécie de "*realjuridik*", algo como "estamos falando da realidade, do que realmente acontece, porque, afinal, o Direito é feito assim mesmo, é um discurso de poder e os realistas norte-americanos tinham e continuam tendo total razão quando dizem que 'o Direito, ao cabo, é aquilo que quem decide diz que é'". Talvez eles queiram dizer isso, algo semelhante ao que me disse um famoso professor de Minas Gerais no final do lançamento de meu livro *O Que é isto: Decido Conforme minha Consciência*:

> – Professor, teoricamente o senhor está correto em falar de constrangimentos e limitações das decisões; porém, na prática, "o decidir conforme à consciência ou o pensar individual-subjetivista..." é assim mesmo.

Respondi, de forma lhana, ao professor mineiro – e essa resposta vai também para doutrinadores como Valente e Portanova – que, se ele tivesse razão, nosso papel de professores e doutrinadores (a academia, em geral) seria inútil. E disse também ao estimado professor que o seu discurso era paradoxal: se ele estava certo, estava errado. Se o seu discurso for vencedor, revelará o nosso fracasso. Ou seja: um jogo de soma zero. E concluí:

> Se tudo é "uma questão de poder", a razão estará com quem tem mais poder. A razão estará com quem decide.

E acrescentei como uma espécie de *post scriptum* de fala:

> – De minha parte, sigo em frente. E sugiro a leitura do livro de Bernd Rüthers, *Uma Interpretação Não Constrangida.*

Não sei se o estimado professor mineiro acatou minha sugestão.

Mais um tema que sugiro para seminário: "a não aplicação flagrante de alguns dispositivos como o artigo 371, 489 e 926 configura uma forma de *backlash* por parte do Poder Judiciário"? Outras sugestões de temas: sobre o conceito de verdade, o que há de equivocado (ou correto) em autores como Taruffo e Ferrajoli quando falam da verdade, do livre convencimento e da prova?[144] Há reduzida discussão sobre esses pontos, havendo, ao contrário, teses que confirmam mitos e lendas acerca do conceito de verdade.

E volto ao ponto, referido anteriormente, que deveria ser objeto de ampla discussão nos cursos de graduação e pós-graduação (e é por isso que insisto nisso): por qual razão a retirada da expressão "livre"

---

144 Nesse sentido, ver STRECK, Lenio Luiz. "Processo judicial como espelho da realidade? Notas hermenêuticas à Teoria da Verdade em Michele Taruffo". *Sequência Estudos Jurídicos e Políticos*, vol. 37, nº 74, 2016, pp. 115-136.

do artigo 371 não provocou alteração no modo de aplicação do Direito? A resposta que sugiro poderia ser: não mudou exatamente em razão *de a dogmática ser criterialista* e estar atrelada ainda ao velho instrumentalismo, que só funciona a partir do amplo protagonismo judicial. Na especificidade da permanência nas decisões judiciais do instituto do livre convencimento, a solução que parcela da doutrina apresenta é, na realidade, o problema da solução.

Ademais, se a diferença entre "prova tarifada" e "livre convencimento" é o fato de que a tarifada é prévia e o "livre" é posterior, o que dizer das garantias constitucionais, todas prévias ao juízo do magistrado? Um juízo posterior (livre convencimento) pode superar o "juízo prévio"? Se a resposta for negativa – e deve ser – qual é a diferença de fundo com uma "tarifação prévia", só que, no âmbito do Estado Democrático, benfazeja? Na democracia, quem deixaria de preferir o juízo prévio garantidor? O problema, pois, está no tempo histórico. O que ocorreu logo depois da Revolução Francesa não tem qualquer possibilidade de ser comparado com o Direito pós-bélico, do Constitucionalismo Contemporâneo. Isso sem considerar que, em plena Revolução Francesa, não havia intersubjetividade. Lembremos da evolução do paradigma da linguagem, que inicia no final do século XIX.

Observe-se que a correta e bem elaborada crítica feita por Valente ao problema do realismo jurídico (o autor usa o termo jurisprudência de ementários, o que não diminui a gravidade da denúncia) perde vigor com a adesão que faz à dogmática mais tradicional, a do instrumentalismo processual, que coloca o polo de tensão da aplicação do Direito no privilégio cognitivo do juiz. A obra de Valente, reconhecidamente, é uma das que mais aprofunda a problemática do protagonismo judicial. Há outras obras, todavia, que simplesmente defendem esse protagonismo ou não o consideram importante no plano dos desenhos institucionais. E não é pelo fato de defenderem o livre convencimento e seu correlato "livre apreciação da prova". Isso apenas é pano de fundo, porque, por exemplo, a discussão sobre precedentes tem essa mesma dimensão "protagonística", como é o caso – e cito por todos – da obra de Daniel Mitidiero,[145] que sustenta o papel protagonista dos Tribunais (chamados de Cortes de Vértice ou Cortes de Precedentes), a ponto de defender que os Tribunais devem construir um estoque de normas para fazer frente a situações ainda não pensadas pelo legislador.[146]

o) Por último, ainda na especificidade dos cursos de mestrado e doutorado, uma revisitada nos currículos de determinados programas poderia colaborar na formação dos novos mestres e doutores. Isto porque não me parece adequado à melhor epistemologia programas que não tenham disciplinas formativas-reflexivas obrigatórias. Deve haver um núcleo duro formativo nos programas. Cada área de concentração deveria ter esse núcleo, para que as linhas de pesquisa tenham uma *holding* alimentadora comum a todos os estudantes.

Além disso, deve haver uma organicidade programática, evitando fragmentação, como a coexistência de linhas de pesquisa díspares entre si em uma mesma área de concentração, produzindo, por exemplo, teses sobre energia elétrica e "reflexões sobre Plotino", para usar um exemplo (fictício ou verdadeiro). Programas bem organizados, em que a área forneça os insumos epistemológicos (com o cuidado que a expressão merece) para as linhas de pesquisa, evitam que sejam defendidos trabalhos meramente dogmáticos-descritivos ou temáticos-monográficos, com assuntos que mais se aproximam de TCCs.

---

145 Cf. (i) MITIDIERO, Daniel. *Precedentes*: da persuasão à vinculação. 4ª ed. São Paulo: Revista dos Tribunais, 2021; e (ii) STRECK, Lenio Luiz. *Precedentes judiciais e hermenêutica*: o sentido da vinculação no CPC/2015. 2ª ed. Salvador: Juspodivm, 2019 (em que constam minhas críticas à concepção defendida por Mitidiero).

146 Cf. COUTO, Karen; VITAL, Danilo. "Aprovação de PEC sobre relevância preocupa advogados e professores". *Conjur*, 14 jul. 2022. Disponível em: https://www.conjur.com.br/2022-jul-14/aprovacao-pec-relevancia-preocupa-advogados-professores/\. Acessado em: 17.02.2024.

Por exemplo, em meus muitos anos de trabalho nas Comissões da CAPES, constatei diversos tipos de fragmentações temáticas, com dissertações e teses como limitação de fim de semana na lei de execução penal, cheque pré-datado, saídas temporárias na lei de execução penal, inquérito policial, recurso de ofício, perda de bagagem em transporte aéreo, sistema postal, análise jurídica do lixo, o papel do oficial de justiça, suspensão condicional da pena em ação penal privada, embargos de execução, agravo de instrumento, exceção de pré-executividade, infanticídio, embargos infringentes, união homoafetiva em um programa de pós-graduação que trata de meio ambiente (uma desconexão entre o tema e a área do programa), além da existência de teses que, em pleno Estado Democrático de Direito, arrasam com o poder constituinte e propõem a "inversão do ônus da prova penal" em crimes do colarinho branco etc. Um programa de mestrado ou doutorado não é o lugar em que o aluno pesquise o que quiser.

O tempo de curso e defesa de dissertação e tese se mostra excessivamente reduzido, devendo a CAPES cuidar melhor desse tema. Não há falta de mestres e doutores na área do Direito. Portanto, qual é a justificativa para essa "urgência formativa"?

Também é importante que os programas exijam produção organicamente vinculada aos projetos de pesquisa, às disciplinas (seminários) lecionadas e às linhas de pesquisa. Deve haver um fio condutor entre essas "instâncias". A produção docente não deve ser quantitativamente avaliada, e, sim, qualitativamente. Há docentes que, por vezes, nada produzem em um quatriênio. Ou produzem de forma insuficiente. Importante fazer reuniões para aquilatar o impacto da produção dos docentes. Um modo de fazer esse processo é examinar os índices H e H10, facilmente acessíveis por meio do Google Acadêmico. Qual é o impacto verdadeiro do que está sendo produzido? De que adianta alguém escrever um livro ou elaborar uma tese que ficará escondida e/ou ignorada pela comunidade jurídica?

Além disso, estudantes bolsistas – trata-se de dinheiro público – devem ter um conjunto de tarefas, inclusive com cobrança de produção solo ou com seu orientador.

Desse modo, ouso dizer que o ensino jurídico adequado e o estudante ideal (especulativamente) representam arquétipos que só podem ser reproduzidos em termos práticos se for possível observarmos três transformações:

(i) uma de ordem estrutural-institucional: cursos que apresentem currículos mais consistentes e que busquem material adequado para trabalhar os conteúdos. Há temáticas que necessariamente devem ser abordadas e há livros que fazem isso melhor do que outros;

(ii) de outro lado, é necessário que os discentes deixem a passividade de lado e passem a ser mais ativos com relação à própria formação. Não para simplesmente reivindicar "seus direitos", mas, muito além, por estarem conscientes dos deveres que possuem em relação à sua própria formação.

(iii) vale, nesse sentido, a advertência de Raymundo Faoro, em livro em homenagem a Roberto Lyra Filho, escreveu, no ano de 1986, artigo chamado "O Jurista 'Marginal'": a atividade do advogado, do juiz e do jurista não há de permanecer um adestradamento, uma mera especialização. Antes de tudo, preparar no aspirante aos nossos círculos a consciência, que se perdeu, de que um profissional do Direito é um intelectual, com a incumbência primeira e fundamental de atuar na sociedade, para, ao conhecê-la, levar a ela o inconformismo da necessária mudança. E nem a atividade do estudante deve ser um adestramento.

À GUISA DE CONCLUSÃO

PARA QUE(M) ESCREVEMOS? A IMPORTÂNCIA DO CONSTRANGIMENTO EPISTEMOLÓGICO NO ENSINO JURÍDICO E NAS PRÁTICAS JURÍDICAS OU "POR QUE ATÉ O ENUNCIADO 'A ÁGUA FERVE A 100 GRAUS' DEVE SER FUNDAMENTADO"

Corre a história de que um grupo de amigos,[147] todos eles juízes de Direito, reuniam-se praticamente todos os finais de semana para discutir seus casos. Todos se diziam muito justos e honestos em suas decisões, até que, certo dia, um deles decidiu analisar caso a caso como

---

147 Contei isso no prefácio que fiz à obra de Fernando Vieira Luiz. Cf. LUIZ, Fernando Vieira. *Teoria da Decisão Judicial*: dos paradigmas de Ricardo Lorenzetti à resposta. Porto Alegre: Livraria do Advogado, 2021.

cada um de seus pares decidia. Levou os resultados ao "colegiado" e todos perceberam que cada um decidia de uma determinada forma e que, no final das contas, acabavam sendo arbitrários e injustos. Isto é, para casos semelhantes, decisões diferentes.

A história em tela serve muito bem para explicar os perigos de decisões tomadas de forma solipsista e/ou reprodutoras do senso comum teórico. Nomótetas, como os gregos chamavam aqueles que davam (novos) nomes às coisas, os lidadores do Direito atuam arbitrariamente em *prol* de uma pretensa superação de um problema jurídico já superado há tempos no campo filosófico. O decidir discricionário acaba gerando um sistema lotérico. Tão complexo é o problema, que o Superior Tribunal de Justiça instituiu uma gerência de precedentes (ver verbete "Precedentes" no Glossário).

O "processo" interpretativo é transformado em um jogo retórico, em que se decide e depois se busca um argumento (viés de confirmação). Como sustentáculos teóricos, tem-se o livre convencimento. Isso faz com que, por vezes, em uma mesma decisão, há a mistura de voluntarismo com textualismo. No mais das vezes, as decisões seguem a jurisprudência, porém escolhida de modo teleológico. O papel da doutrina é secundário, servindo muito mais como álibi retórico. Por isso é que, no mais das vezes, ela vem transcrita após a jurisprudência ou à própria conclusão do juiz ou do tribunal.

Entretanto, o lidador do Direito, inserido em um *habitus dogmaticus*, não se dá conta das contradições do sistema jurídico. As contradições do Direito e da dogmática jurídica que o envolvem não aparecem aos seus olhos, uma vez que há um processo de autopersuasão do seu próprio discurso.

Esse processo de justificação não prescinde, para sua elucidação, do entendimento acerca do funcionamento da ideologia. Isso porque a eficácia da ideologia ou do senso comum produzido pela ideologia depende exatamente do fato de ela não ser percebida. O que propicia essa "não percepção" é a inserção do intérprete no interior de um determinado imaginário.

É possível afirmar que quem está na ideologia não pode dizer que nela está. Ele não se dá conta de que está. Quem está mergulhado na dogmática jurídica não se dá conta dos problemas da própria dogmática. Há uma alienação que impede o "dar-se" conta.

Em outras palavras, o discurso ideológico como tal não é realidade para o indivíduo submetido/assujeitado à ideologia. Do mesmo modo que, na metáfora dos amigos juízes (e na realidade dos tribunais), também no seio da ideologia dogmática, é difícil perceber seu próprio equívoco dentro do mesmo sistema, isto é, o modo como todos erram igualmente. Diga-se a mesma coisa sobre o ensino jurídico.

Por isso, existe a necessidade de se estabelecer bases intersubjetivas das quais se possam superar as visões ideológico-individuais de cada intérprete. E, atenção: bases intersubjetivas não são bases que autorizam relativismos e niilismos. Ao contrário. É incorreto dizer que o paradigma da intersubjetividade autoriza "descolamento" das palavras com as coisas. Nenhum autor filiado ao giro linguístico ou giro linguístico-ontológico jamais sustentou esse descolamento, própria dos sofistas. O indivíduo, no seu cotidiano, sofre um conjunto de constrangimentos decorrentes da linguagem pública construída na intersubjetividade.

Por isso – e essa é a questão mais relevante – o sujeito não estabelece sentidos arbitrários. Se o fizer, sofrerá constrangimentos e sancionamentos sociais. É como se uma pessoa pudesse sair por aí imitando a personagem Humpty Dumpty, de *Alice Através do Espelho*. Porque sabe que haverá consequências. Não lhe é dado inventar os sentidos. O indivíduo está proibido de trocar o nome das coisas. Não pode dar às palavras os sentidos que quer. Essa experiência pode ser feita em sala de aula. Inventem-se nomes. Chamem-se as coisas por outros nomes. E façam os testes. E todos descobrirão um novo conceito: esquizofrenia semântica. Uma neurose no Direito. Eis um bom tema para iniciar a discussão acerca do conceito de verdade e do que significa "valoração da prova".

Dizendo de outro modo, no plano dos discursos científicos e no âmbito do discurso jurídico e das práticas cotidianas descritas e prescritas por aquilo que chamamos de doutrina jurídica, também não podemos "trocar o nome das coisas", tampouco agir como nominalistas. Ou "negacionistas jurídicos".

O Direito não está isolado da cultura. E não é disciplina ou ciência autônoma. Na verdade, o Direito sofre da dependência epistemológica dos ramos da filosofia, da economia, da política e da sociologia. E da psicanálise. Nesse contexto cunhei o conceito de "constrangimento epistemológico", que está ligado às formas de constrangimento cultural naquilo que Freud chama de civilização. A diferença é que o constrangimento epistemológico está no nível da discussão em segundo nível, porque discute as condições pelas quais a cultura limita ou não limita aqueles que possuem poder. Em Freud, os direitos do indivíduo são protegidos pelo grupo, sendo que o poder do mais apto é limitado. O indivíduo não pode fazer o que quiser; não pode dizer qualquer coisa sobre qualquer coisa. O solipsista é o não controlado. A cultura controla as pulsões do indivíduo. Para que o indivíduo se insira na sociedade, deve aceitar as desvantagens do controle da cultura. E, num segundo nível, as desvantagens do controle epistemológico. A democracia funciona quando essas desvantagens são bem aceitas. E o Direito atinge um certo grau de equanimidade (*fairness*) quando as decisões são fruto de decisores que aceitam as desvantagens do controle. Disso se conclui também que a submissão às exigências da cultura (e da ciência, em um segundo nível), por vezes, é fonte de adoecimentos. É o mal-estar da civilização. É o mal-estar da dogmática jurídica.

Consequentemente, perguntemo-nos: por qual razão, onde está escrito "é possível interpor embargos", o Tribunal pode fazer enunciados estipulativos e dizer o contrário? Ao negar a validade de uma lei, o intérprete-juiz está "dando novo nome à coisa". Não é por nada que, na língua grega, aquele que dava o nome às coisas era chamado de "nomóteta" (dador de nomes). Curiosamente, legislador, na língua alemã, é *Gesetzgeber* (o que dá ou põe a lei).

Isto é, aqui se mostra a especial importância do "constrangimento epistemológico" (verbete do *Dicionário de Hermenêutica*). De pronto, observemos a relevância do estabelecimento de constrangimentos epistemológicos quando levamos em conta, no âmbito do Direito, que o Supremo Tribunal Federal possui a "última palavra" sobre as controvérsias sociais e a interpretação das leis e da Constituição. É por isso que elaborar constrangimentos epistemológicos equivale a realizar "censuras significativas", no sentido democrático, pelas quais se pode distinguir, por meio da construção de uma crítica fundamentada, boas e más decisões (ou melhor: decisões constitucionalmente corretas das incorretas). Cabe à doutrina dizer quando o STF erra. Ou acerta.

Efetivamente, para quem lida com o Direito, tudo isso reforça a tese de que as "decisões de último grau" também podem – e devem – ser objeto de críticas, e não meramente acatadas a partir de um discurso de autoridade, exatamente porque, sob a perspectiva hermenêutica, há um comprometimento com a verdade. Afinal, quem decide por último não o faz a partir de um grau zero de sentido. Quem tem a última palavra não pode exercer esse poder como se possuísse a primeira palavra.

Constranger epistemologicamente quer dizer colocar em xeque decisões que se mostram equivocadas – de qualquer juiz ou tribunal –, algo que já chamei, em outro momento, de "fator Julia Roberts", em alusão à personagem por ela interpretada no filme *Dossiê Pelicano*, que, contestando o seu professor em Harvard, afirma que a Suprema Corte norte-americana errou no julgamento do famoso caso *Bowers vs. Hardwick*.

Simbolicamente, a personagem interpretada por Julia Roberts representa a doutrina jurídica. Esta deve ser prescritiva. No fundo, é um modo de dizermos que a "doutrina deve (voltar a) doutrinar" e não se colocar, simplesmente, na condição de caudatária e meramente reprodutora das decisões dos tribunais.

Não deve ser papel da doutrina fazer (meras) descrições do tipo "as duas posições são defensáveis", quando, por exemplo, uma aponta para a liberdade de um acusado e a outra para a sua prisão. Aliás, este tipo de enunciado apenas reproduz uma postura positivista, na modalidade "positivismo exclusivo". A decisão judicial, o seu acerto ou erro, não faz parte das preocupações de um positivista.

O princípio da não contradição não pode ser violado por artifícios pretensamente neutros-descritivos, como se a verdade fosse uma *adeaquatio intellectus et rei* (verdade adequacionista). Pregar uma doutrina meramente descritiva já é professar uma posição ou juízo moral. Por isso, a doutrina jurídica deve ter um papel prescritivo, sob pena de ser apenas um discurso que sacramenta as legislações e as decisões judiciais.

O constrangimento epistêmico ou epistemológico se coloca, assim, como mecanismo de controle das manifestações arbitrárias do sujeito moderno. O sujeito torna-se estranho a tudo que não é (d) ele. Com efeito, quando o professor diz o que quer sobre o Direito ou o juiz diz que "decide como quer" ou que "decide conforme a sua consciência", ambos estão dizendo, *mutatis mutandis*, que o que lhes é exterior não os constrange a ponto de alterar a sua opinião. Esse é o ponto chave para discutir o papel do Direito e da doutrina no âmbito das salas de aula.

Por isso, somente o constrangimento epistemológico pode derrotar a subjetividade particularista, problemática que no Direito assume uma importância ímpar. Posições jus doutrinárias e decisões judiciais que se mostram voluntaristas e que se mostram em viés de confirmação devem ser constrangidas, com explanações sobre o sentido do significado do conceito, já presente em Francis Bacon no século XVII. Trata-se de enfrentar o "decido e depois fundamento", instrumento decisionista que fragiliza o Direito. Do mesmo modo, devem ser constrangidas as dissonâncias cognitivas, refúgio do senso comum teórico dos juristas.

Decisões judiciais voluntaristas *lato sensu* devem ser constrangidas, como também devem ser constrangidas decisões meramente subsuntivas, que deixam de lado um conjunto de soluções presentes no ordenamento jurídico. Ambas as decisões são deletérias. Lembremos sempre do exemplo de Recasens Siches sobre a proibição de levar cães na plataforma do trem.[148] Do mesmo modo, acórdãos emanados de últimas instâncias jurisdicionais, embora inegavelmente mereçam ser obedecidos, devem, entretanto, sofrer fortes constrangimentos epistemológicos ou, em outros termos, de "censuras significativas". Também aulas solipsistas devem ser constrangidas epistemologicamente pelos estudantes. Aqui deve entrar fortemente o "fator Julia Roberts".

Desse modo, lanço um repto à comunidade jurídica: o dever da doutrina jurídica é de doutrinar. A tarefa de constrangimento é o exercício da doutrina. Simples assim. Isso implica um papel prescritivo sustentado no paradigma democrático, e não meramente reprodutor das orientações do Judiciário – imaginário que se formou e tem ganhado cada vez mais força na Teoria do Direito em face da crescente jurisprudencialização do Direito.[149]

---

148 Se uma lei diz que é proibido levar consigo cães na plataforma do trem, é absolutamente equivocada a decisão de permitir ursos, sob o argumento textualista de que a lei proíbe apenas cães. Nesse caso, "cumpre-se a lei", descumprindo-a. Igualmente seria absurda a decisão que proibisse o cão guia do cego. Ou a proibição de uma criança levar o seu pequeno cão de estimação. O que na verdade a lei proíbe são cães perigosos, podendo-se estender a proibição para qualquer tipo de animal que ponha em risco a integridade das pessoas que transitam na plataforma.

149 Veja-se, nesse exato sentido da crítica ao protagonismo judicial e ao jurisprudencialismo, o preci(o)so artigo LIMA, Martonio Mont'Alverne Barreto; DIAS, Thaís Araújo. "O Poder Judiciário não cai do céu: autopreservação hegemônica brasileira e a transição para a juristocracia na hermenêutica em crise". *In*: STRECK, Lenio Luiz (Coord.). *Um Tributo a Hermenêutica Jurídica e(m) Crise, de Lenio Streck*: 25 anos depois. Florianópolis: Tirant lo Blanch, 2023, pp. 149 e ss. Os autores partem de Jan Hirschl, para quem "o Poder Judiciário não cai do céu. Ele é politicamente construído". Isto é aplicável à conjuntura brasileira. E

A doutrina não deve ser caudatária do que decide o Judiciário. Esse é o papel da doutrina em um país democrático: o dever permanente de doutrinar e não ser doutrinada. E veja-se o papel relevante do ensino jurídico nesse processo. Nesse sentido, venho propondo, especialmente desde *Verdade e Consenso*, que a doutrina exerça esse duro papel de constrangimento epistemológico, isto é, o papel de colocar limites às decisões judiciais baseadas em voluntarismos.

O constrangimento epistemológico – entendido conceitualmente – deve estar presente na doutrina jurídica em toda a sua extensão. O maior desafio talvez esteja em efetuar constrangimentos quando o intérprete se comporta de forma cética. O cético aceita qualquer resposta. O realismo jurídico é uma teoria cética. Esse é um tema para debates em sala de aula: que tipo de resposta se espera do judiciário?

O estudante tem de se dar conta de que tudo o que ele estudar e, mais tarde, escrever, tem a função de convencer pessoas. Em outras palavras, o que estudamos no Direito é para melhor fazer constrangimentos epistemológicos. Mostrar os erros. E apontar a coisa certa a se fazer.[150]

O constrangimento epistemológico tem direta relação com o dever de fundamentação e com o direito fundamental a obter respostas corretas/adequadas à Constituição. Toda resposta inadequada/incorreta deve ser constrangida. Cada vez que tentamos convencer alguém, na realidade, fazemos constrangimentos.

---

acrescentam: a instituição da juristocracia dificulta e impõe empecilhos ao exercício da cidadania. As recorrentes demandas ao Poder Judiciário (ativismo), encaminham-se para adoção de parâmetros políticos e não jurídicos, o que não coaduna com a imparcialidade. A politização do Judiciário afasta os poderes legitimados e a população das tomadas de decisões; o desempenho das cortes, a partir da tese de autopreservação hegemônica, tende a ser uma arma política para concretizar os interesses elitistas. E concluem: essa conjuntura apresenta panorama incerto para os eixos democráticos e constitucionais brasileiros.

150 Recomendo STRECK, Lenio Luiz. *O que é fazer a coisa certa no Direito*. Belo Horizonte: Dialética, 2023.

É papel precípuo da doutrina criticar os equívocos dos que detêm o poder de dizer e construir o Direito. E ao fazer isso, constrangerá. Na medida em que a própria Constituição Federal estabelece, no artigo 93, IX, que as decisões mal fundamentadas são nulas, o Supremo Tribunal, por exemplo, não tem o direito de errar por último. E isso deve ser dito. Por isso, uma doutrina jurídica crítica pode impedir que decisões erradas, compreendidas como fruto de uma racionalidade ideológica subjetivista/discricionária, sejam repetidas.

O Direito não é aquilo que o intérprete quer que ele seja; portanto, não é aquilo que o Tribunal, no seu conjunto ou na individualidade de seus componentes, diz que é. E nem o ensino jurídico é o que o professor diz que é.

De efetivo, o dever de constranger quer mostrar que nem o texto jurídico contém todas as respostas de forma antecipada, nem o intérprete-aplicador tem o poder de se tornar proprietário dos sentidos. Nem superinterpretação, nem subinterpretação.[151] Recorde-se que, tanto em Gadamer como em Dworkin, é possível distinguir boas e más decisões (pré-juízos autênticos/legítimos e inautênticos/ilegítimos).

Isso significa afirmar que, quaisquer que sejam seus pontos de vista sobre a justiça e o direito a um tratamento igualitário, os juízes também devem aceitar uma restrição independente e superior nas decisões que proferem, o que decorre da integridade, aliás, prevista no artigo 926 do Código de Processo Civil. Ademais, em países de modernidade tardia, como o Brasil, na inércia/omissão dos Poderes Legislativo e Executivo no cumprimento do catálogo de direitos constitucionais (mormente no âmbito do direito à saúde, à função social da propriedade, ao direito ao ensino fundamental etc.), não

151 Nesse sentido, recomendo a leitura do livro TRINDADE, André K.; STRECK, Lenio Luiz. *Superinterpretação no Direito*. Florianópolis: Tirant, 2023.

se pode renunciar à intervenção da justiça constitucional na busca da concretização dos direitos constitucionais de várias dimensões.

Isso tudo faz crescer em importância a necessidade de uma teoria da decisão judicial preocupada com a democracia. E democracia quer dizer controle das decisões judiciais, uma necessária prestação de contas (*accountability*). Finalmente, que não se pense que é um exagero, um *overstatement*, dizer que o constrangimento epistemológico no âmbito do Direito é condição de possibilidade para uma democracia autêntica, que se respeite enquanto tal.

Para isso, recorro à história. Quando da edição das leis de Nuremberg, em 1935, os nazistas utilizaram-se exatamente do sistema jurídico como ferramenta de poder, fazendo com que ele fosse nada mais do que um instrumento do Führer e seus objetivos. O processo que serviu de sustentação à instrumentalização nazi só foi possível por meio do fortalecimento de uma cultura cuja lógica servia de incentivo ao direcionamento interpretativo das leis – e só se direciona a interpretação inautêntica, por meio da qual o intérprete atribui sentido livremente –, conduzindo o raciocínio judicial de modo a adequar a aplicação da lei aos objetivos do regime. Direito contra o Direito. Direito usado como mero instrumento. Qual é o ponto? Exatamente a expressão utilizada por Michael Stolleis, que o faz recorrendo à obra de Bernd Rüthers, para definir a prática: *die unbegrenzte Auslegung* – uma interpretação não constrangida, nome sugestivo dado pelo professor alemão. Exatamente num momento em que, segundo o mesmo Stolleis, os nazistas "vulgarizaram" o Direito por intermédio da "infusão da moralidade", algo que venho criticando e denunciando no contexto brasileiro há muitos anos.

No âmbito das práticas cotidianas dos tribunais e na dinâmica das faculdades de Direito e cursos de pós-graduação, é visível a falta de uma crítica teórica que constranja o modo de decidir dos juízes. Voltando a Bernd Rüthers e ao título do seu mais famoso livro, *Die unbegrenzte Auslegung*, lembremos que *Grenzte* é fronteira, cerca, limite. *Und* é o contrário, é ausência. *Begrenzte* é "limitado", "cercado". *Auslegung* é interpretação. Assim, a falta de críticas e a leniência da doutrina naquele momento histórico da Alemanha fez com que se tivesse uma interpretação sem constrangimentos, sem limites. Por isso, o alerta de Rüthers sobre interpretações não constrangidas, não limitadas, não questionadas.

Esse fenômeno é facilmente perceptível no Brasil, em que a doutrina, dia a dia, mostra-se cada vez mais caudatária de decisões tribunalícias. Faltam limites à interpretação que os juízes e membros do Ministério Público fazem. Faltam constrangimentos à própria atividade do legislador e do Poder Executivo.

Esse problema é agravado pelo fato de a própria doutrina não criticar a doutrina que não constrange. É rara a doutrina que constranja a própria doutrina. A falta de constrangimento, nesses diversos âmbitos, fez crescer o arbítrio e provocou o esvaziamento do caráter normativo da Constituição. Interpretação necessita de ter limites – eis a perfeita definição de Rüthers para o que acontece hoje na dogmática jurídica brasileira.

Onde faltam limites, o poder se expande. E vai eliminando os focos de resistência, que estão exatamente no âmbito do Direito.

O modo de realizar os constrangimentos é por meio de uma teoria da decisão. E devemos começar pela sala de aula. Pelo ensino jurídico. Temos de estudar tudo isso. Pesquisar. Eis a árdua tarefa do estudante (e do profissional) de Direito. Esse é o objetivo deste livro.

Numa palavra final, quis mostrar que o papel do ensino jurídico e da doutrina é o de descascar os conceitos, retirando a poluição semântica que foi sendo colocada camada por camada pelo senso comum teórico.

Vigilância epistemológica: eis o papel do jurista crítico. Colocar em xeque os álibis teóricos e retóricos.

A sala de aula e a doutrina jurídica deve ser o lugar em que, quando alguém diz uma palavra prenhe de vazio ou significativamente anêmica, deve o estudante, professor ou escritor perguntar: em que sentido? "Demonstre seu argumento".

Gosto da alegoria do "ponto de fervura da água". Em um congresso em São Paulo, um palestrante falava sobre o conceito de verdade e usava o exemplo de um "enunciado verdadeiro" como "a água ferve a 100°C". Levanta alguém da plateia, munido de um fogareiro, uma chaleira e um termômetro. E diz: "eis os instrumentos. Prove". Ora, a 800 metros acima do nível do mar, que é o caso da cidade de São Paulo, sendo a água pura, ela ferverá em torno de 98°C. Que verdade era essa?

É claro que não se pode exigir, *stricto sensu*, esse tipo de "prova" no mundo jurídico. Mas podemos exigir, sim, uma coerência no discurso jurídico. É disso que trata a *Crítica Hermenêutica do Direito* – que criei há mais de vinte anos – quando propõe que façamos constrangimentos epistemológicos aos discursos e às decisões judiciais. Por isso, a doutrina deve voltar a doutrinar. E é disso que se trata quando queremos falar em ensino jurídico crítico.

Ainda numa palavra final, parafraseando mais uma vez a pesquisadora alemã Sabine Hossenfelder, com seu livro *A Ciência Tem Todas as Respostas?*, digo que, obviamente, aqui, não estão todas as respostas da crise do ensino jurídico. Mas apontei no mínimo um conjunto das respostas equivocadas. E isso já é um bom começo. Minhas críticas não querem significar algo como "o que estão fazendo por aí é tudo bobagem". Como disse Sabine,

> há boas pesquisas em andamento e há grandes questões sobre o quanto realmente podemos descobrir. Deveríamos falar sobre isso de forma honesta, deixando claro o que a ciência pode descobrir e o que não pode.

E tenho consciência, como ela, que críticas duras não fazem amigos e, pior, têm sido usadas por adversários da crítica à dogmática para reforçar um certo jus negacionismo (conceito que desenvolvi no

Dicionário Senso Incomum), pelas quais "ciência jurídica sofisticada é besteira". Não, não é.

Como diz Susan Haack, talvez a cientista que mais compreenda o sentido da palavra epistemologia, nós, humanos, apesar da complexidade da vida moderna, ainda somos bem humanos. Quando precisamos lidar com questões difíceis, é sempre tentador buscar atalhos; mesmo com a melhor das intenções do mundo, pode ser muito difícil entender para onde uma evidência complexa ou ambígua aponta. E como Denis Diderot há muito tempo nos lembrou, o homem é feito "de força e fraqueza, de visão e cegueira, de pequenez e grandeza". Sim, somos capazes de feitos cognitivos notáveis – *mas tantas vezes somos preguiçosos e pulamos para as conclusões*; tantas vezes somos tendenciosos, e ignoramos ou esquecemos convenientemente da evidência[152] que aponta para fatos que consideramos impalatáveis; e tantas vezes nos apoderamos da evidência inadequada que confirme nossos temores ou sirva a nossos interesses. Cientistas, também, são apenas humanos, com as mesmas fraquezas e limitações perceptuais e cognitivas que o resto de nós, e as mesmas tendências de tomar atalhos e pensar a partir de seus desejos ou temores. Ao longo do tempo, entretanto, as ciências desenvolveram ferramentas para superar limitações perceptuais e cognitivas – telescópios, microscópios, técnicas matemáticas e estatísticas, métodos de simulação por computadores etc.; e mecanismos sociais internos por meio dos quais a comunidade de cientistas naturais, ao menos, tem conseguido manter a maioria de seus membros, a maior parte do tempo, razoavelmente honesta – um *ethos* que recompensa conquistas reais, encoraja o compartilhamento de evidências e desencoraja a trapaça, bem como mais mecanismos formais como o processo de revisão por pares para distribuir fundos

152 STRECK, Lenio Luiz. "Que tal exigir evidências científicas nas decisões do seu tribunal?" *Conjur*, 7 jun. 2018. Disponível em: https://www.conjur.com.br/2018-jun-07/senso-incomum-tal-exigir-evidencias-cientificas-decisoes-tribunal/. Acessado em: 17.02.2024.

de pesquisa e triar publicações. Mas enquanto aquelas ferramentas técnicas das ciências geralmente se tornam cada vez melhores, os mecanismos sociais em manter cientistas honestos não; na verdade, eles agora estão sob tensão severa na medida em que os cientistas se encontram cada vez mais pressionados com urgência a ganhar financiamentos, a publicar etc. E a tensão é pior precisamente onde o trabalho científico envolvido é de maior interesse público: *e.g.*, na ciência climática e nas ciências médicas – em que as notícias da mídia se aproveitam de resultados científicos interessantes, mas omitem importantes ressalvas e limitações, e políticos se aproveitam daquelas reportagens para angariar apoio para suas políticas. É pouco surpreendente que alguns cientistas sucumbam à tentação de falsificar, exagerar e mesmo inventar.[153]

Este livro, portanto, é um chamamento aos estudantes e professores de Direito: não superaremos a crise do ensino jurídico e do Direito sem que aprofundemos as pesquisas. E essas não se fazem com simplificações, resumos e desenhamentos. Temos de "virar a chave". A comunidade jurídica foi se acostumando com a estandardização. Naturalizamos o "homem comum do Direito". Achamos normal esse "império da simplicidade", no qual, como lembra muito bem Julián Fuks, autor, entre outros, de *Histórias de Literatura e Cegueira e Procura do Romance*,

> eliminar palavras virou um gesto literário por excelência. E assim vamos formando uma geração de escritores infensos ao dicionário, contrários à linguagem; e uma geração de leitores que só buscam histórias fortes narradas limpidamente. Ao escritor cabe sobretudo o medo. Deve temer os termos longos e abstratos, cada um passível de se tornar um peso morto sobre a página, a assombrar os leitores também assustados.

---

153 HAACK, Susan; OLIVEIRA, Tiago Luís Teixeira de. "Epistemologia: quem precisa dela?" *Griot – Revista de Filosofia*, vol. 19, nº 2, 2019, pp. 330-342.

> Deve temer as palavras incomuns, as estranhas, as grandiloquentes, as antigas, maculadas pela poeira dos séculos. Deve temer o olhar dos críticos, encarados como fiscais da clareza, e fugir de seu juízo terminante de pretensão excessiva, de vaidade ou pedantismo. Ao escritor cabe a dieta da língua: ingerir apenas palavras magras e nutritivas, que não suscitem qualquer risco de resultarem indigestas aos estômagos sensíveis.[154]

Alio-me a Julián. Da trincheira do Direito, defendo também a complexidade, a multiplicidade, a máxima riqueza de sentidos. Também, como ele, de forma um tanto quixotesca. A literatura viceja no choque interno entre as palavras, atinge seu efeito com muito mais potência ali onde desponta a ambiguidade, onde alguma obscuridade se relampeja. Num mundo já tão comprometido com a eficácia, não será em submissão às normas da clareza que ela cumprirá sua vocação, não será se fazendo obediente e ordeira.

Espero que tenham tido uma boa leitura.

Da Dacha de São José do Herval, no final do inverno de 2023, quando, embora em dias raros, a geada veste de noiva os galhos dos liquidambars.

---

154 FUKS, Julián. "Sobre escrever bem: uma declaração contra o império da simplicidade". *Uol*, 07 out. 2023. Disponível em: https://www.uol.com.br/ecoa/colunas/julian-fuks/2023/10/07/sobre-escrever-bem--uma--declaracao-contra-o-imperio-da-simplicidade.htm?cmpid=copiaecola. Acessado em: 21.05.2024.

GLOSSÁRIO MINIMAMENTE NECESSÁRIO

Ativismo *versus* judicialização

O ativismo judicial no Brasil é um subproduto do realismo jurídico ou de uma vulgata voluntarista-subjetivista. Aqui, antes de continuar, tenho de esclarecer um ponto fundamental. Há uma diferença entre ativismo judicial e a judicialização da política. A crítica que deve ser feita é ao ativismo.

Isto porque existe diferença entre esses dois fenômenos. O ativismo sempre é prejudicial à democracia, porque decorre de comportamentos e visões pessoais de juízes e tribunais, como se fosse possível uma linguagem privada, construída à margem da linguagem pública.

Já a judicialização é contingencial. Depende dos níveis e da intensidade em que ela é verificada. Na verdade, sempre existirá algum grau de judicialização (da política) em regimes democráticos que estejam guarnecidos por uma Constituição normativa. Por isso, é possível observá-la em diversos países do mundo.

Por vezes, para a preservação dos direitos fundamentais, faz-se necessário que o Judiciário (ou os Tribunais Constitucionais) seja chamado a se pronunciar toda vez que existir uma violação por parte de um dos Poderes à Constituição.

Portanto, a judicialização decorre de competência – por motivo de inconstitucionalidades – de Poderes ou instituições. A questão da judicialização (da política), assim, está ligada ao funcionamento inadequado das instituições, dentro do esquadro institucional traçado pela Constituição. Quanto maior a possibilidade de se discutir, no âmbito judicial, a adequação ou não da ação governamental *lato sensu* em relação aos ditames constitucionais, maior será o grau de judicialização a ser observado.

É por isso que afirmo que a judicialização é contingencial. Para identificar a diferença entre ativismo e judicialização, devem ser feitas sempre três perguntas: a primeira é sobre legitimidade, a segunda sobre a possibilidade de universalização da decisão e a terceira sobre a transferência de recursos. A sua funcionalidade pode ser vista no voto do Ministro Gilmar Mendes, do Supremo Tribunal Federal, no "caso *hommeschooling*" (RE 888815).

Delimitados os conceitos, registro três ocasiões em que ministros da Suprema Corte brasileira assumiram o enunciado de que "*o Direito* é o que o STF diz que é". Com efeito: "é a doutrina que deve seguir a jurisprudência" (Min. Eros Grau na Rcl 4.335);[155] "*o julgador, ao deparar-se com determinada questão jurídica, busca, nas convicções íntimas, na formação humanística, enfim, na cosmovisão que possui, a resposta que mais lhe afigure correta e justa*" (Min. Marco Aurélio Mello na ADI 3.937/SP);[156] "*o conteúdo da norma é aquele, e tão somente aquele, que o Poder Judiciário*

---

155 Disponível em: https://redir.stf.jus.br/paginadorpub/paginador.jsp?docTP=AC&docID=630101. Acessado em: 23.09.2023.

156 Disponível em: https://redir.stf.jus.br/paginadorpub/paginador.jsp?docTP=TP&docID=749028439. Acessado em: 23.09.2023.

diz que é. Mais especificamente, podemos dizer, como se diz dos enunciados constitucionais, isto é, a Constituição é aquilo que o STF, seu intérprete e guardião, diz que é" (Min. Teori Zavascki, DJ 27/08/2007, p. 170). Agregue-se que, depois da entrada em vigor do Código de Processo Civil, tornou-se comum a elaboração de "teses" após os julgamentos, pelas quais se fixa uma "regra geral e abstrata" para futuros julgamentos – tarefa, como se sabe, destinada pela Constituição ao Poder Legislativo.

Em recente pesquisa da AMB – Associação dos Magistrados Brasileiros, percebemos o expressivo percentual de 66,6% dos ministros dos Tribunais Superiores que concordam que, no caso limite de temas sensíveis para a sociedade, sobre os quais não se constitui uma maioria parlamentar, o Poder Judiciário pode exercer um papel criativo na produção de normas, a fim de atender aos anseios da coletividade.[157]

Isso demonstra o modo como os Tribunais Superiores do Brasil veem o papel da legislação e – por que não? – o papel superior do Poder Judiciário. Nessa linha, há uma pesquisa da Universidade Federal do Paraná que mostra que, confessadamente, as decisões judiciais refletem a ideologia pessoal dos juízes.[158] Não surpreende, porque, por trás dessa posição, estão os velhos dogmas do livre convencimento, livre apreciação da prova e o "decido conforme minha consciência". Alguns magistrados deixam o seu desprezo pela doutrina bem explícito, como foi o caso do Ministro Humberto Gomes de Barros, do Superior Tribunal de Justiça (AgReg em ERESP n. 279.889-AL), quem disse: "não me importa o que pensam os doutrinadores" (...). Decido conforme minha consciência".

---

157 AMB. *Pesquisa da AMB revela pensamento da Magistratura brasileira*, p. 123. Disponível em: https://www.amb.com.br/pesquisa-da-amb-revela-pensamento-da-magistratura-brasileira/?doing_wp_cron=1573525630.3509879112243652343750. Acessado em: 13.05.2024.

158 Disponível em: https://www.conjur.com.br/2012-jul-06/ideologia-pessoal-define-decisoes-juizes-estudo-ufpr. Acessado em: 24.09.2023.

Outro exemplo evidente de que perspectivas ativistas minam as Cortes são as constantes declarações do Ministro Luís Roberto Barroso, do Supremo Tribunal Federal, para quem o Tribunal possui um "papel iluminista", que deve ser exercido em "conjunturas nas quais é preciso empurrar a história", sobrepondo-se à "razão humanista" ao senso comum majoritário.[159]

Contrariando o texto da Constituição, em 2011, o Supremo Tribunal Federal reconheceu a união estável homoafetiva (ADI 4.277), utilizando uma *interpretação conforme à Constituição*. Importa referir que a Constituição prevê o casamento ou a união estável entre homem e mulher. O STF, assim decidindo, reescreveu o texto. Construiu direito novo. Para o reconhecimento, deveria haver uma alteração na Constituição. Na mesma linha, em 2019, também invocando uma interpretação conforme a Constituição, a Suprema Corte decidiu, em sede de Mandado de Injunção (n. 4733) pela equiparação da transfobia e da homofobia aos tipos penais que incriminam a conduta de racismo. Criou um tipo penal por meio da jurisprudência. Exemplos todos de ativismo judicial.

Também em claro ativismo judicial, em 2016, a Suprema Corte fez um *by-pass* em uma cláusula pétrea da Constituição, quando julgou o HC 126.292, dando interpretação contrária ao texto do artigo 283 do Código de Processo Penal (presunção de inocência). Contra essa decisão, foram ajuizadas as Ações Declaratórias de Constitucionalidade 43, 44 e 54, cujo objetivo foi perseguir a declaração, pelo STF, de constitucionalidade do art. 283 do CPP, bem como a concretização do art. 5º, inciso LVII, da Constituição Federal. Três

---

159 Cf. STRECK, Lenio Luiz. "Seria a discricionariedade transparente?" *Conjur*, 26 fev. 2018. Disponível em: https://www.conjur.com.br/2018-fev-26/streck-seria-discricionariedade-transparente-barroso/\. Acessado em: 17.02.2024.

anos depois, por 6 x 5, o Supremo Tribunal voltou atrás e reconheceu que o texto do artigo 283 dizia exatamente o que nele constava.[160]

Há julgamentos de todos as modalidades, alguns explicitamente contra claro teor literal da Constituição ou da legislação ordinária. O Supremo Tribunal já cassou mandato de parlamentar quando, meses antes, havia decidido que essa era uma prerrogativa do Parlamento (Ação Penal 565; Ação Penal 396 e Mandado de Segurança 32.326). O Tribunal Federal da Quarta Região concedeu, contra expresso texto legal, licença paternidade para um pai de gêmeos (Processo 5051181-59.2017.4.04.7000-PR). Aliás, há dezenas de decisões que concederam esse benefício sem qualquer previsão legal (o fundamento foi o princípio da dignidade da pessoa). Registre-se que esse tipo de decisão só ocorre em benefício de funcionários públicos, uma vez que inviável para empregados privados – o que causa certa perplexidade.

Em um julgamento envolvendo a interpretação do artigo 403 do Código de Processo Penal para saber se o réu delatado deveria ser interrogado depois do réu delator, alguns ministros utilizaram o argumento da literalidade da lei (ou o sentido textual) para negar esse direito; interessante é que os mesmos ministros, no julgamento que tratou da presunção da inocência, negaram o sentido literal-textual. Aqui, vale antiga lição de Kriele,[161] quando disse que uma regra metodológica que se aplica umas vezes sim e outras não é uma regra que não vale. Trata-se de um problema de previsibilidade ou probabilidade. É muito comum, no Brasil, que juízes e tribunais utilizem "regras metodológicas" ou métodos de interpretação de forma *ad hoc*.

---

160 Sobre as ADCs, ver STRECK, Lenio Luiz; BREDA, Juliano (Coord.). *O dia em que a Constituição foi julgada*: a história das ADCs 43, 44 e 54. São Paulo: Revista dos Tribunais, 2020.

161 Cf. KRIELE, M. *Theorie der Rechtsgewinnung entwickelt am Problem der Verfassungsinterpretation*. Berlim: Duncker & Humblot, 1967, p. 23.

Torna-se evidente que, por mais que os anos passem, decisões ativistas, contrárias à Constituições, que tornam o julgador uma espécie de legislador *ad hoc*, continuam a ser uma realidade no cotidiano jurídico e, também, político – porque, bem ou mal, essas decisões possuem ressonância política. E, novamente, quem diz o que o Direito é são os Tribunais, e não deve ser assim. Juízes, Tribunais e a Suprema Corte brasileira substituem-se ao legislativo cotidianamente. Um dos pontos mais sensíveis é o direito à saúde, em que, sem parâmetros, juízes concedem tratamentos e distribuição de remédios sem qualquer possibilidade de as decisões serem universalizadas. O Judiciário também autoriza compra de ônibus para crianças se deslocarem até o colégio, determina construção de creches e abertura de vagas em escolas.

Em alguns casos, simplesmente o Judiciário reage ao Parlamento. Por exemplo, o Parlamento aprovou o juiz de garantias. O Supremo Tribunal, por decisão monocrática, suspendeu a validade da lei. Em 2008, foi aprovado uma alteração na legislação processual penal. Em um dos dispositivos, constou que o juiz somente fará perguntas complementares às testemunhas. Esse dispositivo é constantemente desobedecido, inclusive pelo Supremo Tribunal, que considera a sua violação apenas uma "nulidade relativa", aplicando o adágio *pás de nullité sans grief*.

É evidente que há decisões importantes do Supremo Tribunal Federal assegurando direitos. Nesses casos, o STF fez judicialização da política. Por exemplo, cotas para afrodescendentes, *habeas corpus* para mães encarceradas, o federalismo cooperativo na crise da Covid-19, dezenas de decisões envolvendo ações sobre políticas de saúde durante a pandemia, entre outras. Portanto, a partir da diferenciação entre os dois conceitos, essas decisões não podem ser classificadas como ativistas. São decisões que judicializaram a política, passando no teste das três perguntas fundamentais (legitimidade, universalidade e garantia de não transferência de recursos de forma não isonômica).[162]

E não esqueçamos que o Supremo Tribunal foi fundamental para a manutenção da democracia em face dos ataques aos tempos do governo Jair Bolsonaro e, já no novo governo, da tentativa de golpe de Estado do dia 8 de janeiro de 2023. O Tribunal Superior Eleitoral, braço do STF que cuida dos pleitos eleitorais, teve atuação firme para conter os ataques ao "processo eleitoral", situação de tamanha gravidade que o ex-Presidente Bolsonaro chegou a fazer uma conferência com embaixadores de outros países para denunciar possíveis fraudes nas urnas eletrônicas, circunstância que fez com que, em 2023, o TSE lhe retirasse a condição de elegibilidade durante oito anos.

Também a Suprema Corte foi de fundamental importância na preservação da saúde pública, especialmente com a decisão conhecida como "federalismo cooperativo", possibilitando/determinando que também os estados e municípios participassem do combate à Covid-19, na medida em que o governo Bolsonaro desdenhara da gravidade da pandemia. Porém, essas decisões não podem ser classificadas de ativistas *stricto sensu*, conforme já expliquei anteriormente quando fiz a distinção entre os conceitos de ativismo e judicialização. Essas são decisões que judicializaram a política, passando no teste das três perguntas fundamentais (legitimidade, universalidade e garantia de não transferência de recursos de forma não isonômica).

Criterialismo

É um conceito cunhado por Dworkin e que transporto para a dogmática jurídica brasileira. O modo como a dogmática jurídica (na

---

162 Cf. NEVES, Isadora Ferreira. *As três perguntas fundamentais da Crítica Hermenêutica do Direito*: a aplicabilidade de uma proposta de limites à atuação do Poder Judiciário no Brasil. São Leopoldo: Universidade do Vale do Rio dos Sinos, 2022. (Tese de Doutorado).

sequência há o verbete "Dogmática jurídica") elabora classificações e conceitos espelha o convencionalismo que sustenta o criterialismo que Dworkin, no livro *Império do Direito*,[163] aponta como um elemento do positivismo.

Trata-se da visão de que só se pode dizer o Direito por meio dos critérios convencionalmente estabelecidos. Com isso, o Direito não seria um fenômeno interpretativo, um empreendimento compartilhado no qual buscamos atribuir sentido ao material jurídico básico disputando sua leitura mais coerente, mas algo posto *ex ante*. Algo como "antes do Direito, os conceitos". Daí a crítica dworkiniana à tradição positivista, que entendia a Teoria do Direito como uma mera descoberta das regras ocultas que empregamos nas práticas jurídicas, comparando-o ao aprendizado das regras de um jogo de xadrez pela observação. Ocorre que as regras de xadrez são realmente convencionais. O cavalo se mover em L é uma simples convenção, isto é, não é um instituto fundado em princípios cuja interpretação inclui um componente avaliativo. Para comparar o Direito a um fenômeno mais apropriado, Dworkin propõe tomarmos a prática social da cortesia.[164] Ao se convidar alguém para jantar, pode surgir a questão sobre se pagar a conta é ser ou não cortês. Contudo, as regras da cortesia não se identificam de modo convencional, diferentemente das regras do xadrez ou de outros jogos. Os princípios que justificam a cortesia são disputáveis. Por exemplo, uma leitura feminista diferiria de uma que supõe uma visão conservadora de cavalheirismo, e ambas competiriam apresentando a melhor concepção de cortesia a partir de interpretações construtivas sobre o que colocaria essa prática sob a melhor luz. Eis a diferença entre uma visão criterial, na qual os critérios de identificação do Direito estão dados convencionalmente de antemão, e uma visão interpretativista

---

163 DWORKIN, Ronald. *O império do Direito*. Trad. Jeferson Luiz Camargo. 3ª ed. São Paulo: Martins Fontes, 2014.

164 MACEDO JUNIOR, Ronaldo Porto. *Do xadrez à cortesia*: Dworkin e a Teoria do Direito contemporânea. São Paulo: Saraiva, 2013.

de Direito, na qual os próprios critérios da identificação do Direito são disputados em sua melhor leitura.

Na minha apropriação criativa de conceitos de Dworkin – e o faço por meio da CHD – Crítica Hermenêutica do Direito, que fundei há décadas –, acrescento às teses dworkinianas algumas referências da tradição hermenêutica continental, de onde advém a crítica ao velho fundamento absoluto na metafísica, que parece afligir o positivismo jurídico. O positivismo busca reduzir o Direito a um fato social posto pela mão humana (ou pela razão humana). Os velhos hermeneutas já preveniam contra os riscos deste "o que subjaz à Coisa, sou Eu que ponho".[165] E a questão que tenho levantado a partir disso é: afinal, quem põe? Quem põe o Direito? De que lugar fala? Portanto, mais do que um problema epistemológico, há toda uma Semiologia do Poder aí, como diria Luiz Alberto Warat.[166]

Em nossa comunidade jurídica, costuma-se negar que o Direito é um empreendimento interpretativo compartilhado, para atribuir sua fixação a algo que já está posto, de modo pretensamente neutro, como uma decorrência de critérios convencionais. A dogmática cria os conceitos como se falasse de um "lugar zero de sentido". Com o problema adicional de que essa "convenção" é fixada de cima para baixo, por aquilo que Warat chamava de "monastério dos sábios". Os tais "juristas de escol", "de nomeada", e outros arcaísmos bacharelescos, eram (ainda são) aqueles que poderiam estipular livremente os conceitos da dogmática, ao seu bel-prazer. E aos demais, cabe apenas acatar os critérios por eles postos, sem debater sua interpretação. Nossa dogmática jurídica funciona sob essa lógica criterial. Por exemplo, quais as condições de possiblidade

---

165 STRECK, Lenio Luiz. "De como o positivismo jurídico tomou o caminho da ontoteologia". *In*: STRECK, Lenio Luiz; CULLETON, Alfredo; REIS, Róbson Ramos dos (Coord.). *Festschrift* [um tributo a Ernildo Stein]. vol. 1. São Leopoldo: Unisinos, 2015, pp. 101-118.

166 WARAT, Luis Alberto. *O Direito e sua linguagem*. Porto Alegre: S. A. Fabris, 1995.

que conformam o estabelecimento de conceitos como "precedentes persuasivos" como contraponto ou complemento de "precedentes vinculantes", tidos como "qualificados"? São definições meramente estipulativas-criteriais, que se sobrepõem ao Direito.

Qual é o problema? Ora, discutimos se patins elétricos configuram "veículo" para uma regra que diz "proibido veículos no parque". Ou se um tanque é veículo. E aí o Judiciário (com o auxílio da dogmática, é claro) põe (estipula) os critérios a partir dos quais dizemos se é ou não um veículo. Só que esses critérios não são construídos pela intersubjetividade: são simplesmente postos *ad hoc*, e nenhuma discussão é possível fora desses critérios colocados *ad hoc*. Cada juiz ou tribunal estipulará discricionariamente o que é um veículo. E, no final, se houver divergências, faz-se um enunciado ou tese dizendo, detalhadamente, o que é um veículo. Uma espécie de "veículo em tese". O que não aparece é o "verdadeiro veículo", o "veículo concreto", que faz parte "daquele caso jurídico".

Trazendo isso para nossos dias, façamos uma reflexão sobre esse caráter criterialista da dogmática: alguém frauda, por exemplo, o INSS. A pessoa fraudadora recebe por 15 anos uma pensão evidentemente indevida – criminosa. Daí se descobre que os documentos eram falsos. Porém, o indivíduo recebeu o último benefício no mês passado, mantendo em erro o INSS todos esses anos. Há decisões de Tribunais Superiores sustentando que o crime estará prescrito. Permito-me indagar: manter em erro é fato instantâneo? Quer dizer que, se o estelionatário tiver sucesso, não há mais crime, grosso modo falando? Trata-se de um bom (ou mau) exemplo do problema representado pelo criterialismo. No caso, "fato instantâneo" é um conceito criterialista. Primeiro, conceituamos e, depois, interpretamos, para chegarmos ao lugar que previamente havíamos fixado como nosso objetivo. Todavia, essa é uma temática que não atrai a atenção da comunidade jurídica. E por isso busco introduzir essa discussão no decorrer desta obra.

Como bem assinala Ziel Ferreira Lopes,[167] o Direito não é um "fato da natureza", algo que cai do céu ou brota do chão pronto e acabado. Para tanto, parte da divisão dworkiniana entre conceitos naturais/criteriais e conceitos interpretativos.

Diante de um conceito desse tipo (como democracia, Direito, flagrante delito, testamento...), estamos imediatamente convocados a justificá-lo, a atribuir-lhe um propósito e nos engajarmos nele para disputar que interpretação o colocaria sob a melhor luz. Isso difere de conceitos naturais. Por exemplo: se um grupo de cientistas se reúne em uma sala para discutir o que é um leão, buscarão discutir sua estrutura física, sua morfologia, DNA etc. Não se coloca a questão do propósito, nem a busca de um leão "sob sua melhor luz". Num outro exemplo: discutir o julgamento de um crime é diferente de discutir se um amontoado de papel é um livro, uma brochura ou um folheto, este sim é um problema moralmente neutro, resolvido a partir de critérios convencionais.

Por meio do criterialismo se constrói até "morte ficta". Explico: segundo matéria publicada no jornal *Folha de S. Paulo*, "Militar condenado pelo 8/1 manterá pensão mesmo se expulso das Forças Armadas".[168] Isto porque a legislação determina perda de salários, mas dependentes seguem recebendo benefícios. Com isso, caso perca a patente e seja expulso do Exército, o tenente-coronel Mauro Cid deixará de receber seu salário (R$ 27 mil brutos em julho passado), mas seus dependentes manterão o direito à pensão, independentemente da pena a que seja eventualmente condenado na

167 LOPES, Ziel Ferreira. *Onde habita o Juiz Hércules?* Uma aproximação entre teorias da interpretação e questões institucionais. São Leopoldo: Universidade do Vale do Rio dos Sinos, 2020. (Tese de Doutorado).

168 Cf. FOLHA DE SÃO PAULO. *Militar condenado pelo 81 manterá pensão mesmo se expulso das Forças Armadas*. Disponível em: https://www1.folha.uol.com.br/poder/2023/10/militar-condenado-pelo-81-mantera-pensao-mesmo-se-expulso-das-forcas-armadas.shtml\. Acessado em: 17.02.2024.

Justiça comum ou na Justiça Militar. Isso vale para Mauro Cid e os militares das três Forças Armadas investigados ou que já respondem a processos decorrentes da tentativa de golpe de 8 de janeiro de 2023. E se aplica igualmente a integrantes das forças auxiliares, como policiais e bombeiros militares.

Como o sistema jurídico lida com a "morte ficta"? Eis a questão. Tudo está regulamentado, segundo a matéria e advogados-especialistas ouvidos, no artigo 20 da lei que dispõe sobre as pensões militares (n. 3.765, de 1960, alterada pela Lei n. 13.943/2019 – pensões a partir de então não mais integrais e passaram a ser proporcionais). Além disso, caso o militar demitido (oficial) ou excluído (praça estável) não possua realmente nenhum beneficiário ou dependente, ele ainda pode tentar recorrer ao INSS, averbando o tempo de caserna no regime geral da previdência. Um especialista diz que a situação não é incomum. Há um imenso cabedal de hipóteses em que, até mesmo em caso de divórcio e o militar ter perdido o salário, sua esposa receberá a pensão. Há uma curiosa observação de especialista citada na matéria: "em casos assim, o militar pode até ir à Justiça tentar reverter a concessão do benefício, dizer que se casou com outra pessoa. Mas é temerário, porque vai depender do entendimento do magistrado, já que na literalidade ele segue a lei". Pergunto: o que seria a letra da lei? Intrigante também é a expressão "entendimento do magistrado". Depende, então, de uma interpretação pessoal? Observe-se como o voluntarismo judicial está naturalizado até entre os professores de Direito e advogados. Ademais, no caso, a Constituição não é levada em conta? Impressiona que nenhum dos especialistas consultados pelo jornal levantam a hipótese de que poderia haver inconstitucionalidade em algumas dessas interpretações feitas pela Administração Pública. Basta ver o modo como o Estado concede pensão a filhas solteiras de militares. O benefício foi extinto a partir de 2001, permanecendo para os direitos adquiridos até então.

No caso sob análise, a dogmática previdenciária ou o direito militar podem ter "bons argumentos" para justificar esse estranho quadro. Porém, melhor seria se tentássemos explicar o fenômeno à luz do criterialismo denunciado por uma adequada crítica jurídica. Eis um bom modo de discutir o positivismo jurídico, diria Dworkin.

Para deixar mais claro o apego da dogmática ao convencionalismo, o ponto máximo parece estar no conceito de "morte ficta", produto de um conceito convencional-criterial retirado da interpretação da Lei n. 3.765/1960, pelo qual o militar expulso é reputado morto (por isso, "morte ficta"), impondo-se o pagamento da pensão como se estivesse morto; pelo conceito, corroborado pelos tribunais, existe a prevalência da presunção de que o pagamento de pensão a militar expulso da corporação a bem da disciplina esteja incorporado ao patrimônio jurídico dos respectivos beneficiários. Interessante anotar que a "morte ficta" continua válida, ao menos por decisão, ainda que isolada, do Supremo Tribunal (AgRg no RE com Agr 738.029), embora outras decisões apontem para o inverso (RE 909.333). Na verdade, decisões do STF inadmitem rediscussão da matéria, tida como infraconstitucional. Logo, seria apenas uma inconstitucionalidade reflexa – o que, de todo modo, acarreta um problema: a decisão do Tribunal de origem acaba sendo terminativa, sem obter correção na Corte Constitucional. Daí a pergunta: por qual razão a concessão de pensão no caso de "morte ficta" não implicaria discussão constitucional? Já no Superior Tribunal de Justiça, a posição é contra a existência da morte como ficção (AgRg no REsp 1.498.331). A discussão sobrevive exatamente por causa do fenômeno chamado "criterialismo". Conceito substitui o próprio Direito. Na verdade, substitui princípios da Constituição, como o da isonomia, republicanismo e moralidade.

Nesse sentido, vale transcrever como meu ex-aluno trouxe essa base teórica para repensar o risco de dano no Direito Previdenciário, encontrando eco no julgamento REsp 1578404/PR, com o Ministro Napoleão Nunes Maia:

> 8. Discípulo do Professor Lenio Streck, o também jurista Professor Diego Henrique Schuster, assevera que tanto na legislação como na jurisprudência previdenciária já se superou

> o pleonasmo habitual e permanente, não ocasional e nem intermitente, esclarecendo que a permanência não pode significar exposição durante toda a jornada de trabalho. O que importa, destaca o autor, é a natureza do risco, sua intensidade, concentração inerente à atividade pelo qual o trabalhador está obrigatoriamente exposto e capaz de ocasionar prejuízo à saúde ou à integridade física.[169]

Nesse sentido, Diego Schuster explica:

> Qual o problema, objeto da nossa crítica? O problema reside no fato de tentarmos, primeiro, conceituar as coisas e, depois, aplicá-las por subsunção. Transformamos os critérios em obstáculos, e não condição de possibilidade – como parte da aplicação do Direito. É claro que precisamos de critérios seguros e controláveis, porém, não podemos nos perder neles. Ademais, existem limites semânticos. Lenio Streck explica: "É claro que conceitos e coisas não estão colados. Mas também não são colocados a ponto de o intérprete poder dar qualquer conceito (sentido) à coisa. Quando o intérprete se depara com um texto, há já um sentido que se antecipa. Mesmo quando falamos do Código de Hamurabi estaremos aplicando de algum modo um sentido a uma coisa. No campo da interpretação do Direito, isso quer dizer que não existe texto sem norma (sentido) sem texto".[170]

Afinal, cabe esclarecer que, ao falar do criterialismo, Dworkin buscava travar com os positivistas um debate sobre como se deve fazer Teoria do Direito. Estou deliberadamente adaptando

---

169 SCHUSTER, Diego Henrique. "Direito Previdenciário do inimigo: um discurso sobre um direito de exceção". *Plenum*, Porto Alegre, 2019.

170 Cf. SCHUSTER, Diego Henrique. "O Direito Previdenciário anda em círculos atrás de conceitos perfeitos". *Conjur*, 12 fev. 2024. Disponível em: https://www.conjur.com.br/2024-fev-12/o-direito-previdenciario-anda-em-circulos-atras-de-conceitos-perfeitos/. Acessado em: 17.02.2024.

essa discussão para outro âmbito: como se deveria fazer dogmática jurídica e jurisprudência.

A meu ver, a estrutura de raciocínio criterialista explica boa parte do debate jurídico nacional, com um agravante de que não há apenas problemas epistemológicos em jogo aqui, mas também uma grave questão de poder. Nossa cultura de tratar os critérios jurídicos como algo já posto convencionalmente esconde este relevante fato: afinal, de quem partiu sua estipulação sob um manto da coletividade, da neutralidade e da perenidade? Um entendimento prevalece por ser alegadamente pacífico, remansoso, caudaloso etc.?[171] Na dogmática sob o império do criterialismo, a resposta é afirmativa. Ganha-se o debate por volume de citações "de peso" (não falamos aqui de qualidade argumentativa, mas de prestígio social ou econômico). Dispensa justificação, porque é assim há muito tempo na *comunnis opinio doctorum*.

No Brasil, o Direito costuma ser apresentado aqui como algo posto, seja por um doutrinador de escol que estipula os conceitos de forma *ex cathedra*, sem buscar legitimá-lo pelo debate com os reles mortais, seja por uma Corte, que julga de modo personalista, sem achar que precisa se desincumbir de ônus argumentativo ao estabelecer uma interpretação do Direito. E há quem cultue esse estado de coisas, defendendo o poder de assim chamadas Cortes de Vértice, para criar precedentes de modo prospectivo e devolver apenas teses prontas a serem executadas pelos outros participantes da prática jurídica. Acima, os juristas; abaixo, os meros operadores do Direito. A força desse imaginário se revela nas reações quando é, de qualquer maneira, desafiado. É sintomático que pedir argumentos em nossa área seja visto como insulto. Não nos esqueçamos jamais de quando, durante a elaboração de um novo Código de Processo Civil, associações representativas da magistratura combateram em

171 RODRIGUEZ, José Rodrigo. *Como decidem as cortes?* Para uma crítica do Direito brasileiro. Rio de Janeiro: FGV, 2013.

manifestos a nova exigência legal de enfrentar todos os argumentos levantados pelas partes (atual artigo 489). Houve até decisões de Tribunais Superiores dizendo que exigir a vinculação do juiz a um elemento probatório cercearia seu direito de julgar.

Num país tão desigual, no qual os juristas tantas vezes estiveram a serviço de elites autoritárias[172] que, como demiurgos, estabeleciam de cima para baixo os rumos do país, recuperar a importância de se ver o Direito como empreendimento interpretativo compartilhado é mais do que uma questão de fazer boa ciência jurídica: é questão de democracia.

Dogmática jurídica

Eros Grau diz que o Direito é um fenômeno alográfico. Ao contrário de uma obra de arte, que é autográfica, o Direito necessita de um *medium interpretandi*, isto é, precisa de uma teoria sobre o significado das regras e princípios jurídicos. Assim, podemos identificar a imprescindibilidade da dogmática jurídica, que surge historicamente para cumprir esse objetivo.

A dogmática está ligada ao positivismo novecentista e ao discurso liberal do Estado e do Direito. Serve para estabelecer limites. O Direito é um fato social posto pela razão humana, diz o positivismo. E a dogmática vem para explicitar esse Direito posto, que não se autoexplica e não se autoaplica. E, por evidente, é um discurso de poder. Esse discurso adapta o Direito ao poder dominante.

O termo "dogmática jurídica" foi empregado inicialmente por Jhering na obra *O Espírito do Direito Romano*, em 1852 e em um artigo denominado "Nossa Tarefa" ("Unsere Aufgabe"), em que atribui à ciência jurídica a função de elaborar, por meio de um

172 LIMA, Danilo P. *Legalidade e autoritarismo*: o papel dos juristas na consolidação da ditadura militar. 1ª ed. Salvador: Juspodivm, 2018, p. 288.

procedimento de análise e sínteses sucessivas, similar ao método usado pelas ciências naturais.[173]

Observe-se que a dogmática nasce como um discurso explicitativo, com o objetivo de descrever o Direito, dentro do que estatuía o empirismo dos séculos XVIII e XIX. O Direito imita as ciências naturais e diz que só há fatos; e estes devem ser descritos. Eis o "protocolo" do positivismo.

Porém, em um determinado momento, o Direito já não abarca a faticidade. E, é claro, também o discurso explicitativo do Direito tem de transcender o próprio objeto. Veja-se como, mais ao final do século XIX, o Direito não consegue mais abarcar os fatos sociais decorrentes de uma sociedade que se complexizava. Por exemplo, surge a "força normativa dos fatos" e a mutação constitucional, colocando a lume o início do "dualismo metodológico".[174]

Isso fez com que a dogmática se transformasse em um saber autônomo do Direito. Tercio Sampaio Ferraz Junior mostra que, em toda investigação jurídica, temos perguntas e respostas, podendo ora se acentuar o aspecto pergunta, ora a resposta. Com isso, ele divide o discurso sobre o Direito em dogmático, oriundo do grego *dokein*, que significa doutrinar, e zetético, ou *zetein*, também do grego, que tem o sentido de perquirir. No primeiro caso, trata-se do sentido da palavra dogmática como conhecemos, isto é, a produção de respostas antes mesmo das perguntas, sem a necessária reflexão. Aqui, a dogmática tem uma relação direta com o criterialismo de que fala Ronald Dworkin, assunto tratado no decorrer da obra. Já a zetética trata da primazia das perguntas sobre as respostas.

---

173 Nesse sentido, ver MARTINEZ MUÑOZ, Juan Antonio. *El Conocimiento Jurídico*. 5ª ed. Granada: Editorial Pomares, 2022, pp. 214 e ss.

174 Ver, para uma melhor explicitação, verbete correspondente em STRECK, Lenio Luiz. *Dicionário de Hermenêutica*: 50 verbetes fundamentais da Teoria do Direito à luz da Crítica Hermenêutica do Direito. 2ª ed. Belo Horizonte: Letramento, 2020.

O exemplo é: um observador assiste um guarda perseguindo uma pessoa. A resposta dogmática será: ele é um ladrão e devo prendê-lo. A zetética indagará: o que é propriedade? O que é furtar? Por que é necessário prender?

A dogmática, conforme Ferraz Junior, é uma forma de raciocínio que, para se realizar, atua a partir de certos pontos de partida inquestionáveis (por isso, dogmas, donde "dogmática"). Esses pontos de partida podem se transformar em um discurso que se substitui ao Direito posto. A dogmática forma um filtro antecipado para a construção dos discursos possíveis dentro das relações de poder. Por isso, os que não concordam com esse discurso atuam no âmbito da crítica da dogmática. Ferraz Junior acentua que a dogmática é um discurso (pensamento) tecnológico e sistêmico, voltado à decidibilidade.

A dogmática jurídica se constitui, fundamentalmente, de convencionalismos. Pode-se afirmar até mesmo que a dogmática é imputacional, construindo o seu próprio objeto de conhecimento. Por isso, primeiro, cria os critérios e, só depois, trata do objeto – o Direito. Daí a afirmação de que ela constitui um conhecimento autônomo, que sobrevive para além do Direito, até mesmo substituindo-o. Além disso, no âmbito da dogmática, ocorre um uso arbitrário dos métodos de interpretação. Esse problema já vem apontando de há muito por Friedrich Müller, quando afirma que não há um método dos métodos. Por exemplo, quando se fala dos tradicionais métodos de Savigny (gramatical, teleológico, histórico, sistemático e lógico), quais as condições pelas quais se elege um em detrimento do outro? Isso apenas afirma o caráter convencionalista da dogmática.

A ideia enraizada no Direito brasileiro segundo a qual só se pode dizer o Direito por meio dos critérios convencionalmente estabelecidos para se dizer o que é o Direito sustenta a hegemonia de uma dogmática criterialista, como expliquei no verbete correspondente. O problema é que o criterialismo traz consigo critérios que não são construídos a partir do chão linguístico da intersubjetividade, mas muitas vezes postos *ad hoc*, o que inviabiliza discussões outras fora desses critérios (im)postos.

É possível fazer a aproximação da dogmática criterialista com a denúncia feita por Luis Alberto Warat, enquadrando-a no senso comum teórico dos juristas. Ou podemos ir além e afirmar que o criterialismo é um produto desse sentido comum, que perpetua relações de linguagem e papéis sociais pré-estabelecidos entre os juristas, instrumentalizando o Direito ideologicamente para que este atenda um discurso específico, o dominante, não sendo mais um filtro para o controle de poder, mas uma mera ferramenta de sustentação do poder, agora ilimitado e tendo o mesmo discurso do senso comum como sustentáculo para sua perpetuação. Com isso, a dogmática jurídica acaba sendo uma espécie de ilusão coletiva da comunidade jurídica; é como se existisse uma instância superior que constrói os sentidos. E esses sentidos dirigem a nossa atividade no Direito.

Desse modo, a dogmática, como um "saber autônomo" que não funciona mais como um produto da democracia, mas, sim, como um produto do discurso do senso comum teórico, organiza o conhecimento jurídico oferecendo respostas antes das perguntas. Como afirma Nilo Bairros de Brum, todo o Direito Positivo é reconstruído teoricamente de forma a abranger todos os casos possíveis, eliminar todas as lacunas que possam conter o sistema legal. Como o instrumental dogmático é muito rico e a metodologia usada é a mais sem crítica possível, resulta que há tantos modelos jurídicos quantos sejam os ramos do Direito e os autores dogmáticos. O prestígio de cada modelo está na razão direta da autoridade de seu autor perante a comunidade jurídica. Assim, face ao grande efeito retórico de objetividade que a dogmática confere às decisões judiciais, somando-se a comodidade e a facilidade (discurso *prêt-à-porter*) que oferecem os argumentos prontos, muitos juízes preferem distorcer os fatos para que se adaptem às citações dogmáticas prestigiosas a produzirem suas próprias interpretações.[175]

---

175 Cf. BRUM, Nilo Bairros De. *Requisitos retóricos da sentença penal*. Porto Alegre: RT, 1980, p. 30, *passim*.

Uma questão que pode ser facilmente constatada no âmbito das práticas jurídicas e nas escolas de Direito: quando uma tese ou postura ou teoria dogmática é dominante, monopoliza o pensamento dos juristas de uma determinada área do Direito, tornando-se ineficaz qualquer tentativa de crítica. Veja-se o exemplo dos precedentes no Brasil. Por exemplo, uma tese criterialista que se tornou dominante é a que sustenta que os Tribunais Superiores são Cortes de Precedentes, podendo estabelecer enunciados (precedentes) para o futuro, para além do caso concreto. A dogmática se substitui ao próprio Direito. O mesmo ocorre com determinadas teorias criteriais, mormente no âmbito da jurisprudência defensiva, como a Súmula 7 do STJ, que cinde questão de fato de questão de Direito, na contramão do que sustenta a mais simples teoria filosófica.

Bairros de Brum acrescenta o exemplo da teoria dogmática do delito no âmbito do Direito Penal. Warat também falava desse ponto. Essa teoria está tão enraizada na mente dos penalistas, que, sem o auxílio dos elementos tipicidade, antijuridicidade e culpabilidade, não conseguem conceber o delito. Isso sem contar nas divisões em dolo normativo e dolo natural, dolo de dano e dolo de perigo, dolo de propósito e dolo de ímpeto, e, mais recentemente (no Brasil), a sustentação da existência de crimes sem vontade.[176]

A dogmática jurídica é condição de existência do Direito. Porém, não deveria impor os conceitos ao próprio Direito, criando um discurso autônomo, fabricando "decisões" sem casos, por meio de enunciados doutrinários-jurisprudenciais. Isso se dá de dois modos: o modo doutrinário pelo qual a dogmática cria conceituações no atacado e, de outo lado, a estipulação de conceitos no varejo, por meio de um conjunto de "fábricas" de conceitos pré-fabricados, como enunciados do Fórum Nacional dos Juízes Federais Criminais (FONACRIM), Escola Nacional de Formação e Aperfeiçoamento de Magistrados (ENFAM), Conselho de Justiça Federal (CJF) etc.

---

176 VIANA, Eduardo. *Dolo como compromisso cognitivo*. 1ª ed. São Paulo: Marcial Pons, 2017.

Isso se dá também no plano institucionalizado, por meio das teses nos Tribunais Superiores. O interessante ou inusitado nisso é que há momentos em que os próprios fóruns em que se produzem os enunciados corrigem ou revogam os enunciados anteriores. Como se fossem legisladores e pudessem produzir textos jurídicos para o futuro, tarefa reservada exclusivamente ao Poder Legislativo nas democracias contemporâneas. Vê-se, aí, o Direito sendo instrumentalizado por um poder em especial (o Judiciário) e deixando de ser um filtro de controle do poder para se tornar uma teoria discursiva de sustentação do próprio poder.

Parcela considerável da produção dogmática se refere à circulação e à "consumação" das verdades nas diversas práticas enunciativas da operacionalidade da doutrina. Na especificidade, o discurso dominante da dogmática "oferece" (põe à disposição) a enunciação e a escritura do (próprio) Direito, por meio da designação do conjunto das representações, crenças e ficções que influenciam, despercebidamente, os operadores do Direito. Exsurge como algo "naturalizado". Como se não fosse possível "fazer" dogmática de outro modo. Impõe o caminho único e o único caminho. É no "desperceber" que está a chave do sucesso. Assim, a dogmática jurídica traduz-se em uma paralinguagem, situada depois dos significantes e dos sistemas de significação dominantes, com a função sutil de estabelecer a "realidade" jurídica dominante. É o local dos "segredos", mas que possui "chaves à venda". As ficções da realidade se transformam na realidade das ficções e apenas os detentores dessa paralinguagem construída pela dogmática estão autorizados a divulgar esse discurso.

A dogmática se transformou em um "lugar plenipotenciário do Direito", produtora e produto ao mesmo tempo. A dogmática se assume paradoxal, porque é um discurso de poder sobre o qual não se pode especificar o ponto de partida – porque é, ao mesmo tempo, o ponto de chegada.

Os compêndios simplificadores, nesse contexto, reforçam o hábito dogmático e unidisciplinar, em contraposição à dimensão que a sociedade contemporânea exige da metodologia jurídica. A dogmática jurídica, nesse claro-escuro, contenta-se com o menos.

Na ausência de reflexão, não exerce o papel de constrangimento epistemológico, servindo apenas, salvo exceções, para sedimentar incoerências e equívocos criterialistas.

A dogmática jurídica independe de viés político para a sua sobrevivência. E isso não é difícil de comprovar. A dogmática atravessa governos da ditadura, da democracia, de governos de direita, de centro e de esquerda. E segue inabalável. A dogmática sobrevive assim porque ancorada em algo como a *Generalthesis* husserliana, bem trabalhada por G. Bornheim (há uma tríplice dimensão: gnosiológica, ontológica e axiológica – o resultado é um comportamento dogmático em um "mundo dado"; uma espécie de mito do dado).

Não surpreende, portanto, que a mesma juíza que decreta a preventiva de um furtador de desodorante rejeite a prisão de um detentor de um Porsche que acabara de matar uma pessoa. Os fundamentos são semelhantes ao que se usava há 30, 40 anos. As petições dos advogados são as mesmas há décadas, iniciando com "os fatos" para depois tratar "do Direito", como se questão de fato fosse distinta de questão de Direito ou existissem "fatos brutos".

Não surpreende que livros críticos sobre ensino jurídico e concursos públicos não enfrentem o problema central: a própria dogmática jurídica. Não surpreende também que a concepção de verdade dominante no processo civil e penal é *a adequatio intellectum et rei* (verdade correspondencial), imitando-reproduzindo um modelo descritivo-empirista de ciência.

Numa palavra final: importa salientar que uma crítica à dogmática jurídica não significa dizer que a dogmática jurídica seja despicienda. Warat sempre advertia: não há Direito sem dogmática. Mas a questão que se coloca é: *qual dogmática?* Qual é o arcabouço filosófico e teórico pela qual se constroem as condições para se dizer o Direito? Como caminhar para uma teoria mais zetética do que dogmática? E se aceitarmos a dogmática jurídica, ela não pode(ria) – ou melhor deve(ria) ser crítica? Afinal, como lembra Jacinto Coutinho, é a partir de uma dogmática jurídica consistente e crítica que se pode construir as condições para evitar – ou minimizar – os decisionismos e as discricionariedades. É por ela que devemos constranger, acrescento. Ademais, no plano da crítica que também não conseguiu superar as armadilhas da dogmática jurídica, importa (re)afirmar que essas trampas somente podem ser ultrapassadas por intermédio de uma crítica que leve em conta os paradigmas filosóficos. No Direito, não se pode dar respostas antes das perguntas, e a doutrina precisa voltar a doutrinar, mas é apenas com a clareza epistemológica dos lugares e fontes pelas quais estão se formando o discurso jurídico que se construirá uma teoria verdadeiramente adequada à complexidade do fenômeno jurídico.

Epistemologia jurídica

Do grego *episteme*, conhecimento, entendimento ou familiaridade, e *logos*, relato, argumento ou razão. "Epistemologia" pode ser traduzida como o estudo dos requisitos e condições necessários à produção do conhecimento. A epistemologia busca compreender a natureza e os fundamentos do conhecimento, oferecendo uma base teórica para a análise crítica das nossas crenças e da validade do conhecimento que possuímos. Trata-se da teoria filosófica do conhecimento. Por ela, examinamos as condições de possibilidade pelas quais algo que é dito sobre determinado fenômeno é ou não é. Mais simplesmente, pode-se dizer que é a filosofia da ciência. É o conhecimento pelo qual se pode dizer que aquilo que é apontado como ciência está adequado ou não.

Isto quer dizer que não é qualquer análise sobre um determinado objeto que se qualifica como "fazer epistemologia". O olhar epistemológico consiste em examinar se aquilo que foi analisado possui amparo ou fundamento científico ou não. Se um jurista faz uma análise de um dispositivo legal, não está fazendo, *stricto sensu*, epistemologia. O exame acerca *do que* ele examinou (e dos procedimentos que adotou para tanto) é que constituirá efetivamente uma análise epistemológica (se feita de forma adequada, é claro). Também não é qualquer meta-análise que será epistemologia.

É a disciplina à qual compete articular o que distingue investigação genuína da pseudoinvestigação, o que torna a pesquisa mais ou menos bem conduzida, a evidência mais forte ou mais fraca etc. É, em suma, a teoria filosófica do conhecimento.

Em sua forma contemporânea, podemos dizer que a epistemologia nasce no século XIX, como aprimoramento da teoria do conhecimento nascida na modernidade. Mas não esqueçamos que os gregos já faziam a distinção *doxa-episteme*. Ali está o embrião.

Grande parte das pesquisas recentes em epistemologia formal visa a compreender como nossos níveis de confiança são racionalmente restritos pela evidência disponível. Em todas essas instâncias, a epistemologia procura compreender um tipo ou outro de êxito cognitivo (ou, de maneira correspondente, falha cognitiva). Nossos desejos, esperanças e medos podem afetar nosso julgamento sobre a evidência, mas eles, em si mesmos, não são evidências.

A epistemologia é inimiga do viés de confirmação e de raciocínios teleológicos. Haack lembra que:

> um investigador sério procurará toda evidência que puder, e fará seu melhor para avaliar se ela garante esta conclusão ou aquela, ou se ela é insuficiente para garantir qualquer conclusão que seja.[177]

No entanto, alguém que já tenha uma conclusão desejada em mente e busque evidências para sustentá-la – enquanto procura maneiras de disfarçar ou refutar evidências em contrário – não está

---

177 HAACK, Susan. *Evidence Matters*: Science, Proof, and Truth in the Law. Cambridge: Cambridge University Press, 2014, p. 334.

verdadeiramente envolvido em uma investigação. Isso ocorre porque o desconhecimento do resultado faz parte do significado do próprio processo de "investigar".

Se epistemologia é condição de possibilidade, parece evidente que, em Direito, um juiz já estará equivocado na partida, ao dizer que primeiro decide e depois fundamenta. Bachelard diria que se está, nesse caso, diante de um obstáculo epistemológico. A dogmática jurídica sofre de um déficit epistemológico, mormente porque nela se confundem os dois níveis de discurso. Pensa-se que o primeiro nível, a análise de um fenômeno, já é "fazer epistemologia". Na verdade, um discurso epistemológico examinará se essa análise reúne condições científicas. Dir-se-á, então, "condições epistêmicas".

Portanto, a epistemologia jurídica não se resume a teorias da prova, tampouco a falar da valoração da prova – para ficar nesses tópicos. Epistemologia existirá se discutirmos as condições filosóficas que sustentam o que foi dito sobre valoração. A teoria é viável? O conceito de verdade não é contraditório? Por exemplo, quando se discute "prova", é epistemologicamente inconsistente dizer que o pesquisador acredita no *livre convencimento* e, ao mesmo tempo, assume o conceito de *verdade como correspondência*. Há paradigmas filosóficos que só uma análise epistêmica poderá detectar. Eis a diferença entre fazer um discurso de primeiro nível e um de segundo nível.

É nesse sentido que Henrique Abel[178] nos mostra que, com o fim do antigo Estado Social e a virada ontológico-linguística, surge uma lacuna epistemológica devido à inadequação do positivismo jurídico normativista e de outras formas de realismo jurídico aos novos paradigmas. Essas linhas não conseguem se adequar à simples compreensão de que o Direito nas sociedades democráticas necessariamente está subordinado aos princípios constitucionais, os quais

---

178 ABEL, Henrique. *Epistemologia jurídica e constitucionalismo contemporâneo*. Rio de Janeiro: Lumen Juris, 2022.

não incluem subjetivismos ou outras formas de opiniões pessoais dos envolvidos. Temos uma falência epistemológica do Direito diante da incapacidade de muitos agentes de se adequar aos novos paradigmas como o fato de que o Direito deve ser visto de maneira coerente e íntegra. Assim, deve-se entender que há epistemologia em tudo. Fazer epistemologia não é uma escolha; é uma necessidade.

No fundo, a epistemologia funciona como uma desleitura do discurso de primeiro nível ou até mesmo de segundo nível. Haack assinala que precisamos considerar as fontes da nossa evidência e a possibilidade de que ela tenha sido empobrecida ou distorcida ao ser transmitida, distinguindo bem o que seria investigação malconduzida – e realizando esforços de boa-fé para descobrir a verdade. Os conceitos podem estar poluídos. E o trabalho do epistemólogo é fazer esse desbastamento, essa limpeza dos ruídos que obnubilam o correto/adequado sentido.

Bachelard[179] enfatizava a superação de obstáculos como parte intrínseca da formação do espírito científico. A necessidade de critérios, princípios e uma epistemologia sólida no campo jurídico é tão central quanto nas demais ciências, para evitar distorções e decisões baseadas em premissas inadequadas. Em última análise, tal como nas ciências ditas "naturais", a relevância de uma abordagem epistemológica cuidadosa na busca pela verdade e na construção de conhecimento também é central no Direito. Tal como a ciência evolutiva de Darwin superou o lamarckismo, e tal como o heliocentrismo superou o geocentrismo, alguns conceitos jurídicos estão há muito superados. Consequentemente, usá-los como referência faz com que o "conhecimento" produzido seja falso. Discursos eficientistas, discursos que dizem que a lei é o que os juízes dizem que ela é, que os juízes devem decidir conforme a sua consciência, ou que princípios são regras, estão tão epistemologicamente atrasados no Direito como o geocentrismo está na ciência. Se um cientista

179 BACHELARD, Gáston. *Epistemologia*. Rio de Janeiro: Zahar, 1983.

for estruturar a sua pesquisa por meio de tais pressupostos, a sua pesquisa já nasce equivocada. É preciso – como apontou Bachelard há décadas – que vários tipos de obstáculos sejam superados e deixados no caminho. É preciso que a academia jurídica denuncie e constranja esse tipo de conteúdo alicerçado em premissas falsas. O Direito próprio do Constitucionalismo Contemporâneo constitui um fenômeno interpretativo e democrático orientado pela centralidade normativa e principiológica da Constituição. Tentativas de construir uma teoria que fuja de tais pressupostos básicos já nascem, assim, fadadas ao fracasso.

Disso exsurge a pergunta: há compatibilidade entre epistemologia e hermenêutica (ou, no caso, com o que chamo de Crítica Hermenêutica do Direito)? De todo modo, se é verdade que hermenêutica e epistemologia são coisas distintas, a questão crucial consiste na compreensão de que nenhuma epistemologia jurídica, compatível com o estatuto atual da filosofia da linguagem, pode ignorar que a hermenêutica possui *implicações epistêmicas* inafastáveis.

A consequência disso é que, nesta quadra da história, a epistemologia não pode ter a pretensão de se estabelecer como *elemento construtor do próprio conhecimento* (ou seja, do mundo compartilhado na pré-compreensão). Como já expliquei anteriormente, é por isso que não se pode confundir hermenêutica jurídica com quaisquer "teorias da argumentação" no Direito, nem com técnicas, métodos ou cânones de interpretação – na medida em que estes são procedimentos discursivos que vão se formando numa sucessão de explicitações que nunca se esgotam e que cuidam de outra racionalidade, a qual diz respeito ao discurso.[180]

Dito de outro modo: não é possível construir metamétodos ou metacritérios capazes de substituir o processo de compreensão. Esse

---

180 A hermenêutica não diz respeito ao campo dos argumentos *logicamente concludentes*. No entanto, hermenêutica e retórica têm como espaço comum o terreno dos argumentos *persuasivos*.

Grundmethode não existe. Isso porque o sentido é um existencial e não uma propriedade "colada" sobre o ente ou colocada atrás deste (ou que habita alguma espécie de "reino intermediário"). Afinal, *compreensão* e *aplicação* não acontecem em etapas: elas *coincidem*.

Uma epistemologia jurídica adequada ao Constitucionalismo Contemporâneo precisa, assim, trabalhar com uma ideia de "engenharia reversa" em duas frentes distintas: primeiro, precisa se adequar a um paradigma filosófico já muito bem estabelecido (evitando paradigmas incompatíveis com o Direito ou contraditórios entre si – por exemplo, subjetivismo e adequacionismo), qual seja, o *status* atual da filosofia hermenêutica pós-*linguistic turn*. Em segundo lugar, precisa se mostrar perfeitamente compatível com um paradigma político-jurídico igualmente bem estabelecido: o *Estado Democrático de Direito*. E nisso, evidentemente, o Direito estará na dependência de outras disciplinas e áreas do conhecimento. É o que denomino de Teoria da Dependência Epistemológica do Direito. Basta fazer um simples teste: os conceitos de verdade, valor, boa-fé, para falar apenas destes, pertencem a outras áreas do conhecimento humano.

Isso ocorre porque o Direito, embora não seja uma realidade "natural", é não obstante uma *realidade institucional* – que não possui objetividade ontológica propriamente dita (na medida em que depende do reconhecimento externo para existir), mas que efetivamente possui objetividade tanto epistemológica quanto normativa. É por isso que qualquer novo projeto de epistemologia jurídica não pode partir de um "grau zero de sentido": porque ela está chegando atrasada em relação a outras mudanças paradigmáticas no Direito e na Filosofia.

Se há uma lacuna na epistemologia jurídica, isso não muda o fato de que os paradigmas contemporâneos hermenêutico-filosófico e político-jurídico já estão aqui, muito bem estabelecidos – sendo que estes não podem ser ignorados, contornados ou relativizados por uma teoria epistemológica (a menos que se queira criar uma epistemologia jurídica puramente abstrata, concebida apenas como exercício teorético, direcionada a um ordenamento jurídico hipotético ou fictício). É por isso que os fundamentos de uma epistemologia jurídica contemporânea necessariamente se encontrarão tanto na principiologia normativa do Estado Democrático de Direito quanto nas implicações ontológico-epistêmicas da hermenêutica jurídica.[181]

Por fim, é necessário falar dos neologismos incorporados ao estudo da epistemologia. Entre eles está o termo "epistemicídio", cunhado por Boaventura de Sousa Santos para se referir a um fenômeno geopolítico de larga escala, qual seja, a destruição de formas de conhecimentos e culturas não assimiladas pelo imperialismo ocidental – aquilo que Enrique Dussel chamava de "ocultamento" do outro: o ato imperialista/colonialista de calar a voz dos oprimidos e de negar a alteridade.

Há sérias dúvidas sobre o acerto e a possibilidade de se construir um conceito regional de epistemologia. Há, sim, uma grande utilidade retórica no seu uso. O problema reside no fato de que se mostra inadequado utilizar o termo epistemologia como se fosse sinônimo de "local de fala", "direito de fala", "diversidade cultural" ou "modo de ser/viver". Isso se dá porque a cultura de um determinado povo é um elemento *sociológico e antropológico* do mundo fático, enquanto a epistemologia é um campo de estudos *dentro da filosofia* que se debruça sobre as possibilidades, condições e limites do conhecimento humano. Sobre isso, Popper chega a afirmar que

181 "Esta é uma diretriz que deve ser observada em nossos esforços: na medida em que o positivismo normativista kelseniano apostava fortemente no *relativismo epistemológico*, seria razoável estabelecermos que qualquer projeto para uma ciência do Direito pós-positivista, por uma questão de coerência, não poderá fazer o mesmo. Deverá, pelo contrário, orientar-se para a direção *oposta*" (ABEL, Henrique. *Epistemologia jurídica e constitucionalismo contemporâneo*. Rio de Janeiro: Lumen Juris, 2022, p. 247).

"os problemas da teoria do conhecimento formam o verdadeiro coração da filosofia".[182]

O equívoco, por óbvio, não está na defesa da alteridade e no combate ao colonialismo e ao imperialismo – bandeiras civilizatórias indiscutivelmente positivas. O problema é, em nome de tais lutas, *banalizar a própria ideia de epistemologia* – tão fundamental para assegurar justamente as condições intelectuais de articulação de ideias corretas e verdadeiras contra afirmações falsas e incorretas, que alimentam perigosos e variados negacionismos.

Um problema semelhante pode ser identificado em certas pretensões sociológicas de construção de epistemologias locais ou identitárias. Novamente, não se trata aqui de entrar no mérito das bandeiras emancipatórias defendidas por tais projetos – que, no mais das vezes, são absolutamente justas e pertinentes. Trata-se tão somente de lembrar, uma vez mais, que a epistemologia se dá necessariamente no âmbito da filosofia – e que a filosofia é, desde os seus primórdios, um empreendimento de caráter *universalista*.[183]

---

182 POPPER, Karl. *Lógica das Ciências Sociais*. Brasília: Universidade de Brasília, 1978, p. 95.

183 Inclusive, em um sentido filosófico-hermenêutico, poderíamos dizer que a verdadeira representatividade implica justamente o reconhecimento ao pertencimento – ou seja, na efetiva integração, entre iguais, em um diálogo maior que se universaliza no tempo e no espaço (qual seja, a filosofia como um empreendimento intelectual coletivo), e não no mero "direito" de livre criação de "epistemologias" limitadas por fatores geográficos, políticos ou sociais. Vale observar: não se trata de negar a existência de saberes locais (um dado antropológico), tampouco o fato de que a epistemologia (assim como a ciência, a arte, o Direito, a religião e a ética) sofre influências de contextos culturais em diferentes épocas e lugares. Temos isto como claro e incontroverso. A questão não é negar essas origens e influências, mas, sim, os limites de pretensas instrumentalizações desses produtos culturais. Pergunta-se: se não parece razoável buscar uma ciência, religião ou ética de "validade limitada", válida(s) apenas para um determinado povo ou local, por que seria razoável conceber uma epistemologia em tais moldes antiuniversalistas? Aqui, é fundamental ter em mente que, para que seja efetivamente

Veja-se que a inadequação dos conceitos pode nos levar a usos progressivamente mais excêntricos e aleatórios. Se Boaventura utiliza o termo "epistemicídio" para designar fenômenos sociais de maior escala (e, como já dissemos, mesmo nestes casos parece que não existe aí um conceito realmente sólido), alguns autores, a partir da terminologia de Boaventura, têm utilizado o referido neologismo para designar ocorrências das mais diversas. Nessa descontrolada espiral de esvaziamento conceitual, poderíamos falar em "epistemicídio" até para rotular a mera *desqualificação habitual do conhecimento alheio*.[184]

O que se busca, assim, não é uma teoria epistemológica preocupada com a fantasia de explicar os limites do conhecimento jurídico em qualquer lugar ou época, mas, sim, uma teoria do conhecimento que, sem ignorar as implicações ontológicas e hermenêuticas da virada linguística do século XX, venha a contribuir para as condições de coerência e integridade do Direito no contexto específico do Constitucionalismo Contemporâneo, que atua aqui como elemento político-jurídico pré-existente, o qual não admite relativizações.

Outro conceito que gera controvérsia é o de "injustiça epistêmica", utilizado no Direito, principalmente no campo probatório.

---

possível discutir a heterogeneidade cultural e a dissensão normativa, em termos comparativos e em nível global, uma *racionalidade universalista subjacente* se apresenta como *condição de possibilidade*. Sobre isso, ver: GEERTZ, Clifford. *O saber local*: novos ensaios em antropologia interpretativa. 13ª ed. Petrópolis: Vozes, 2013.

184 "Para Sueli Carneiro, o conceito de epistemicídio é útil para debatermos sobre as desqualificações constantes atribuídas as/aos sujeitas/os afro-brasileiras/os e seus conhecimentos. Como consequência, certos cânones e identidades se cristalizam como hegemônicos e viáveis" (PASSOS, Maria Clara Araújo dos; PINHEIRO, Bárbara Carine Soares. "Do epistemicídio à insurgência: o currículo decolonial da Escola Afro-Brasileira Maria Felipa (2018-2020)". *Cadernos de Gênero e Diversidade*, vol. 7, nº 1, jan./mar. 2021).

O problema é que falar em "injustiça epistêmica"[185] acarreta uma confusão entre epistemologia e *Direito Probatório* – e entre epistemologia e dogmática jurídica. Não se discute, por óbvio, que a epistemologia jurídica possui implicações para a valoração das provas no contexto processual. O que importa, aqui, é que a epistemologia do Direito (ao trabalhar no plano teórico com as possibilidades, condições e limites do conhecimento jurídico) vai muito além do mero Direito Probatório.[186]

Para que se possa falar em "injustiça", em um sentido estrito, precisamos estar diante de um problema moral – na medida em que é a filosofia moral (que sofrerá um exame epistemológico em segundo momento) que trabalha com a chave justo/injusto. O problema moral do justo ou injusto é um discurso de primeiro nível acerca de um determinado fenômeno. Se tais conceitos são bem utilizados ou não em um caso específico – aí, sim, estaremos diante da tarefa da epistemologia.

Utilizada no Brasil, a ideia de "injustiça epistêmica" foi estabelecida pela autora Miranda Fricker em sua obra *Epistemic Injustice: Power and the Ethics of Knowing*, lançada em 2007 e com recente edição nacional. Penso que seria muito oportuno que os juristas e aplicadores do Direito no Brasil procedessem a uma leitura minuciosa

---

185 Cf. MATIDA, Janaina. "Limite penal preciso superar injustiças epistêmicas na prova testemunhal". *Conjur*, 22 mai. 2020. Disponível em: https://www.conjur.com.br/2020-mai-22/limite-penal-preciso-superar-injusticas-epistemicas-prova-testemunhal/\. Acessado em: 17.02.2024.

186 "Em última análise, estes problemas ("o que é o conhecimento?"; "como podemos ter qualquer conhecimento válido sobre qualquer coisa?"; "qual é a diferença entre apenas pensar que uma coisa é correta e entre realmente saber que é?") são objeto de estudo e análise de um ramo milenar da filosofia, que vem justamente a ser a epistemologia, termo cuja raiz etimológica combina as palavras gregas *episteme*, que significa conhecimento, e o sufixo derivado de *logos* (discurso)" (ABEL, Henrique. *Epistemologia jurídica e constitucionalismo contemporâneo*. Rio de Janeiro: Lumen Juris, 2022, p. 17).

desta "obra-fonte" antes de absorver os conceitos ali expostos – até para evitar uma "importação" inadequada de ideias. Isso porque, em sua obra, Fricker demonstra uma pretensão (para fins de trabalhar com epistemologia enquanto campo da filosofia) bem mais modesta do que se poderia imaginar apenas pela leitura do título do livro.

Isso ocorre, primeiro, porque ela explica que o seu objetivo maior é promover uma *aproximação da ética com a epistemologia* – ou seja, trata-se, segundo a autora, de um argumento de *ética*, ainda que com pretensão de implicações epistemológicas. Segundo, porque a própria autora afirma, com todas as letras, que "*este livro não é nem diretamente uma obra de ética nem diretamente uma obra de epistemologia: em vez disso, redefine um trecho da fronteira entre ambas as regiões da filosofia*". Ou seja: não se trata de uma obra de epistemologia propriamente dita, mas, sim, de *um argumento sobre as relações entre ética e epistemologia* sob a perspectiva da produção de injustiças sociais de diferentes tipos.

Aqui, se faz oportuna uma ressalva importante: epistemologia é sempre *um discurso sobre o discurso*, que não se confunde com *o próprio discurso*. Dessa forma, ética e epistemologia não estão no mesmo nível discursivo – a *metaética*, sim. Qualquer aproximação entre ética e epistemologia que se pretenda filosoficamente bem fundamentada não deve ignorar esse ponto.

Sendo mais simples, fazer análise sobre o Direito é fazer dogmática jurídica. Essa análise não é epistemologia, que é o discurso acerca do discurso sobre o Direito. Não fosse assim, epistemologia seria nada mais do que qualquer análise que alguém faça. E esse é um problema que atravessa parte da doutrina brasileira que fala em "epistemologia". Por vezes, confunde os níveis discursivos.

Quanto a Fricker, embora defina o seu argumento como uma construção situada nas "fronteiras" entre a ética e a epistemologia, observo que as ideias desenvolvidas por ela se assemelham mais a uma análise ético-sociológica, na medida em que as observações de natureza sociológica se mostram muito mais proeminentes, em seu argumento, do que construções epistemológicas propriamente ditas. Difícil entender de forma diversa, uma vez que a própria autora destaca que devemos adotar "*como ponto de partida a concepção socialmente situada*". O primeiro capítulo da obra é especialmente dedicado ao desenvolvimento do conceito de *poder social*.[187]

Por óbvio, existem injustiças de todos os tipos no mundo prático dos fatos sociais: injustiça testemunhal, injustiça na apreciação de fato, injustiças que decorrem de juízos de valor sobre determinadas alegações etc. Todavia: epistemologia implica proceder com uma análise acerca das condições por meio das quais os discursos que falam sobre injustiça estão ou não *adequados a determinados postulados prévios da teoria do conhecimento* – e se eles são *coerentes* dentro de tal sistemática. Daí a crítica à inadequação da terminologia "injustiça epistêmica" enquanto conceito filosófico propriamente dito, que seja realmente dotado de substância (sem prejuízo do fato de que a expressão possa ter valor argumentativo na forma de mera figura de linguagem).

Outra questão problemática que se identifica na obra de Fricker, para fins de epistemologia jurídica, reside na grande quantidade de novos conceitos que ela introduz em seu texto, os quais surgem ao longo da obra desacompanhados de um desenvolvimento mais

187 A autora afirma: "de qualquer forma, o que foi explorado aqui é uma área da ética de primeira ordem da prática epistêmica. Penso que a própria ideia de que existe uma ética de primeira ordem da prática epistêmica indica uma maneira viável pela qual nossas discussões filosóficas sobre o que é preciso para ser um conhecedor poderiam ser mais apropriadas para refletir o fato de que a condição humana é, necessariamente, uma condição socialmente situada" (FRICKER, Miranda. *Injustiça Epistêmica*: o poder e a ética do conhecimento. São Paulo: Edusp, 2023, p. 282). O conceito de Fricker parece descrever não uma "área de fronteira entre ética e epistemologia", mas, sim, entre *sociologia e ética*. As implicações dessa leitura em processos de tomada de decisões podem, com certeza, ser objeto de leitura crítica pela epistemologia – *que não se confunde com a análise ética ou sociológica que denuncia a eventual injustiça de tais processos decisórios*.

substancial. Veja-se que a autora fala não somente no neologismo da "injustiça epistêmica", mas também em "*interações epistêmicas*", "*prática epistêmica*", "*relações epistêmicas*", "*confiança epistêmica*", "*desvantagem epistêmica injusta*", "*injustiça hermenêutica*", "*recursos hermenêuticos coletivos*", "*economia da credibilidade*", "*epistemologia das virtudes*" etc., a ponto de banalizar aquilo que se entende, na filosofia, por epistemologia. A toda evidência, a quantidade de conceitos inovatórios apresentados ao longo do livro demandaria algo como um "Dicionário de Injustiça Epistêmica" à parte.

De novo: não há problema no uso eventual de expressões desse tipo, na forma de figuras de linguagem, para fins persuasivos de retórica (por exemplo, para defender um determinado argumento de ética ou moralidade, ou em *prol* de melhores políticas públicas ou de mudanças na prestação jurisdicional). O problema é adotar tais neologismos como conceitos filosóficos estabelecidos, de forma irrefletida ou automatizada, e achar que isso seria "epistemologia jurídica".

Não é possível, em filosofia, estabelecer conceitos pretensamente filosóficos "autofundantes", legitimados em si mesmos tão somente por conta de sua própria eventual utilidade retórica e/ou política. Ou, dito de outra maneira: não existe conceito filosófico propriamente dito que não dialoga – seja afirmativamente, seja criticamente – com a tradição filosófica. Um conceito de filosofia jurídica não se sustenta apenas por ser "*sexy*" ou "*cathcy*".

Em outras palavras: já não haverá uma "injustiça epistêmica" na hipótese de alguém ser condenado com base na livre apreciação da prova? Isso não é anterior aos próprios mecanismos ou métodos utilizados pelo juiz? Não estará, ali, um problema epistemológico primordial? De que servirá a discussão acerca da valoração da prova se esta é feita a partir do livre convencimento ou livre apreciação? De outra banda, se o Tribunal diz que o Direito é o que o Judiciário diz que é (realismo), a "injustiça epistêmica" não estará exatamente no uso de uma tese ceticista – que é o realismo? E que esse é o ponto fulcral das injustiças jurídicas cometidas cotidianamente?

E quando o Tribunal deixa de aplicar um precedente, sob o pretexto de que se trata de um precedente "meramente" persuasivo", não estará aí um déficit epistemológico de dimensão maior que o discurso de primeiro nível que denuncia eventual defeito no modo de valoração da prova?

Na mesma linha, em um sentido amplo, podemos rotular como "injusta" uma ação/decisão que viola uma norma jurídica e seria mais precisamente definida como antijurídica (ou, eventualmente, ilegal), sendo apenas secundariamente "injusta" (a ação/decisão é dita injusta porque atropela o Direito, que aqui se presume justo – sem ignorarmos, é claro, as bem conhecidas tensões entre Direito e justiça).

Com efeito, uma valoração inadequada de um elemento de prova, no contexto processual, pode constituir uma injustiça – seja porque passa por cima de alguma expectativa moral razoável, seja porque não observa critérios estabelecidos pela lei, pela melhor doutrina ou pela tradição construída pela historicidade. Mas uma valoração inadequada da prova, caso injusta, será injusta precisamente porque colide com *um elemento moral ou jurídico* – e jamais por violar algum *pressuposto epistêmico*! Também será por violar a análise epistemológica, como, no caso, o uso inadequado do conceito de "valores" (termo com um conceito específico, confundido cotidianamente com qualquer juízo moral – nesse sentido, remeto ao verbete "Valores", no *Dicionário de Hermenêutica*). É por isso que é uma impropriedade falar em "injustiça epistêmica": porque a justiça *não é uma categoria da filosofia do conhecimento*,[188] e,

188 "É preciso distinguir dois sentidos para esse termo. No primeiro, a epistemologia designa a teoria do conhecimento, isto é, a análise dos modos de conhecimento ou gnosiologia. Nos Estados Unidos, onde esse sentido é amplamente dominante, a epistemologia se distingue da filosofia das

sim, da filosofia moral. Seria como se alguém cometesse um erro de cálculo numa equação e o equívoco fosse denunciado como sendo uma "injustiça matemática"!

Na verdade, criticar eventuais desacertos, incompreensões ou equívocos de natureza epistemológica valendo-se de termos como "justo" ou "injusto" implica fazer *julgamentos morais disfarçados de epistemologia jurídica*. Por melhor que sejam as intenções subjetivas por trás das críticas, parece evidente que esse tipo de postura banaliza e fragiliza a epistemologia do Direito, na medida em que o termo passa a ser usado como mera "palavra de impacto", esvaziada de toda a sua autêntica substância filosófica.[189]

De todo modo, o uso retórico do conceito pode trazer benefícios na argumentação jurídica, melhorando até mesmo a qualidade das decisões judiciais. Todavia, nisso pode estar, em um segundo momento, um problema epistemológico.

No Direito, o que precisamos não é apenas uma teoria epistemológica focada centralmente em evidências e sua avaliação (embora possa, com certeza, usar outras palavras, como "dados", "razões" ou "informações"), mas também uma teoria epistemológica detalhada o

---

ciências. Na França, ao contrário, a epistemologia designa, de modo geral, a filosofia das ciências" (DORTIER, Jean-François. *Dicionário de Ciências Humanas*. São Paulo: WMF Martins Fontes, 2010, p. 171).

189 "O discurso científico assenta sua autoridade não sobre a violência, a força ou a arbitrariedade, mas, sim, sobre a sua capacidade de se firmar como um instrumento de poder em virtude de seus próprios méritos enquanto narrativa explicativa qualificada, em determinado lugar e época. Em outras palavras: o discurso científico, qualificado e sistemático, se firma como um instrumento de poder legítimo, apto a interditar abusos de outros poderes (político, judiciário, econômico, midiático, religioso, maiorias de ocasião etc.). É por isso que uma ciência jurídica desprovida de fundamentos epistemológicos claros não consegue se impor como instrumento de limitação e interdição do poder – o que leva, em última instância, à sua captura por outros discursos" (ABEL, Henrique. *Epistemologia jurídica e constitucionalismo contemporâneo*. Rio de Janeiro: Lumen Juris, 2022, pp. 250/251).

suficiente para obter uma compreensão séria de questões específicas relacionadas à legalidade levantadas por procedimentos probatórios na lei; e, é claro, uma verdadeira teoria epistemológica.[190] Epistemologia jurídica não se resume à teoria da prova! Uma prova produzida mediante violação de direitos fundamentais, por exemplo, possui uma falha jurídica que contraria bases ainda mais fundamentais do Direito contemporâneo.

Tão complexa é a relação "Direito-epistemologia" que o maior déficit epistemológico reside justamente no conceito de positivismo jurídico. Praticar realismo jurídico (jurisprudencialização do Direito) sem se dar conta de que se trata de uma teoria cética (e positivista) é um déficit epistemológico imensurável.

Gloeckner, Khaled Jr. e Divan[191] denunciam outras formas de manifestações epistemicamente equivocadas por meio de crítica a um discurso eficientista – que tem sido tendência no mundo do Direito Penal. Os autores apontam que muitas teses abordadas no Judiciário e em manuais favorecem um discurso eficientista travestido sinteticamente de um fator auditável de segurança decisional e/ou de correspondências que simulam um rigor racional e científico para ocultar resquícios ideológicos que informam critérios antidemocráticos. Uma prova pode ser produzida a qualquer custo? Não existem coisas anteriores e mais importantes do que isso no Direito?

Os autores também apontam, corretamente, que premissas alicerçadas na tradição racionalista da prova estão repletas de categorias simplificadoras que desconsideram a complexa fenomenologia do processo penal, como as garantias e direitos fundamentais, e

---

190 HAACK, Susan. *Evidence Matters*: Science, Proof, and Truth in the Law. Cambridge: Cambridge University Press, 2014.

191 GLOECKNER, Ricardo Jacobsen; KHALED JR., Salah H.; DIVAN, Gabriel. "Verdade, processo penal e epistemologia: da pretensa fundamentação filosófica aos efeitos jurídicos e políticos da adoção de premissas racionalistas". *Revista Brasileira de Ciências Criminais*, vol. 199, ano 31, nov./dez. 2023, pp. 73-107.

terminam por facilitar arroubos de autoritarismos no âmbito das práticas judiciais brasileiras da história recente. Foi o que ocorreu nos claros exemplos da Lava Jato, em que um discurso jurídico de pretenso combate à corrupção fez com que vários "juristas" produzissem uma infinitude de conteúdos que justificariam várias decisões em desconformidade com a Constituição, como conduções coercitivas fora dos critérios legais, escutas ilegais em autoridades, vazamentos seletivos – isto para falarmos apenas de um exemplo mais notório e nacionalmente conhecido. Arroubos autoritários e epistemologicamente fracassados causam perdas irreparáveis, todos os dias, para várias pessoas que buscam acesso à Justiça, concluem.

Numa palavra final, urge que façamos um aprofundamento conceitual no debate jurídico nacional sobre o uso do conceito de epistemologia jurídica. Corre-se o risco de, em breve, depararmo-nos com cursos de "epistemologia jurídica" sem tratar de epistemologia. E com usos da expressão sem relação com o conceito.

Também parece razoável prever que a recente tradução da obra da Miranda Fricker em solo nacional irá fomentar, entre ativistas dos mais variados tipos, uma apropriação entusiástica de muitas terminologias (substancialmente frágeis) introduzidas por ela no livro. Talvez nem a própria autora tenha pensado nos múltiplos usos possíveis de suas teses.

Ponderação

Ao contrário do que se diz, ponderação não é método de interpretação, tampouco é um princípio. O conceito vem da antiga Prússia, representando "sopesamento" entre fins e meios. "Não se deve usar um canhão para matar um pardal" é um adágio bem representativo. Mais tarde, o termo foi usado por Philipe Heck na sua Jurisprudência dos Interesses (a palavra em alemão é *Abwägung*). No meu *Dicionário de Hermenêutica*, há o verbete que trata da expressão.

Na segunda metade do século XX, a ideia de ponderação ressurgiu por meio de Robert Alexy. Em sua obra *Teoria dos Direitos Fundamentais*, Alexy recepciona a distinção dworkiniana entre *regras* e *princípios*. A ponderação opera, em Alexy, como uma ferramenta para resolver casos que envolvam aquilo que o autor denomina de "choque/colisão de princípios". Para ele, nenhum princípio teria importância ou precedência absoluta sobre outros princípios, sendo que apenas a aplicação de um procedimento metodológico de ponderação teria o condão de justificar racionalmente o afastamento da aplicação de um princípio jurídico em favor de outro(s). Assim, a hierarquização apriorística dos princípios jurídicos seria impossível, mas o "conflito" de princípios em um caso concreto poderia ser resolvido mediante uma operação metodológica de "cálculo" do "peso" dos princípios colidentes no caso em exame.

Ponderação, portanto, não é um princípio. Ela é um modo de chegar a uma regra. A resposta obtida pela ponderação resultará numa norma de Direito fundamental atribuída (*zugeordnete Grundrechtnorm*), uma regra que deverá ser aplicada subsuntivamente ao caso concreto e que também servirá para resolver outros casos.

Não é meu objetivo, aqui, proceder a uma crítica mais extensa aos problemas da teoria alexyana – aos interessados, remeto ao que já escrevi sobre o tema no *Dicionário de Hermenêutica* e em *Jurisdição Constitucional*. De forma sintética, cabe apenas lembrar que a fundamentação, no Direito, não é um problema de metodologia ou de procedimento argumentativo, na medida em que hermenêutica não é um método. Pode até lançar mão de "métodos", mas ela mesmo não o é. Dessa forma, o processo de compreensão nunca pode ser confundido com a fundamentação das regras do discurso, confusão que salta aos olhos na teoria discursiva de Alexy. Tal postura, em última instância, busca uma matematização do discurso por meio do procedimento e, por isso, acaba por repristinar o velho sonho dos neopositivistas lógicos de construir uma rigorosa e artificial linguagem que pudesse dar conta do *factum* social em sua totalidade.

Sem prejuízo das críticas no plano teórico, é forçoso reconhecer que os conceitos alexyanos vêm sendo amplamente maltratados no âmbito da dogmática jurídica, nas salas de aula e na jurisprudência. O exemplo acerca do uso equivocado pode ser ilustrado a partir do recente caso RE 1.235.340/SC, julgado em 2023, que tratou da prisão imediata no Tribunal do Júri. O Ministro Roberto Barroso foi o relator. O que era um *easy case*, tornou-se um *hard case* e, no entanto, com o seu voto, transformou-se em um *tragic case*.

Explicando: o Superior Tribunal de Justiça assegurou a um determinado réu, condenado em processo de júri, o direito de recorrer em liberdade, tudo com base em jurisprudência vinculante do Supremo Tribunal Federal – ADCs 43 e 44 (lembro que qualquer decisão resultante de ADC, ADI e ADPF é vinculante; em caso de desobediência, cabe Reclamação). Em seu voto, o Ministro Barroso sustentou que a soberania do Júri prevalece sobre a presunção de inocência, ignorando o precedente das ADCs 43 e 44.

Houve, na hipótese, um manejo inadequado das teorias que tratam dos princípios. Nesse caso específico, para o Ministro Barroso, os julgamentos do Júri são "soberanos", dispensando a obrigatoriedade do duplo grau de jurisdição, por opção explícita do constituinte originário.

Para ele, a presunção, por ser princípio e não regra – e aqui começa o problema – pode ser "aplicada com maior ou menor intensidade, quando ponderada com outros princípios ou bens jurídicos constitucionais colidentes". Assim, para o ministro, não haveria que se falar em violação da presunção de inocência com o imediato cumprimento de pena de réu condenado pelo Júri. Também faz uma interpretação conforme à Constituição da Lei n. 13.964/19, sobre a qual falarei na sequência.

Assim, no voto, Barroso diz que é necessário ponderar o princípio da presunção de inocência e, como tal, pode ser aplicado "com maior ou menor intensidade, quando ponderada com outros princípios ou bens jurídicos constitucionais colidentes" com a soberania dos veredictos, de modo a dar prevalência a este último fundado, inclusive, na função do Direito Penal de proteção de bens jurídicos, *in casu*, da vida humana. Veja-se como aparece a "ponderação". Com isso, para além da mera discussão de limitação da quantidade de pena necessária para execução imediata das decisões tomadas em plenário, compreende também que inexiste sequer necessidade de observância de qualquer delimitador de pena.

O voto desnuda um problema da dogmática jurídica, que insiste em "ponderar" a milhas de distância do que disse Alexy.

De pronto, vale registrar que o caráter vinculante das ADCs 43 e 44 exige a vinculação do julgador ao seu resultado como uma condição *prima facie* – o que se afirma, inclusive, com apoio na Teoria da Argumentação de Alexy. Se fosse seguida a doutrina de Alexy, prevaleceria o resultado da ADC 44. Aliás, quando existe um precedente, Alexy diz que tem de ser aplicado. Portanto, aqui já estaria resolvido o problema. Ademais, se o ministro fizesse mesmo a ponderação – se fosse o caso, é claro –, o resultado seria outro.

O ônus da argumentação, em qualquer situação de ponderação, é peça chave da metodologia alexyana. Quando alguém fala em ponderação, não pode simplesmente dizer, em poucas linhas, que um princípio prevalece ou tem mais peso que outro. Alexy nunca disse isso. Se o ministro pretendia falar sobre proporcionalidade em sentido estrito, teria que adentrar na Fórmula Peso (para fazer ponderação, necessariamente tem de passar por ela). Mas ele não o fez. Mais grave ainda: nem sequer passou pelas fases anteriores. Logo, não poderia afirmar (dentro da lógica da ponderação) que o princípio da presunção da inocência "cede" a qualquer outro princípio. No caso concreto, se quisermos ser fiéis a Alexy, por um juízo de adequação é possível afirmar que o meio utilizado (prisão após decisão do Tribunal) é capaz de realizar o fim almejado (efetividade da persecução penal).

Ademais, por um teste de necessidade, haveria outro meio menos invasivo à liberdade do acusado, a exemplo do uso de dispositivos eletrônicos como a tornozeleira. Em termos da proporcionalidade (observe-se a complexidade: proporcionalidade, aqui, não é a proporcionalidade em sentido estrito no interior da qual se faz ponderação) de Alexy, as duas primeiras etapas não foram devidamente contempladas e justificadas pelo ministro para serem afastadas, o que evitaria se falar na ponderação em sentido estrito.

Porém, na medida em que ponderar se tornou uma "exigência", especialmente na prática cotidiana das cortes superiores, resta avaliar o equívoco também, nessa terceira etapa, para aplicação da proporcionalidade. Para tanto, em termos da teoria alexyana, existem duas leis que conduzem a ponderação.

A primeira: quanto maior o grau de intensidade de intervenção em um princípio Pi, maior deve ser o grau de importância de realização do outro princípio Pj.

A segunda: quanto mais pesada for uma interferência em um direito fundamental, maior deve ser a certeza das premissas que a justificam. Vale lembrar que a tormentosa Fórmula Peso refinada tem a sua base formal a partir dessas duas leis. Ilustrativamente:

$$Pi,j = \frac{P_i \cdot l_i \cdot R_i^e \cdot R_i^n}{P_j \cdot l_j \cdot R_j^e \cdot R_j^n}$$

Numa dimensão avaliativa, seria difícil – senão impossível – alguém negar a intervenção grave que a liberdade sofre quando a pessoa é conduzida à prisão. Naquele ato, o cidadão perde a sua liberdade. Para fins de clareza, há uma necessária sobreposição entre liberdade e presunção de inocência, ao ponto que ambos os direitos assumem a mesma identidade na ponderação. Isso porque Alexy vai falar da dificuldade em definir com mais precisão os direitos ponderados em determinados casos, razão pela qual um dos direitos considerados é representativo do outro. De outro lado, a soberania dos vereditos deve ser considerada. Deixar de conduzir à prisão o condenado após a decisão do Tribunal do Júri não importa em ignorar, naquele ato, a soberania do veredito, o que continuará a ter o seu valor na apreciação do caso em grau recursal. Nesse sentido, a intervenção poderia ser considerada, num exercício de alteridade ao voto do Ministro Barroso, no máximo média.

Pode-se notar que a intervenção ao direito de liberdade, sendo forte ($Pi = 2^2 = 4$), é mais pesada que a satisfação da soberania do júri, entendida como média ($Pj = 2^1 = 2$). A condução do acusado à prisão após o veredito seria, portanto, já neste item, desproporcional. Portanto, contrário à tese do ministro.

Seguindo a consideração da certeza das premissas, o refinamento da complexa Fórmula Peso não traz mais sorte à conclusão do voto do ministro. Para tanto, deve-se analisar as certezas das premissas justificadoras, o critério comparativo de outras medidas de intervenção igualmente possíveis e o quanto a fundamentabilidade do princípio é afetada ou otimizada. Esse racional determinará o grau atribuído às importâncias de intervenção e concretização, seguindo a escala triádica proposta por Alexy.

Do ponto de vista da argumentação sobre as certezas, é certo que a condução da pessoa à prisão intervém de maneira forte à sua presunção de inocência e, portanto, liberdade (Rie = 20 = 1). Em comparação, existe certeza apenas sobre a intervenção pelo menos média à soberania dos vereditos. Isso porque não se pode dizer que eles deixam de existir ou ter valor na ordem jurídica com a não condução à prisão. Júri continua sendo Júri e soberano com ou sem condução do réu à prisão. Aliás, nesse sentido, a soberania do veredito continua ter a mesma importância em grau recursal para definir os fatos e a responsabilidade penal. Portanto, é certo (Rje = 20 = 1) que a intervenção à soberania dos vereditos implica uma intervenção média.

Quanto à soberania dos vereditos do Júri, percebe-se que a sua fundamentabilidade não se relaciona com a imediata prisão, mas, sim, com a soberania para definir os fatos e a responsabilidade penal. No que tange à avaliação quanto à certeza sobre as premissas normativas (Rn), é certo, tanto na doutrina quanto na jurisprudência, que os direitos envolvidos – presunção de inocência e a soberania dos vereditos – são contemplados pela Constituição. Logo, (Rin e Rjn = 2^1 = 2).

Diante de tudo isso, a Fórmula Peso adquire a seguinte formatação:

$$Pi,j = \frac{P_i \cdot l_i \cdot R_i^e \cdot R_i^n}{P_j \cdot l_j \cdot R_j^e \cdot R_j^n} = Pi,j = \frac{4 \cdot 2 \cdot 1 \cdot 2}{2 \cdot 2 \cdot 1 \cdot 2} = \frac{16}{8} = 2$$

Esse é o resultado matemático da fórmula peso, no qual se demonstra que o princípio da presunção de inocência adquire preponderância no caso concreto. Contrário ao que Barroso decidiu.

Observemos a complexidade das teses alexyanas. Podemos não concordar, mas temos de reconhecer a sua profundidade. Ao fazer essa exposição, não pretendo fazer nenhum exercício de erudição ou desrespeito aos usos não adequados. Quero apenas elevar a discussão a um patamar que a teoria merece. E reforçar a própria doutrina e seu papel epistemológico – em um país em que a doutrina mais se coloca como caudatária da jurisprudência. Registre-se, ademais, que, de tão complexa que é a Fórmula Peso, provavelmente poderá ser elaborada/apresentada de outro modo, com vetores diferentes – o que desde já se admite. Basta que se altere algum índice.

Fica muito claro que a lei de colisão decorrente da aplicação da Fórmula Peso refinada implica a preponderância da presunção da inocência no caso: C (Pi P Pj). A conclusão, que coloca o resultado do caso em análise na regra de precedência condicionada alexyana, demonstra como prevalece a presunção de inocência e ordena a consequência jurídica primada. Essa norma de precedência condicionada sustenta o acerto da decisão do STJ (Superior Tribunal de Justiça) ao garantir o direito do réu em responder em liberdade e o equívoco do voto do Ministro Barroso. Portanto, se ponderarmos, chegaremos à conclusão contrária a que chegou o ministro.

Mas o equívoco do voto do Ministro Barroso não para por aqui. Ao ponderar, ignora também o ônus argumentativo consoante à Teoria da Argumentação Jurídica do próprio Alexy. Falo, agora, para além da "ponderação". Apenas a reduzido título de exemplo, cito as regras da TAJ 1.2.j.2.5, 2.2.5.j.6, 2.2.5.j.7 e 2.4. Deve-se articular o maior número possível de etapas de desenvolvimento. (j.6) Deve ser saturada toda forma de argumento que houver entre os cânones de interpretação. (j.7) Os argumentos que expressam uma vinculação ao teor literal da lei ou à vontade do legislador histórico prevalecem sobre outros argumentos, a não ser que se possam apresentar motivos racionais que deem prioridade a outros argumentos. (2.4) Trata sobre as regras do uso dos precedentes, visto que certamente a *ratio decidendi* do precedente da ADC 44, 54 e 55 não foi enfrentada a sério. Essa exigência – a do ônus argumentativo –, aliás, passou a ser condição legal para validade da fundamentação pelo advento do artigo 489, § 2º do CPC.

Assim, percebe-se, a partir desse exemplo, que o Supremo Tribunal Federal (e os tribunais brasileiros em geral) falam em Alexy (ou sem o citar, dizem que fazem ponderações) e não demonstram o que fazem. Há, aliás, livro de Fausto Santos de Morais (Prêmio Capes), orientado por mim, que demonstra, em 189 decisões do STF, a dificuldade de aplicação da proporcionalidade no Brasil e a inclinação do uso arbitrário desse conceito.

Fausto elenca, sob uma ótica hermenêutica, três problemas na teoria de Alexy que não são adequadamente enfrentados pelos tribunais: primeiro, o problema do *paradigma filosófico* – na medida em que a conjugação de Kant e Habermas operada por Alexy apresenta dificuldades significativas (ainda não devidamente transpostas, supondo que isso seja possível) para que se pudesse chegar a um resultado teoricamente adequado (ou seja, que não se aproprie de determinado autor ou paradigma meramente de forma ornamental);

segundo, o problema da *origem dos princípios jurídicos*, na medida em que não se verifica, na teoria alexyana, um método ou regra de reconhecimento apropriado para identificar os princípios jurídicos em si – o que nos leva à terceira e última questão; o problema da *discricionariedade na aplicação do Direito*, na medida em que não é possível meramente deslocar o âmbito do questionamento da *compreensão* para a argumentação, ignorando a existência do *sujeito* – que é variável determinante para a "ponderação" dos princípios jurídicos. É por isso que Fausto observa, com propriedade, que imaginar que Alexy "supera" Dworkin apenas porque aposta na *lógica formal* implica acreditar numa "autossuficiência" do sujeito racional como "resposta" à discricionariedade.

Também já efetuamos críticas semelhantes ao uso equivocado da ponderação em texto com coautoria de Rafael Giorgio Dalla Barba, intitulado "Aborto: a recepção equivocada da ponderação alexyana pelo STF", publicado na *Revista Consultor Jurídico*. São importantes, ainda, as abordagens de Pietro Lorenzoni, na obra *Jurisdição Constitucional de Crise: O papel do STF no Enfrentamento das Crises Constitucionais*. Aliás, essas questões teóricas se repetem em outras áreas do Direito, como é o caso do uso dos precedentes, transformados em "regras gerais" para tratar do futuro e não do passado – o que transforma o Judiciário em Poder Legislativo.

Por fim, para que não se imagine que o RE 1.235.340/SC teria se tratado de um "caso isolado" (de equivocada aplicação das teorias de Alexy pelo STF), remeto o leitor ao meu *30 Anos da CF em Julgamentos: Uma Radiografia do STF*, lançado em 2018. No primeiro capítulo do referido livro, analiso a forma como o Supremo se utilizou da ponderação alexyana no julgamento do HC 82.424-2/RS – conhecido como "Caso Ellwanger". Embora o resultado do julgamento tenha sido constitucionalmente adequado, o mesmo não pode ser dito de suas fundamentações, na medida em que o STF transformou um caso simples de análise de regra jurídica em um *hard case* artificial envolvendo "colisão de valores". A análise da decisão desse caso mostra que a regra da ponderação foi transformada em "princípio", reduzida a um mero enunciado performático, capaz de fundamentar os posicionamentos mais diversos. Tanto isso é verdade que, no julgamento do referido *habeas corpus*, diferentes ministros do STF – fazendo uso do recurso da "ponderação" – chegaram a *conclusões opostas* sobre o caso. E, vale frisar, tal julgamento ocorreu no ano de 2003 – mostrando que o problema aqui denunciado (da recepção teórica equivocada de Alexy pelos Tribunais Superiores) não é nem recente, nem constitui "fato isolado".

Numa palavra final, há ainda outro lembrete a ser feito. Em Alexy, não existe aplicação direta de princípios. Portanto, há que se ter cuidado com o jargão "regras é no tudo ou nada, princípios é na ponderação". Alexy trabalha com um sistema de regras, primordialmente. E acredita na subsunção de regras. Tanto é que o produto final da ponderação é uma regra, que será aplicada por subsunção ao caso concreto e a todos os similares.

Positivismo jurídico

Nas salas de aula e nas práticas jurídicas (e na própria doutrina jurídica – a assim chamada dogmática) é absolutamente comum que se identifique o positivismo com segurança jurídica. Quando se fala em positivismo – e isso parece inevitável – vem à mente rigidez e obediência aos textos legais sem axiologia. É preocupante como parte do Judiciário brasileiro não entende os cânones do positivismo jurídico, proferindo decisões fundamentadas em falsas concepções sobre a teoria. Veja-se dois exemplos de julgados do STJ:

> Tenho para mim, mas sem polemizar com os que pensam de forma oposta, que estes conceitos se alojam na inevitável e necessária subjetividade do julgador, quando aprecia a adequação de embargos declaratórios; aliás, os Embargos Declaratórios são considerados o primo pobre da família recursal, justamente porque o positivismo excludente e o legalismo impenitente lhe apresilharam a característica de não ter a potestade de alterar a decisão; discordo disto, pois, se assim fosse, os declaratórios

> nem seriam legitimamente considerados modalidade recursal, porquanto na tradição processual, a função dos recursos é a de mudar, ajustar ou aperfeiçoar a decisão (REsp n. 866.355/PR, relator Ministro Luiz Fux, Primeira Turma, julgado em 06/11/2008, DJe de 23/04/2009).
>
> – Não se pode esperar do poder judicial qualquer interpretação jurídica que venha a restringir ou prejudicar o plexo de garantias das pessoas, com destaque para aquelas que reivindicam legítima proteção do Direito Previdenciário. Pelo contrário, o esperável da atividade judicante é que restaure visão humanística do Direito, que foi destruída pelo positivismo jurídico (REsp n. 1.723.181/RS, relator Ministro Napoleão Nunes Maia Filho, Primeira Seção, julgado em 26/06/2019, DJe de 01/08/2019).

Parece realmente difícil de compreender esse fenômeno, mormente quando, no senso comum – leia-se, doutrina, salas de aula e práticas judiciárias –, ainda se tem presente, de um lado, a tese de que o positivismo é o cumprimento da letra (fria) da lei (tem gente que ainda fala em "letra fria"), ignorando a existência dos diversos positivismos pós-Hart, e, na outra ponta, a tese de que o pós-positivismo é a introdução dos "valores" para "dentro" do mundo das regras, "liberando" o juiz das amarras da subsunção. Veja-se, por exemplo, nesse exato sentido, outra decisão do Superior Tribunal de Justiça:

> A ponderação de valores, técnica hoje prevalecente no pós-positivismo, impõe a duração razoável dos processos ao mesmo tempo em que consagra, sob essa ótica, a promessa calcada no princípio da isonomia, por isso que para causas com idênticas questões jurídicas, as soluções judiciais devem ser iguais (REsp 1.111.743/DF).

Lembremos que, no capítulo VIII da *Teoria Pura do Direito*, Kelsen reflete sobre a interpretação judicial. Ali, ele não chega à conclusão de que o aplicador do Direito deve manter-se vinculado ao texto legal (embora seja voz corrente no ensino jurídico que, sim, Kelsen é sinônimo de positivismo exegético). Essa é uma interpretação errônea acerca de Kelsen que causou imensos estragos nos estudos e na aplicação do Direito. Nas faculdades, continua-se a repetir chavões como "temos de voltar a Kelsen e à aplicação da letra fria da lei" ou, para "demonstrar" espírito crítico, "hoje já avançamos para além da legalidade estrita de Kelsen". Na verdade, contra esse senso comum jurídico, vale lembrar que, para Kelsen, no capítulo VIII da *Teoria Pura do Direito*, a sentença judicial é um *ato de vontade* que cria direito, estando o magistrado *livre para interpretar dentro da moldura da norma*.

E não parece difícil perceber como isso afeta a todos nós, cotidianamente, sejamos juristas/lidadores do Direito ou não. É um problema de Direito, evidentemente, mas é, antes, um problema de democracia. Ou, pergunto, é "democrático" submeter-se à discricionariedade dos tribunais, que não apenas não reconhecem os próprios limites na linguagem pública do Direito como, ainda, projetam-se imunes à crítica ou a um (necessário) constrangimento doutrinário? Pelo menos no Brasil, essa questão assume contornos de dramaticidade.

O mais premiado jurista alemão, Bernd Rüthers, chamou a atenção para a necessidade de limitação das decisões judiciais e para os perigos da falta dessa limitação, questão que aparece já no título de sua premiada obra *Die Unbegrenzte Auslegung* (*Uma Interpretação Ilimitada ou Uma Interpretação Não Constrangida*, em tradução que considero mais adequada ao conteúdo). Nessa obra, ele denuncia a falta de limites. E as consequências dessa falta na Alemanha quando do avanço e consolidação do regime nazista.

Tudo isso vem interligado com um contexto maior e complexo. No fundo, qualquer investigação esbarrará nas mais diversificadas concepções de Direito que dizem – ou se propõem a dizer – o que ele é, refreando quaisquer teorias da decisão. Essa é a discussão: na babel sobre as muitas concepções sobre "o que é o Direito", pouco nos preocupamos – enquanto comunidade acadêmico-jurídica – com uma teoria da decisão judicial.

Paradoxalmente, embora sutil, esta é, também, uma constatação óbvia. Nesse universo em que cada um tem um conceito particular de Direito, não há espaço para teorias que respondam intersubjetiva e democraticamente.

Quero dizer, o positivismo não é apenas a velha teoria capaz de nos livrar das tentações da arbitrariedade. Não. O positivismo é o *velho* que impede o nascimento do *novo*. E tudo isso passa pelo conceito de Direito, pelas mais diversas concepções que, a seu modo, informam e são responsivas à teoria dominante, ou seja, ao positivismo.

Pela complexidade do fenômeno, tenho procurado compreendê-lo por intermédio de uma leitura de Filosofia do/no Direito,[192] no intuito de não apenas descrever suas características, mas, também, desvelar os paradigmas filosóficos entendidos na linguagem de Ernildo Stein[193] como *standards*/vetores de racionalidade que lhe dão sustentação. Ora, as ideias surgem em contextos que lhes antecedem. Filósofos, teóricos, cientistas não operam no vácuo ou em abstrato. Eis que as teorias estão amparadas em paradigmas.[194]

---

192 Ao longo dos anos, construí a Crítica Hermenêutica do Direito, desenvolvida em vários textos e livros, como STRECK, Lenio Luiz. *Verdade e consenso*: Constituição, hermenêutica e teorias discursivas. 6ª ed. São Paulo: Saraiva, 2017; STRECK, Lenio Luiz. *La llamada "consciência de los jueces"*: su papel em la práctica jurídica. Buenos Aires: B de F, 2000; STRECK, Lenio Luiz. *Dicionário de Hermenêutica*. 2ª ed. Belo Horizonte: Letramento, 2020.

193 STEIN, Ernildo. *Pensar é pensar a diferença*. Ijuí: Unijuí, 2006.

194 Naturalmente que há teóricos que *inauguram* paradigmas, mas mesmo nesses casos, aqueles teóricos que inauguram vetores de racionalidade só o fazem porque desafiam seus próprios. Há mais que uma brincadeira quando Whitehead define a filosofia ocidental como notas de rodapé a Platão – e há mais que uma brincadeira quando digo que eu poderia

O que referi anteriormente sobre a baixa compreensão acerca do conceito de positivismo recebe, agora, um esclarecimento. Com efeito, há diversos autores que se autodenominam positivistas jurídicos. Quando alguém fala em positivismo talvez não imagine os diversos positivismos que foram se forjando ao longo dos séculos.

O juspositivismo clássico, embora cada uma das vertentes contenha diversas peculiaridades, apresenta traços definidos em todas elas. Trata-se de um movimento em que o material jurídico é estabelecido por alguma autoridade humana legitimada, problemática que se estabeleceu de vários modos mormente no século XIX na França, Alemanha e na Inglaterra. Veja-se que isso que o positivismo posteriormente chamaria de (tese dos) "fatos sociais" tem, então, uma relação direta com a autoridade criadora.

Para se ter uma ideia, como assinala Jens Meierhendrich na introdução do *Estado Dual*, de Ernst Fraenkel,[195] de acordo com Laband, em escrito de 1888,[196] "todas as considerações históricas, políticas e filosóficas" eram "sem sentido" no estudo do Direito. O seu positivismo jurídico (*Staatsrechtspositivismus* ou positivismo do Direito estatal) era cauteloso em relação a considerações extrajurídicas e defendia um "remontar das normas individuais até conceitos jurídicos gerais". O que Laband fazia era considerado – e continuou sendo por muitas décadas – a ciência jurídica por excelência. Como assinala Stefan Korioth, o procedimento positivista conectou o campo do Direito aos métodos das ciências naturais em expansão e à tendência, característica do pensamento do século XIX (bem como do

---

dizer que a filosofia ocidental se define melhor como notas de rodapé aos pré-socráticos.

195 Cf. MEIERHENRICH, Jens. "Uma Etnografia do direito nazista: os fundamentos intelectuais da teoria da ditadura de Ernst Fraenkel". *In*: FRAENKEL, Ernst. *O Estado Dual*. São Paulo: Contracorrente, 2023, p. 41.

196 Cf. LABAND, Paul. *Das Staatsrecht des deutschen Reiches*. 3 vols. 2ª ed. Tübingen: Mohr, 1888, *passim*.

pensamento do século XXI), de transformar toda a vida em ciência. A confiança positivista no "que é" correspondeu à tendência geral nas humanidades que se seguiu ao colapso do idealismo filosófico na primeira metade do século.[197]

Como se pode perceber, o conceito de positivismo é altamente complexo, demandando ampla pesquisa e estudo. Talvez um dos maiores problemas do ensino jurídico e da pós-graduação seja o desconhecimento dessa problemática. Há até mesmo uma controvérsia acerca da origem do positivismo jurídico: o positivismo é produto do positivismo científico ou do formalismo e suas variações? Para mim, importa é que, para o positivismo, só existem fatos. E isso é comum às duas vertentes originárias. A "raiz", nesse sentido de paradigma filosófico, é a mesma: o empirismo. Como assinala Jörg Kammerhofer, o positivismo – tanto no Círculo de Viena como no positivismo jurídico tradicional – tende à empirificação do seu objeto de cognição. A antimetafísica do Círculo de Viena – e mais tarde a sua viragem distinta para a filosofia linguística – foram tentativas de reduzir a cognição a dados empíricos.[198]

Se o positivismo enquanto filosofia dirá que só há fatos, o positivismo jurídico compreenderá o Direito exatamente como fato. Isso não é coincidência. É a questão empírica fundamental, que está na origem da questão positivista do "fato social". Esse fato é construção humana. Ao jurista só cabe descrever esse fato. No âmbito do positivismo, o teórico do Direito lida com o fato posto pela mão humana, descrevendo o fenômeno como comando do soberano, como prática social baseada em uma regra de reconhecimento, se assim se quiser, dependendo a vertente teórica. No verbete "Positivismo", no

---

197 Cf. KORIOTH, Stefan. "The Shattering of Methods in Late Wilhelmine Germany". *In*: JACOBSON, Arthur J.; SCHLINK, Bernhard (Coord.). *Weimar*: a Jurisprudence of Crisis Berkeley. Berkeley: University of California Press, 2000, p. 43.

198 Cf. KAMMERHOFER, Jörg. "Hans Kelsen as the Epitome of Legal Modernism". *University of Freiburg – Faculty of Law*, 23 mar. 2007.

Dicionário de Hermenêutica, explico a conexão com os paradigmas filosóficos.

De todo modo – e isso importa sobremodo para a sala de aula da graduação e da pós-graduação –, todas as formas de positivismo jurídico têm um ponto em comum: a pretensão de metodologicamente assumir um caráter descritivo de cunho adequacionista, em que a verdade será o produto da adequação do intelecto à coisa (mesmo que o positivista dê outro nome a essa forma de objetivista de descrição dos fenômenos). Pode-se chamar a esse conceito de verdade "correspondencial". Aliás, é nesse ponto delicado que se faz necessário recorrer à lição de Lorenz B. Puntel, para quem "as expressões ou os conceitos 'objeto, coisa', 'propriedade' e 'relação' constituem os conceitos básicos da ontologia da substância que remonta a Aristóteles". Puntel consegue mostrar, embora sem se referir ao campo jurídico, a relação da analítica com o paradigma adequacionista (*adeaquatio intelectum et rei*). Há fortes elementos que indicam que o positivismo jurídico se liga aos conceitos de objeto e substância. O fato social a ser preservado e, portanto, identificado pela Teoria do Direito positivista – está relacionada a esse objeto.

As proposições descritivas produzidas pelo positivismo, em sua pretensão de negar qualquer tipo de metafísica (no sentido ontoteológico da palavra), tratam a verdade como uma adequação do intelecto ao objeto: com Smilg Vidal,[199] podemos dizer que, nesse paradigma, o mundo é compreendido como um conjunto de substâncias que possuem determinadas propriedades. A função do intelecto humano consistiria, basicamente, em captar essa realidade e a expressar usando a linguagem como uma ferramenta.

---

199 VIDAL, Norberto Smilg. "Posibilidades y límites de la comprensión de la verdad". *In*: NICOLÁS, Juan Antonio; GRONDIN, Jean (Coord.). *Verdad, hermenéutica, adecuación*. Madrid: Tecnos, 2016, pp. 47/48.

Essa pretensão ainda é presente em versões contemporâneas do juspositivismo, como observam Brian Leiter[200] e Pierluigi Chiassoni.[201] O jurista americano, tentando compreender as razões de o positivismo jurídico ser dominante entre os filósofos do Direito, aponta a existência de uma argumentação avaliativa baseada na ideia de que as proposições que este descreve seriam verdadeiras e adequadas à "natureza do Direito", sendo esta entendida como o conjunto das propriedades essenciais do fenômeno. Correta a análise de Leiter. No mesmo sentido, o italiano Chiassoni, ainda de modo mais explícito, afirma que os positivistas pós-hartianos representariam um "positivismo essencialista".

Essa busca por uma teoria neutra e atemporal já era vista em Kelsen, no qual, igualmente, de longe, transparecem os paradigmas filosóficos. Entretanto, Kelsen entendia que essa objetividade, possível no campo científico, não o seria na aplicação do Direito, estando o juiz – que faz ato de vontade – desvinculado da lei, dos conceitos e dos precedentes. É essa distinção/cisão que não foi devidamente compreendida pela comunidade dos juristas.

Kelsen assim pensava exatamente por que entendia que o ato de aplicação, a ser feito pelo sujeito (juiz), inexoravelmente estaria comprometido pela moral e pela política. Contudo, o material jurídico – a norma – criado pela autoridade competente pode ser analisado pelo cientista/teórico do Direito, que irá descrever as possíveis interpretações dessa norma, sem fazer juízo de valor.

Por isso, a sua interpretação – que é a do cientista do Direito – é um ato de conhecimento. Isso porque, caso o cientista dissesse qual é a melhor interpretação dessa mesma norma, estaria proferindo juízos de valor que, enquanto herdeiro da Escola de Viena, acreditava

---

200 LEITER, Brian. "Why Legal Positivism?" *University of Chicago Public Law & Legal Theory*, nº 298, 2009.

201 CHIASSONI, Pierluigi. *El discreto placer del positivismo jurídico*. Bogotá: Universidad Externado de Colombia, 2016.

que se tratava de enunciados que não tinham rigor científico: eram apenas opiniões políticas, ideológicas, morais, crenças religiosas etc.

No entanto, na prática judiciária, o juiz precisa aplicar a norma ao caso concreto. Não pode apenas descrever o Direito. Por isso, a prescrição decorrente do ato de aplicação do Direito (sentença) será um ato de vontade, pois ele escolhe qual a interpretação da norma que lhe convier, segundo sua subjetividade, suas crenças etc.

Assim, Kelsen é o exemplo típico que confirma a tese de que o calcanhar de Aquiles do positivismo é jamais ter tido preocupação com a decisão jurídica. Há nisso um grau elevado de ceticismo e, no plano da metaética, um não cognitivismo moral.

Na medida em que Kelsen – seguindo os pressupostos neokantianos e contrapondo-se ao juspositivismo clássico (ele é o primeiro positivista pós-exegético) – parte de uma separação entre fato e valor, a validade da norma jurídica não pode advir de qualquer elemento factual. A validade da norma advém, então, de uma norma superior, e esta, por sua vez, de outra norma ainda mais superior. Destarte, para não terminar em um regresso *ad infinitum*, Kelsen apresenta a norma fundamental (*Grundnorm*). Essa norma, na medida em que não contém nenhum conteúdo, admite que qualquer conteúdo seja Direito, inclusive aquele que possa vir a ser considerado injusto. Veja-se, aqui também, o caráter de objeto da norma. E o olhar externo do intérprete.

Herbert Hart, por sua vez, por conhecer o giro linguístico da filosofia do século XX, não irá colocar a validade do Direito em um pressuposto lógico-transcendental, mas a colocará para o mundo concreto e social. O Direito tem validade porque a comunidade política na qual ele governa o reconhece como tal. Por isso, aparece o conceito de "regra de reconhecimento".

Nessa medida, ao contrário de Kelsen, não é todo e qualquer conteúdo que possa ser Direito, mas apenas aquele que possua respaldo social daquela sociedade no espaço e temporalmente localizada.

Trata-se de um elemento convencional, não mais lógico-transcendental, como em Kelsen, que dá validade ao Direito (ainda que as normas jurídicas, em Kelsen, também são produto de convenções humanas).

Assim, para Hart, é possível que argumentos morais venham a integrar o Direito de forma contingencial, pois ele – Direito –, enquanto linguagem, contém vaguezas e ambiguidades nas quais, não havendo definição da sua significação, entra em uma "textura aberta" na qual os juízes podem criar Direito segundo padrões externos ao próprio Direito, como argumentos políticos, morais etc. E os juízes têm legitimidade para tanto porque a regra de reconhecimento assim estabelece. Ademais, no posfácio do *Conceito de Direito*, o próprio Hart admite a possibilidade de a regra reconhecimento incluir *standards* morais ao Direito, sendo (também) por isso considerado com um positivista moderado ou brando.

Seja como for, o que fica é: em Herbert Hart, é a própria prática, aceita e praticada pelos membros – oficiais – que a compõem, que dispõe de seus próprios critérios. Critérios esses a partir dos quais Direito será Direito. O giro é "hermenêutico", como se reconhece, mas somente até o ponto em que reconhece o ponto de vista interno do cidadão que aceita, do oficial que "pratica". O teórico segue com o olhar externo. Não é sem razão que Hart caracterizou seu próprio exercício como "sociologia descritiva"; rejeitadas foram as teses de John Austin, demasiadamente oitocentistas; conservado seu método, mais moderno do que nunca.

Reconhece-se, portanto, que o positivismo jurídico é corolário, do ponto de vista metodológico, da filosofia analítica em sentido lato, embora haja divergências da adequação dessas posturas para delimitar o Direito. Ou seja, é possível aceitar que o positivismo, no plano dos raciocínios jurídicos, possui rasgos de objetivismo e da verdade como correspondência (afinal, pretende descrever o Direito sem o apelo à moral).

Entretanto, parece indubitável que o raciocínio prático, feito pelo juiz, efetivamente não escapa ao subjetivismo particularista (esse é o espaço da filosofia da consciência). Como consequência, os juízes que simplesmente se lançam ao voluntarismo nada mais fazem do que praticar subjetivismos particularistas (chamemos a isto de filosofia da consciência ou não – filósofos como Ernildo Stein e Lorenz Puntel diriam que, sim, aí tem filosofia da consciência); mesmo aqueles que buscam metodologizar esse subjetivismo, igualmente não escapam do paradigma filosófico que transfere do olhar externo (da coisa) para o interior do sujeito (o subjetivismo).

Em termos históricos, vale lembrar que, no século XIX, houve três modalidades de positivismo jurídico (França, Alemanha, Inglaterra), conforme explicito no *Dicionário de Hermenêutica*. Outra forma de positivismo, o fático, surgiu nos Estados Unidos e na Escandinávia, explicado anteriormente no Glossário sob o verbete "Realismo jurídico".

Dos realismos positivistas, o que mais me importa é o norte-americano, que não possuía e não possui o mesmo perfil sofisticado do escandinavo (especialmente de Alf Ross). Trata-se de uma teoria ceticista, como já delineado anteriormente. Por isso, penso que assiste razão a García Figueroa[202] quando diz que, na atualidade, parece haver uma espécie de realismo jurídico inconsciente na "motivação" dos juízes nos processos judiciais. Afinal, o realismo jurídico baseia-se na concepção de que o raciocínio judicial decorre de um processo psicológico. E isso acontece porque os juristas – em especial os juízes – descreem da capacidade justificadora do sistema jurídico. O realismo é cético diante das normas, pois as considera "puro papel até que se demonstre o contrário". Assim, a vida do Direito é "experiência".

Contemporaneamente, temos os positivismos pós-hartianos (positivismo exclusivo e inclusivo), além dos positivismos heterodoxos

---

202 FIGUEROA, Alfonso García. "A motivação: conceitos fundamentais". *In*: MOREIRA, Eduardo Ribeiro (Coord.). *Argumentação e Estado constitucional*. São Paulo: Ícone, 2012, pp. 433 e ss.

de Ferrajoli, Tom Campbell e Jeremy Waldron, também esmiuçados no verbete "Positivismo", do *Dicionário de Hermenêutica*. Também o realismo jurídico é uma forma de positivismo, conforme será demonstrado no verbete próprio.

Sendo o positivismo um conceito tão complexo, na sequência, em uma pequena síntese, apresento alguns erros cometidos na discussão sobre o seu conceito e o significado no cotidiano da comunidade jurídica, o que abrange as salas de aula, a literatura do Direito e as práticas judiciárias.

O mote para uma espécie de "jogo dos sete erros" surgiu a partir de um *post* nas redes sociais de um professor doutor em Direito, fazendo afirmações temerárias sobre "positivismo", como que o Brasil teria saltado para o pós-positivismo sem nem ter sido positivista. Logo em seguida, o professor fala sobre (o conceito de) princípio de forma errada e confunde o conceito de "letra da lei". Até concordo com o espírito da crítica no aludido *post*. De fato, não temos uma cultura de legalidade no Brasil. Sempre disse isso. A coerência e a integridade, bandeiras que defendo, são uma questão de equanimidade (*fairness*). O problema é que isso nada tem a ver com o conceito de positivismo. E, enquanto não resolvermos esse problema da Teoria do Direito, jamais conseguiremos fazer valer essa, chamemos assim, cultura de legalidade que queremos. Esse é o ponto.

Afirmar coisas desse modo pode ter um belo efeito performático. Mas, talvez, gere mais confusão. Ao invés disso, proponho abrirmos um diálogo esclarecedor sobre teorias do Direito e a prática jurídica no Brasil.

Acredito que esse caso é sintomático da falta de epistemologia no Direito. Conceitos rigorosos foram sendo deixados de lado, como se fossem coisas supérfluas. Foram instrumentalizados para estabelecer um ponto argumentativo. Nem em *post* nas redes, devemos brincar com conceitos jurídicos. Imaginemos alguém falar sobre filosofia e colocar Platão como um moderno. Ou colocar a *adaequatio intellectus et rei* como uma "conquista" do giro linguístico. Alguém diria: como assim? Por que é que no Direito isso pode?

Já vi, em tribunais, dizer-se algo como "agora serei um positivista kelseniano e aplicarei a letra da lei". Errado. Isso é como transportar de Platão para os confins da modernidade. Ou coisas assim.

No Direito, parece ser comum essa prática. Kelsen acaba sendo posto como um positivista exegético. E se ignora os positivismos pós-hartianos. Até hoje, depois de tanto tempo, positivismo jurídico é tratado como se fosse "aplicar a letra fria da lei". Dois séculos de Filosofia do Direito ignorados. Na sequência, façamos o jogo dos sete erros. Meu objetivo é criticar um Direito que se recusa ser uma ciência cujos pressupostos estão abertos à discussão pela filosofia. Assim, aqui elenco os sete equívocos mais comuns:

Número um. Sob o rótulo "pós-positivismo" encontram-se vários autores da área jurídica e correntes que possuem orientações jusfilosóficas distintas. É um absurdo misturar o que chamei de pamprincipiologismo com as teorias bem elaboradas e racionalmente controláveis propostas por autores como Ronald Dworkin e Friedrich Müller, para pegar dois grandes representantes do projeto pós-positivista contemporâneo. Como autor do conceito, tenho conhecimento de causa para falar: pamprincipiologismo não é pós-positivismo.

Feitos esses esclarecimentos, qual é o busílis? É que, na prática judiciária, as posturas neoconstitucionalistas (*sic*) no Brasil, longe de exercerem sua postura antipositivista ou não positivista, reforçam os traços de discricionariedade *do qual o próprio positivismo nunca abriu mão*, o que nos leva ao próximo erro.

Número dois. O positivismo *não diz* para "aplicar a letra da lei". Positivismo não "manda" que se aplique a letra da lei. Positivismo não é o que sobre ele vem sendo entendido há tempos no debate acadêmico. E isso é importante. Se queremos fazer ciência jurídica, não podemos usar conceitos como bem queremos, mas obedecer aos melhores usos e práticas de nossa comunidade de pesquisadores.

Sugiro consultar os verbetes "Positivismo" e "Pós-positivismo" no meu *Dicionário de Hermenêutica*. São extensos e detalhados, identificando quase uma dezena de modelos de positivismo.

Vejamos: o(s) positivismo(s), em suas variantes hegemônicas, sequer se preocupa(m) com a decisão. O positivismo é nada mais que uma *tese conceitual* sobre o Direito que pretende descrevê-lo enquanto sistema normativo distinto da moralidade. Não tem pretensão normativa (ou não assume) – variantes desse tipo são a minoria da minoria. É uma teoria descritiva. Empirista. Não cognitivista moral.

Essa inadequação conceitual acerca da complexidade do positivismo pode ser notada também em textos que tratam de crítica do Direito, quando se diz que, "ao positivismo jurídico, basta a mera normatividade para punir atos racistas", focando o texto no positivismo exegético francês do século XIX (o que hoje é apenas uma caricatura do positivismo).[203] Poderia concordar parcialmente com a afirmação, no sentido de que há um pseudolegalismo típico dos juristas brasileiros, que consideram problemas superados pela simples positivação de uma lei, ignorando toda a luta interpretativa envolvida no seu processo de efetivação. Todavia, buscando contribuir para a importantíssima crítica que os articulistas apresentam ao enfrentamento do racismo, sugiro outro enfoque. Primeiro, porque o positivismo exegético (ou textualismo) no Brasil funciona apenas a título de dissimulação, sendo fartamente comprovado em pesquisas empíricas sobre o tema que nossa praxe jurídica é altamente personalista e discricionária. Textualismo funciona como álibi retórico. Isso me leva ao segundo ponto: o que se entende por positivismo jurídico hoje é algo bem diverso do exegetismo. E, nesse sentido atual, o positivismo também me parece uma postura teórica problemática para uma necessária luta antirracista. Ocorre que, desde Kelsen e

---

203 Cf. OLIVEIRA, Raphaela Marques Ribeiro de; SILVA, Marcos Victor Florentino da. "Os três caminhos do racismo contemporâneo: uma crítica marxista". *Anais do IV Seminário Crítica do Direito e Subjetividade Jurídica*, São Paulo: Boitempo-USP, 2024.

Hart, o positivismo jurídico (no seu *mainstream*) abandonou sua pretensão de prescrever como deve se deveria interpretar o Direito e se tornou um guarda-chuva conceitual para teorias descritivas, que buscam apreender o fenômeno de modo neutro e desengajado, inclusive admitindo a discricionariedade do intérprete nos casos concretos. A meu ver, tal postura retira da Teoria do Direito um componente crítico que lhe deveria ser interno, porque a batalha hermenêutica pelo sentido das leis, à luz dos princípios que fundam uma comunidade, é constitutiva da formação da norma jurídica. Não pode ser relegada apenas a um momento posterior, de crítica política externa ao Direito. Um positivismo descritivista pode admitir países com um sistema jurídico racista funcional como possuindo Direito, e decisões que tratem cidadãos de modo desigual, contrariando princípios fundamentais, como uma possibilidade hermenêutica dentre tantas outras. Tais visões são incompatíveis com visões como as que eu e outros autores antipositivistas defendemos. A sugestão, aqui, busca apenas auxiliar, considerando que a compreensão do que os teóricos estão defendendo hoje como positivismo jurídico nos ajuda a clarificar que tipo de antipositivismo queremos defender.

Número três. Nesse sentido, o Brasil *sempre foi* positivista. E pela própria crítica do professor objeto deste "jogo dos sete erros", continua sendo, por mais paradoxal que isso pareça ser. É que vivemos sob o pálio de uma doutrina que não doutrina.

Número quatro. Pelo modelo positivista, ao separar fato e valor, o Direito é uma questão de convenção. Sendo assim, quando a convenção se esgota, o juiz decide com discricionariedade. E decidir discricionariamente é uma adesão ao modelo positivista. Percebem como o Brasil, assim, é "muito positivista"?

Número cinco. De novo, o Brasil sempre foi e continua sendo positivista. O que é o "livre convencimento"? O que é a prática contemporânea senão a discricionariedade judicial em cima de um convencionalismo e uma doutrina positivista, que só descreve a convenção?

Número seis. Princípios não abrem a interpretação. Princípios "fecham" a interpretação, o que é reconhecido por Dworkin e até por um positivista como Ferrajoli.[204] Decidir por princípio, no Direito, é decidir por vezes *contra* os amigos. Não o contrário. Princípios não constituem o advento do pós-positivismo. Os princípios podem ser forte combustível do próprio positivismo, a depender de qual modalidade de positivismo estivermos falando.

Número sete. Não é o "pós-positivismo" que fragilizou essa discussão. Pedir "mais positivismo", portanto, *não significa* nem pedir uma melhor interpretação, nem sequer pedir pela aplicação da lei. Na letra fria ou na letra quente, como já escrevi, há mais de uma década, no texto "Aplicar a Letra da Lei é uma Atitude Positivista?"[205] Do mesmo modo, o positivismo não traz segurança jurídica. E a razão é simples: o positivismo é uma teoria descritiva. Não se preocupa com a decisão jurídica, que é um discurso prescritivo, como demonstro no verbete respectivo do *Dicionário de Hermenêutica*.

Em conclusão, há que se ter muito cuidado em falar sobre positivismo. Talvez o problema da dogmática jurídica brasileira praticadas nas salas de aula e tribunais tenha desenvolvido uma cultura jurídica que não é bem "descrita" (assumindo agora essa preocupação) por nenhum desses modelos gerais, mas por uma total fluidez (ductilidade) entre eles ao sabor das conveniências. Por exemplo, um mesmo juiz consegue ser textualista (podem chamar a isso de positivismo exegético?)[206] pela manhã, pragmatista vulgar (no sentido de sequer obedecer aos rigores metodológicos dessa

---

204 Nesse sentido, ver STRECK, Lenio Luiz. *Verdade e consenso*: Constituição, hermenêutica e teorias discursivas. 6ª ed. São Paulo: Saraiva, 2017.

205 STRECK, Lenio Luiz. "Aplicar a 'letra da lei' é uma atitude positivista?" *Novos estudos jurídicos*, vol. 15, nº 1, 2010, pp. 158-173.

206 Para ver a ficção do "juiz boca da lei", sugiro: Regina Ogorek, *Rchterkönig ode Subsumtionsautomat?*, já citada em outros textos meus; também os textos de Mathias Jestaedt, mais: Fr. Müller-Christensen (*Jurisdische Methodik*), entre outros.

corrente) à tarde e pamprincipiologista à noite. E isso é socialmente (muito bem) aceito pela comunidade jurídica e legitimado pela nossa doutrina acríticamente. Isso também ocorre com setores da doutrina, que, em um mesmo livro ou texto, fazem sincretismo conceitual.

Lembremos também que a legalidade (e não apenas os princípios) pode ser invocada de modo instrumental. E lembremos ainda que os princípios podem ser invocados de forma instrumental. Assim, a bondade ou a maldade do positivismo exegético (ou textualismo) e do pamprincipiologismo (parece ser essa a dicotomia mais comum que se apresenta em uma dogmática mais simplificada) não são determinadas assim, *a priori*, de maneira tão maniqueísta. Nem para um lado, nem para o outro.

Mas não precisamos nem do que se entende (erradamente) por pós-positivismo, nem do que entende (erradamente) por positivismo (ao menos nos moldes dos conceitos equivocados acerca do positivismo). O Brasil sofre de:

(i) um *excesso* de discricionariedade que extrapola até o que se espera tipicamente de um positivismo convencionalista, e

(ii) o "pós-positivismo" que pretende superá-lo só aposta no mesmo problema: o da discricionariedade, ao apelar ao protagonismo judicial.

O que fica é que, fundamentalmente, precisamos falar muito ainda sobre "positivismo". Porque fazemos filosofia o tempo todo, mesmo quando não queremos. Exatamente para resolver a crise de legalidade, tantas vezes confundida com um tipo de positivismo.

Precedentes

Uma definição simples da palavra *precedente* já é capaz de, ao menos, indicar seu significado no Direito até mesmo àqueles que não são familiarizados com a matéria.

Na linguagem ordinária, *precedente* é entendido enquanto uma ação, situação, acontecimento, um *fato* pretérito e paradigmático que, exatamente porque paradigmático, serve de razão, modelo, de *referência* para o futuro.

No mesmo sentido, no Direito, um *precedente,* instituto tradicional e típico dos países sob o *common law*, é uma decisão judicial pretérita que acaba por ter relevância em casos subsequentes, servindo de referência na decisão desses casos.

Há, naturalmente, uma série de nuances com relação ao papel dos precedentes no direito. Há diferentes níveis, diferentes graus, há maior ou menor força de seu papel vinculante ou persuasivo, há diversas maneiras a partir das quais se interpreta o instituto.

Essa é a *primeira* razão pela qual é importante abordar a temática do precedente nesta obra sobre educação jurídica.

A *segunda* razão pela qual a presença do verbete é relevante é o tratamento que parte da doutrina brasileira confere ao instituto dos precedentes no Brasil, especialmente após a promulgação do Código de Processo Civil de 2015. O Código dispõe, em seu art. 927 que

> (...) os juízes e os tribunais observarão I – as decisões do Supremo Tribunal Federal em controle concentrado de constitucionalidade; II – os enunciados de súmula vinculante; III – os acórdãos em incidente de assunção de competência ou de resolução de demandas repetitivas e em julgamento de recursos extraordinário e especial repetitivos; IV – os enunciados das súmulas do Supremo Tribunal Federal em matéria constitucional e do Superior Tribunal de Justiça em matéria infraconstitucional; V – a orientação do plenário ou do órgão especial aos quais estiverem vinculados.

Mais à frente, em seu § 5º, o dispositivo menciona que os tribunais devem dar publicidade a seus *precedentes*.

É bem verdade que o art. 927 do CPC de 2015 propõe a obrigatoriedade de observância de uma série de mecanismos, materializados nos enunciados de súmulas, nas *teses* dos Tribunais Superiores. Também é verdade que, em um de seus parágrafos, o artigo inaugura a figura dos *precedentes*.

Qual foi a conclusão de parcela da doutrina brasileira? A de que *(i)* o CPC/2015 aproxima o Brasil e, portanto, seu sistema de *civil law*, do *common law*; e que *(ii)* os provimentos elencados no art. 927 são considerados, *a priori* e, "de forma simplificada", como "precedentes". A conclusão disso, para parte da doutrina, aponta à noção de precedentes vinculantes no Brasil, compreendidos como "entendimentos que firmam orientações gerais obrigatórias para o futuro".[207] É o que se depreende do RE 655.265/DF de relatoria do Ministro Luiz Fux, com redação do Mininistro Edson Fachin, que "introduz" o *stare decisis*. Em referência expressa e direta a Daniel Mitidiero[208] – que é quem, ao lado de Luiz Guilherme Marinoni, Sergio Arenhart e do próprio Ministro Barroso, personifica a doutrina *precedentalista* no Brasil –, o acórdão dispõe que nosso sistema teria adotado a regra do *stare decisis*, que "densifica a segurança jurídica e promove a liberdade e a igualdade em uma ordem jurídica que se serve de uma perspectiva lógico-argumentativa da interpretação". Ainda segundo o autor, "o papel do precedente é de reduzir o âmbito de equivocidade inerente ao Direito, viabilizando a sua maior cognoscibilidade (...)".[209] O grande problema é que, fosse verdadeira essa adoção, poder-se-ia, efetivamente, exigir a aplicação do "sistema

---

207 MELLO, Patrícia Perrone Campos; BARROSO, Luís Roberto. "Trabalhando com uma nova lógica: a ascensão dos precedentes no Direito brasileiro". *Revista da AGU*, vol. 15, nº 3, jul./set. 2016, pp. 9-52.

208 MITIDIERO, Daniel. *Precedentes*: da persuasão à vinculação. 2ª ed. São Paulo: Revista dos Tribunais, 2018, p. 95.

209 MITIDIERO, Daniel. *Cortes Superiores e Cortes Supremas*: do Controle à interpretação, da jurisprudência ao precedente. São Paulo: Revista do Tribunais, 2017, p. 28.

de precedente". Porém, não é o que se vê cotidianamente, porque, ao contrário do *common law* em que vige o *stare decisis* citado na decisão, no Brasil os "precedentes" são editados para servirem de normas para o futuro, perdendo-se a dimensão do caso concreto.

Nesse sentido, a tese precedentalista brasileira sustenta que os precedentes brasileiros são compreendidos como "razões generalizáveis extraídas da justificação das decisões" e que – atenção – "emanam *exclusivamente* das Cortes Supremas e *são sempre obrigatórios*".[210] Ainda, essa parcela da doutrina entende que os *precedentes*, uma vez que *vinculantes*, são "entendimentos que firmam orientações gerais obrigatórias para o futuro".[211] Disso surgem algumas perguntas. Os precedentes, no *common law*, são entendimentos que firmam orientações para o futuro? Podemos tratar precedentes, instrumentos vinculantes e súmulas, todos esses elementos, como se fossem todos mecanismos voltados para pré-ordenar o Direito aplicável em casos futuros?

Na prática forense dos países do *common law*, grande parte das discussões de advogados e juízes estão ao redor da rotulação de um argumento como *ratio* ou como *dictum*;[212] no Brasil, o problema da identificação da *ratio decidendi* de uma decisão – e, portanto, do seu elemento de vinculação – costuma ser objeto de apropriação pelo próprio Tribunal que proferiu referida decisão.

Em linhas gerais, *obiter dicta* são aqueles argumentos utilizados pelos juízes, ou mesmo comentários *en passant*, que são "(...) prescindível[eis] para o deslinde da controvérsia". Não há muitos

---

210 MARINONI, Luiz Guilherme; ARENHART, Sérgio Cruz; MITIDIERO, Daniel. *O novo processo civil*. São Paulo: Revista dos Tribunais, 2015, p. 611.

211 BARROSO, Luís Roberto. *Curso de Direito Constitucional contemporâneo*: os conceitos fundamentais e a construção do novo modelo. 7ª ed. São Paulo: Saraiva Jur, 2017, pp. 160/161.

212 LOPES FILHO, Juraci Mourão. *Os precedentes judiciais no constitucionalismo brasileiro contemporâneo*. Salvador: Juspodivm, 2016, p. 166.

problemas até aí. A *ratio decidendi*, por sua vez, é o que "(...) constitui a essência da tese jurídica suficiente para decidir o caso concreto".[213]

Evidentemente, a *ratio decidendi* inaugura um problema complexo; tanto é que a questão da identificação da *ratio decidendi* é algo que a doutrina do *common law* já debateu muito (e ainda debate). Não por menos, Neil MacCormick[214] reconhece que a identificação da *ratio* configura a maior dificuldade de se obter um entendimento claro acerca da doutrina do precedente; dificuldade que "confunde" os pensadores jurídicos. Não apenas a *ratio* é, por vezes, de difícil separação do que é *dictum*, às vezes *sequer é possível localizá-la*.[215]

Diante disso, como se poderia falar em *precedentes* em um contexto no qual a *ratio* já nasce como *tese* do Tribunal que "lança" o "precedente"?

Se, no *common law*, a questão toda passa fundamentalmente pela identificação da *ratio decidendi* pelo tribunal subsequente, não é sem razão que, nos sistemas anglo-saxões, há uma série de posições diferentes sobre o tema. Goodhart,[216] por exemplo, propõe que a *ratio decidendi* seja determinada a partir da verificação dos fatos, tratados como fundamentais ou materiais pelo juiz. Algumas das visões que divergem dessa proposta, por exemplo, dizem que ela é falha por não levar devidamente em consideração alguns elementos que podem ter influenciado a decisão do juiz, como, por exemplo,

---

213 CRUZ E TUCCI, José Rogério. *Precedente judicial como fonte do Direito*. São Paulo: Revista dos Tribunais, 2004, pp. 175 e 177; DUXBURY, Neil. *The Nature and Authority of Precedent*. Cambridge: Cambridge University Press, 2008, p. 67.

214 MacCORMICK, Neil. *Argumentação Jurídica e Teoria do Direito*. São Paulo: Martins Fontes, 2006, p. 157.

215 DUXBURY, Neil. *The Nature and Authority of Precedent*. Cambridge: Cambridge University Press, 2008, pp. 69 e 71.

216 GOODHART, Arthur L. "Determining the ratio decidendi of a case". *The Yale Law Journal*, vol. 40, nº 2, dez. 1930, pp. 161-183.

a relação do caso em questão com outros casos passados.[217] Mesmo assim, e muito embora tenha sido desenvolvida há vários anos, a teoria de Goodhart ainda é considerada por muitos juízes ao decidirem casos em Cortes norte-americanas.[218] Cabe, ainda, dizer que Arthur Goodhart – que, segundo Duxbury,[219] verdadeiramente mereceria "um prêmio" por ser pioneiro em "atacar construtivamente" o problema da *ratio decidendi* – desenvolveu sua teoria de forma a contrapor os realistas jurídicos norte-americanos, para quem a identificação da *ratio* e, portanto, toda a lógica do precedente, seria mera ilusão.[220]

A proposta de Goodhart, apesar de pioneira, passou longe de solucionar o debate. Além de ter sido, como vimos, alvo de algumas críticas – vide, a título de exemplo, as de Julius Stone,[221] para quem a ideia de Goodhart, de insistir em dedicar atenção à escolha de fatos materiais feita pelo juiz, não seria satisfatória, uma vez que cada um desses fatos pode ser declarado em diferentes níveis de generalização, podendo levar a uma solução distinta para o caso –, não foi a única visão a adquirir relevância sobre o tema.

Uma versão bastante diferente daquela de Goodhart foi a de Eugene Wambaugh,[222] para quem a *ratio decidendi* deve ser uma regra identificável a partir do elemento da decisão sem o qual o caso em questão deveria ter sido decidido de outra maneira, distinta da

217 CROSS, Rupert. *Precedent in English Law*. Oxford: Clarendon Press, 1977, p. 67.

218 DUXBURY, Neil. *The Nature and Authority of Precedent*. Cambridge: Cambridge University Press, 2008, p. 84.

219 DUXBURY, Neil. *The Nature and Authority of Precedent*. Cambridge: Cambridge University Press, 2008, p. 80.

220 ROSS, Alf. *Direito e justiça*. São Paulo: Edições Profissionais, 2000, pp. 85-92.

221 STONE, Julius. "The ratio of the ratio decidendi". *The Modern Law Review*, Oxford, vol. 22, nº 6, nov. 1957, pp. 597-620.

222 WAMBAUGH, Eugene. *The Study of Cases*: a course of instruction in reading and stating reported cases. 2ª ed. Boston: Little, Brown & Co., 1894, pp. 17-21.

que foi. É o chamado "teste de Wambaugh".[223] Alguns autores, por exemplo, Allen,[224] apesar de não adotarem o teste, concedem que a *ratio decidendi* é um elemento necessário à decisão.

Wambaugh não foi o único. J. L. Montrose, por exemplo, também ofereceu uma contraposição à teoria de Goodhart, ao dispor que sua tese de identificação da *ratio*, atrelada demasiadamente aos fatos do caso, acarretava a hipótese de que a decisão pronunciada pelo juiz fosse ignorada pelas cortes responsáveis por julgar casos subsequentes.[225] A. W. B. Simpson,[226] por outro lado, afirmava que a tese de Goodhart era incapaz de dizer algo para além da concepção clássica da *ratio decidendi*, que dispunha, genericamente, que a *ratio* vinculante é extraída dos "princípios" da decisão.

A conclusão é nítida: ainda que não tenha havido qualquer consenso e embora a discussão acerca do que constitui a *ratio decidendi* de um caso seja, em certa medida, indeterminada, evidentemente, em nenhum desses entendimentos, é possível equiparar a *ratio* de um caso a uma tese generalizante, enunciada pelo Tribunal previamente com esse fim. Como vimos, pois, eis aí uma clara – e importantíssima – distinção entre o *stare decisis* do *common law* e o "precedente" brasileiro.

Há coisas muito simples. Um precedente – ou seja, o nome que se dê a um enunciado com pretensão generalizante – não *nasce* para

---

223 DUXBURY, Neil. *The Nature and Authority of Precedent*. Cambridge: Cambridge University Press, 2008, p. 76.

224 ALLEN, Carleton Kemp. *Law in the Making*. 3ª ed. Oxford: Clarendon Press, 1939, p. 227.

225 GOODHART, Arthur L. "Determining the ratio decidendi of a case". *The Yale Law Journal*, vol. 40, nº 2, dez. 1930, pp. 161-183.

226 SIMPSON, Alfred W. Brian. "Determining the ratio decidendi of a case". *Modern Law Review*, vol. 21, nº 2, mar. 1958, pp. 155-160.

vincular. Ele obriga contingencialmente (dimensão da integridade). Um precedente não nasce precedente, torna-se.[227]

Só no Brasil se alimenta essa proposta de transformação do precedente em uma tese que nasce vinculante para o futuro. No restante do mundo, a coisa é diferente, e podemos comentar aqui os casos da Alemanha e de Portugal, para ficar só nesses.

Na Alemanha, apenas as decisões proferidas pelo Tribunal Constitucional Federal são obrigatórias (vinculantes) aos demais órgãos constitucionais da Federação e dos estados. Também, é evidente que o Estado europeu mantém sua preocupação com a uniformidade da jurisprudência (*Sicherung einer einheitlichen Rechtsprechung*) e com a preservação da segurança jurídica (*Rechtssicherheit*), sendo ambos requisitos para a admissão de recursos, mas não se adota o modelo de vinculação a precedentes judiciais como técnica de julgamento.[228] Não há uma preocupação explícita com a questão dos precedentes. Ocorre apenas de algumas decisões do Tribunal Constitucional Federal revogarem (anularem) leis por inconstitucionalidade (afinal, uma lei declarada inconstitucional perde a validade) e/ou fazem provisoriamente uma regulamentação substitutiva. Obviamente, as decisões passam a se tornar referência para casos futuros (assim o é no *common law*), mas não da forma como se projeta a teoria precedentalista brasileira.

Em Portugal, foi declarada a inconstitucionalidade do instituto dos assentos já no ano de 1993 pelo Tribunal Constitucional de Portugal.[229] Incrivelmente, as características desse instituto por-

---

227 STRECK, Lenio Luiz. *Precedentes judiciais e hermenêutica*: o sentido da vinculação no CPC/2015. 4ª ed. Salvador: Juspodivm, 2023.

228 WELSCH, Gisele Mazzoni. "A autoridade dos precedentes judiciais e a unidade do Direito: uma análise comparada Brasil-Alemanha (II)". *Revista de Processo*, vol. 313, ano 46, mar. 2021, pp. 325-355.

229 Conferir a obra especificamente dedicada ao tema dos assentos e citada pela Corte Constitucional: NEVES, Antônio Castanheira. *O instituto*

tuguês – declarado inconstitucional naquele país – mantêm muitos paralelos com os precedentes da teoria precedentalista brasileira. Escrevi sobre o tema abordando a história dos assentos, notando-se a dificuldade de sua compatibilização com o Estado Democrático de Direito contemporâneo.[230]

Nesse sentido, a tentativa de transformar um instituto que se forma como tal a partir da atividade interpretativa dos tribunais subsequentes em um sistema de teses abstratas proferidas pelos Tribunais Superiores parece muito claro que o discurso precedentalista, *primeiro*, incorre na tentativa de buscar respostas antes das perguntas, e, *segundo*, pretende-se a solução para eventuais problemas interpretativos. Cada uma dessas propostas está relacionada à outra. As *teses*, em *tese*, surgem como respostas prontas que solucionam de antemão os problemas que ainda não surgiram.

Pois vejamos: a filosofia hermenêutica e a hermenêutica filosófica bem diriam que uma proposição não é o lugar da verdade; ao contrário, *a verdade é o lugar da proposição*. Essa questão é igualmente muito bem trabalhada por Ernildo Stein.

Isso quer dizer que, no plano dos paradigmas filosóficos, o *enunciado*, a *tese* do *precedente* (do tipo preconizado pela comunidade jurídica) não pode ser o lugar da verdade. E mais: a verdade de que falo é, ainda, uma verdade *fundamentada*, para a qual se têm *critérios* em razão dos quais será possível dizê-la ou não. Afinal, então, como se pode fazer, ou mesmo pretender fazer, proposições "adivinhatórias", prospectivas? Como posso até mesmo buscar verdades

---

dos "assentos" e a função jurídica dos supremos tribunais. Coimbra: Coimbra, 1983.

230 STRECK, Lenio Luiz; SANTOS, Igor Raatz dos; MORBACH, Gilberto. "Da genealogia dos mecanismos vinculantes brasileiros: dos assentos portugueses às 'teses' dos Tribunais Superiores". *Revista Eletrônica do Curso de Direito da Ufsm*, vol. 14, nº 1, 8 abr. 2019, e37204. Disponível em: http://dx.doi.org/10.5902/1981369437204. Acessado em: 14.05.2024.

correspondenciais se nem *sequer explicito o que exatamente desejo fazer corresponder*? Isso é sempre contingencial. Ora, é a facticidade. Não é difícil, assim, perceber que, desprendida do contexto em que se insere, a proposição – seja ela proposta por meio de enunciado ou precedente – é vazia. É um conceito sem coisa. Tópica sem tópica.

Ernildo Stein sempre lembra, bem, que não é a realidade que é contraditória; os nossos *discursos sobre a realidade* é que são contraditórios. É por isso que temos de ter cuidado para não confundir a estrutura dos nossos discursos com a estrutura da realidade. Como dizia Heráclito: o *logos* das coisas é um; o dos filósofos, enquanto *intérpretes*, outro. A simetria entre os dois logos será sempre ideal. Ou ilusória. Veja-se a personagem Roquentin, de *La Nausée* (*A Náusea*), de Sartre, que entende que a realidade, para que pudesse ser descrita, já deveria possuir as próprias estruturas da própria linguagem. Ao buscar a essência nas palavras, Roquentin descobre que sua linguagem metafísica é incapaz de dar conta do espaço inevitável que existe entre as palavras e as coisas; a náusea de Roquentin é agravada quando ele insiste que o homem é o mestre da linguagem, quando, em verdade, é a linguagem *que conduzo homem.*

Ou seja, a pretensão de isomorfia é ilusória. Impossível. Ora, quando um conjunto de pessoas *propõe* algo, por meio de um enunciado ou um precedente, propõe nada senão uma tentativa de se chegar em um conjunto de palavras capaz de abarcar o mundo e lhe conferir um sentido último – o ponto e, portanto, a inevitável contradição, é que isso é feito sem que se saiba, contudo, *de que mundo se trata*. Em analogia a Gadamer,[231] lembremos que não se pode dizer algo sobre o mundo antes que se deixe *que o mundo diga algo*. Um sujeito *propõe*. De que lugar? Qual é a fundamentação (no caso, do enunciado ou do precedente)? Uma outra palavra ou um conjunto de palavras. Uma analítica que se autofunda.

---

231 GADAMER, Hans-Georg. *Verdade e método II*: complementos e índices. 2ª ed. Petrópolis: Vozes, 2002, p. 405.

Sem se darem conta, os adeptos das "Cortes de Precedentes" no Brasil querem uma volta às cartografias pré-explicativas do mundo. Só que a partir de Heidegger, Gadamer e Stein, é possível dizer que a verdade é necessariamente transcendental – e, vejam, para além de um sentido *kantiano*. Esse *destranscendentalizar* do fenômeno enuncialista-precedentalista é dar um passo atrás, para que se possa dar *mais um passo atrás*: é um retorno ao sujeito *moderno* que valida uma busca por segurança nas cartografias do *pré-moderno*. Os precedentes e os enunciados representam um retorno ao sujeito que objetifica a realidade que, por sua vez, deseja retornar ao assujeitamento das cartografias que pretendem conter a completude do mundo em si. A mixagem de paradigmas superados das metafísicas em seu sentido ontoteológico moderna e clássica opera mais uma vez. Veja-se como o Direito é dependente da filosofia.

Ademais, passados mais de oito anos da entrada em vigor do Código de Processo Civil, não é incomum ver reclamações de ministros dos Tribunais Superiores reclamando de desrespeito por parte dos Tribunais Regionais à "cultura dos precedentes". De fato, diante dessas incompatibilidades institucionais e de problemas filosóficos, não é nenhuma surpresa que não se tenha construído uma "cultura de precedentes" no Brasil, como pretendiam os precedentalistas. A razão para isto é a impossibilidade de imposição de uma "cultura" a partir das decisões dos Tribunais Superiores. Uma cultura de respeito aos precedentes como há no *common law* só é possível ser construída organicamente e com o decurso do tempo.

Ademais, tudo isso está umbilicalmente ligado à Teoria do Direito. O Brasil é o único país que elabora precedentes para o futuro. E elabora esses "precedentes" desprovidos de qualquer constrangimento. Portanto, quando um tribunal cria uma tese aberta e com pretensão generalizante, está legislando. Isso só é possível porque a doutrina dominante no Brasil é o realismo jurídico. Ou seja, o Direito é aquilo que os tribunais dizem que ele é.

Por sua vez, o suporte do realismo jurídico é o ceticismo jurídico, que preconiza que os textos jurídicos são indeterminados.

Todavia, esses mesmos "precedentes" são textos, aos quais os juízes não obedecem. Dessa forma se estabelece uma cadeia cética: o juiz não acredita nos textos; o tribunal, por sua vez, corrige o juiz a partir de um argumento de autoridade. O resultado disso é que o tribunal produz uma nova decisão que também não é obedecida porque todos pensam que textos nada valem.

Desse amálgama surge a teoria precedentalista. A realidade está no empiricamente constatável, as decisões judiciais, mas não há critérios que orientem quem decide porque os textos nada valem. Forma-se, assim, um contexto em que impera a autoridade. Ao fim e ao cabo, um positivismo jurisprudencialista. Positivismo fático, em outras palavras.

A autoridade (leia-se, tribunais) põe o Direito (positivismo na origem é "eu ponho" – tese das fontes sociais) por ato de vontade (segundo aconselham os doutrinadores precedentalistas). Por ato de vontade, entenda-se "ponho como penso que deve", independentemente de qualquer fonte ou história institucional anterior (*autorictas non veritas*). Depois de definido o exato sentido da lei pela jurisdição nessa ótica normativista, chega o momento em que os tribunais inferiores apenas replicarão a tese nos demais casos, refletindo um positivismo exegético absolutamente incoerente com a base filosófica do positivismo normativista.

Ocorre que esse Direito advindo da decisão (que realiza o Direito) também será indeterminado. Assim, cai-se em um discurso circular indeterminado-infinito, porque a cada nova decisão temos uma definição diferente, fruto do discricionarismo do aplicador.

Logo, está explicado por que os precedentes não são seguidos no Brasil. São considerados apenas textos. E textos, na concepção realista, são ficções. Nesses termos, mesmo quando casos semelhantes são decididos de forma parecida, isso não ocorre pela aplicação de normas pré-existentes, os juízes apenas concordaram contingentemente com a criação da norma que eles vão inscrever no ordenamento jurídico.

À luz de qualquer boa Teoria do Direito ou da democracia, tal pretensão não se sustenta. Explico: como pode o precedentalismo pretender uma solução para o problema da interpretação, se um precedente também é um texto a ser interpretado?

O que se observa é que, no Brasil, os tribunais usam "precedentes" não como fundamento de uma decisão, mas, sim, como pretexto. Escolhe-se algo que já foi julgado e se replica para que sirva como viés de confirmação daquilo que se pretende dizer. Veja-se que essa conduta viola frontalmente o que dispõe o art. 489, V, do Código de Processo Civil, o qual expressamente dispõe que não se considera fundamentada a decisão que invoca precedente e não expõe as razões determinantes que levaram a sua aplicação. O código explicitamente prestigia a *ratio decidendi* porque são essas razões fundantes necessárias para solucionar o caso concreto que deve ser confrontado com o caso em exame para que seja verificada, contingencialmente, a aplicabilidade de um precedente.

Por consequência, a concepção precedentalista de que é possível extrair de um julgamento uma "tese" geral e abstrata passível de ser aplicada de plano a casos futuros em nada guarda qualquer similaridade com o que acontece no *common law*. Precisamente por essa razão, mostra-se especialmente problemática a tentativa de transposição de doutrinas do *common law* para justificação desse "sistema de precedentes". Afinal, se não há nenhuma preocupação com a identificação da *ratio decidendi* da decisão, mas, sim, da defesa da autoridade da "tese" como interdito interpretativo, não há como se falar em *stare decisis*, porque a "tese" vai ter que ser interpretada em face do caso concreto.

Nesse mesmo sentido, a possibilidade de superação de um precedente – algo que é natural no *common law* – resta prejudicada diante da supervalorização da autoridade da tese em detrimento da *ratio decidendi* ou da *holding* do precedente. Se não há preocupação em identificação da *ratio decidendi* de um julgamento no Brasil, como se pode dizer que aquele julgamento foi superado (*overruling*) ou que o caso em apreço possui circunstâncias fáticas substancialmente diferentes que não ensejam a aplicação do precedente (*distinguishing*)?

Nesse ponto, não há como falar em "superação de um precedente vinculante" [232] tendo por referência o instituto no *common law* se, no Brasil, precedentes não estão no passado, mas são pensados para o futuro. Se o "precedente" está buscando resolver uma situação no futuro de maneira geral e abstrata, *como poderá ser superado*? Veja-se que são essas questões de ordem institucional e filosófica que permanecem sem resposta mesmo após anos de vigência do Código de Processo Civil.

A faticidade mostra que a doutrina precedentalista no Brasil é apenas mais uma das faces da ausência de uma adequada Teoria do Direito e do império do realismo jurídico no país. Sem dúvida, há por parte dos Tribunais Superiores uma valorização da doutrina precedentalista como defesa de sua autoridade em relação aos Tribunais Regionais, mas também como maneira de desafogar os estoques de processos que diuturnamente chegam a esses Tribunais. A tentativa de jurisprudencialização do Direito e de respostas antes das perguntas tem, portanto, também um viés pragmático. No entanto, não há como fugir da interpretação. Estamos condenados a interpretar.

É esse mesmo pragmatismo que também leva os Tribunais Superiores à contradição quando referem que o desrespeito a um acórdão não configura ofensa à jurisprudência do tribunal (AREsp 1.267.283). Ora, se os "precedentes" são vinculantes, como pode uma decisão que contraria frontalmente um precedente não ser passível de correção direta pelo tribunal cuja autoridade foi usurpada? Trata-se de simples tentativa de evitar uma proliferação de reclamações contra decisões dos Tribunais Regionais que não seguem os "precedentes".

---

232 PIRES, Michel Hernane Noronha. *A superação dos precedentes vinculantes*: como se justifica a revogação do precedente? Curitiba: Direito Contemporâneo, 2023.

Há ainda a questão de tentativa de limitação do que é precedente a um número fechado de decisões elencado em um dispositivo específico do Código de Processo Civil; no entanto, se queremos falar de precedentes, não podemos desprezar a importância de decisões que sejam proferidas em situações diversas daquelas expressamente previstas no art. 927: se o Supremo Tribunal Federal proferir uma decisão em *Habeas Corpus* cujas razões fundantes sejam relevantes em casos análogos, esta não pode ser invocada como precedente em face do próprio Supremo? Isso serve para o Superior Tribunal de Justiça e para qualquer tribunal. O Tribunal poderá decidir de forma diversa sem enfrentar o precedente, simplesmente porque não se está diante de um dos casos do art. 927? E o que acontece com o dever de coerência e integridade do art. 926 do CPC?

Veja-se que todas essas questões importam em uma problemática de difícil solução e que, com o decurso do tempo, ao invés de respostas, mais questões se apresentam. Venho desde o princípio indagando e apontando as incongruências dos precedentalistas; poucas respostas me foram dadas por seus entusiastas. O que se tem sedimentado ao longo desse tempo é o trunfo do realismo jurídico como doutrina vigente, com a proliferação de teses e enunciados.

Infelizmente, parece que o estranhamento com tudo isso tem sido de baixa intensidade. Relatei aqui mais uma vez minha preocupação com o fato de a doutrina precedentalista brasileira deixar de escrever sobre uma cultura jurídica autêntica, limitando-se a descrever o precedente ideal no Brasil. De fato, essa parcela se basta em compilar descrições daquilo que foi dito ou decidido pelos tribunais. Com isso, morre aos poucos a função da doutrina: a de doutrinar.

Será que alguém ainda se importa? Por sua vez, as minhas respostas aos precedentalistas podem ser encontradas em *Precedentes judiciais e hermenêutica: o sentido da vinculação no CPC/2015*.[233]

---

233 STRECK, Lenio Luiz. *Precedentes judiciais e hermenêutica*: o sentido da vinculação no CPC/2015. 4ª ed. Salvador: Juspodivm, 2023.

Numa palavra final, o precedentalismo brasileiro ignora as lições do *common law* nos mínimos detalhes. Mas não só do *common*. Ignora também o que ocorre nos demais países do *civil law*. Precedentes não são feitos para o futuro. Em lugar nenhum. Ocorre um julgamento e contingencialmente o caso seguinte deve seguir o caso "mãe", porque o Direito deve ser coerente e íntegro. Observemos o inadequado funcionamento do sistema brasileiro. O STJ possui diferentes decisões sobre o artigo 385 do CPP. Por exemplo, nos HCs 838.887 e 890.822, o STJ diz que o juiz não pode decretar prisão preventiva quando o Ministério Público apenas requer aplicação de medidas alternativas. O mesmo Superior Tribunal de Justiça possui decisão em sentido diametralmente contrário. E decisão posterior às duas primeiras. Qual é o problema da "cultura de precedentes"? A resposta não é difícil, depois de tudo o que foi dito neste verbete. Como em qualquer país do mundo, um tribunal decide um caso e depois não pode julgar em sentido contrário. E se o fizer, não pode novamente voltar atrás do anterior "voltar atrás". Mormente se existe um dispositivo no CPC que obriga a jurisprudência ser estável, íntegra e coerente. Portanto, cultura de precedentes é seguir o que foi decidido anteriormente, seja que tipo de processo for. Não é necessário esperar que o próprio Tribunal faça uma tese, com a pretensão de regular para o futuro como se legislador fosse, perdendo-se a especificidade da concretude do caso. Precedentes tem relação umbilical com o que se chama de caso concreto. Seja no *common law*, seja no *civil law*.

Realismo jurídico

Na presente obra, é tido como sinônimo de jurisprudencialização do Direito, porque é a tese dominante no Brasil, explicita ou implicitamente. Um breve olhar no modo como funciona a práxis jurídica no Brasil, assim como esse fenômeno recebe a recepção na doutrina, mostra que é correto fazer essa afirmação.

Pode-se dizer que o realismo jurídico é uma forma de positivismo fático. Tão positivista quanto o velho exegetismo (paleojuspositivismo, nas palavras de Ferrajoli). Surge como oposição à jurisprudência analítica inglesa. Mas também como contraposição ao textualismo-exegetismo. Em termos teoréticos, essa forma de positivismo rejeita toda proposição jurídica (ou legislação) que não pode ser observada empiricamente – e por isso a denomina de "metafísicas".

Há várias correntes, como o realismo norte-americano e os escandinavos (ver verbete correspondente no meu *Dicionário de Hermenêutica*). No realismo – e isso será explicado na sequência –, a validade se dá na decisão jurídica, invertendo a posição do positivismo clássico-exegético-textualista (no qual vigência é igual à validade). Trata-se da verificação empírica (veja-se que todos os positivismos são empiristas) da conduta interpretativa passada e presente dos juízes e tribunais, com o objetivo de prever suas decisões futuras.

No Brasil, tenho referido que possuímos uma espécie de realismo retrô, pelo qual a dogmática jurídica traz para a atualidade as posturas-modelos jurídicos do passado, fazendo uma espécie de releitura, concentrando-se no ponto de a validade estar na decisão, com o que, para além de previsões e outras especificidades das posturas realistas originais, simplifica o processo aplicativo com a simples transposição do polo de tensão do Legislativo para o Judiciário. Daí a criação judicial do Direito ou "Direito criado pelos juízes e tribunais" – traduzido por aquilo que se chama jurisprudencialização do Direito.

Os realismos norte-americano e escandinavo foram os principais movimentos do realismo jurídico. Fixo-me no realismo norte-americano, cuja máxima historicamente tem sido "o Direito é *aquilo que os tribunais dizem que é*" (essa frase também será recorrente, em face das práticas judiciárias que serão analisadas). O realismo escandinavo tem uma feição (mais) epistemológica, diferentemente do norte-americano e do praticado no Brasil. Alf Ross tem o Direito como predição das decisões judiciais. Mas essa predição diz respeito à ciência do Direito e a sua aplicação. Para Ross, o Direito é o conjunto de diretivas que provavelmente os juízes levarão em conta como fundamento de suas próximas decisões. Portanto, não chega a ser um cético em relação às regras como os realistas da cepa de Jerome Frank e os juízes brasileiros, mas é uma delegação hermenêutica em favor dos tribunais. Assim, o texto, a regra jurídica, só terá sentido depois da aplicação pelos tribunais. Antes, o realismo de Ross serve para determinar quais as normas que integram um determinado sistema jurídico. As resoluções judiciais (sentenças, jurisprudência) não constituem o Direito, mas determinam quais as normas que integram o Direito de um país.

Assim, o que deveria estar na base dos estudos da Teoria do Direito e dos cursos jurídicos (e da pós-graduação) é esse modelo de ceticismo em relação ao Direito legislado. É disso que se retira a máxima "o Direito é o que os tribunais dizem que é, independentemente do que diz o Direito legislado".

O realismo, assim, é uma postura relativista ("não há verdades no teor da lei escrita"), não cognitivista moral (do ponto de vista da metaética), anti-hermenêutica, que aposta no protagonismo judicial (pragmatista, com raciocínios e argumentos finalísticos), sem compromisso com a autonomia do Direito.

Para o realismo jurídico, o Direito não funciona como fim, mas como meio (uma técnica operacional) para alcançar determinados objetivos sociais. É uma espécie de positivismo fático, pois o Direito é "posto" pelo Tribunal: Direito é fato, é vida cotidiana. Pelas especificidades e peculiaridades do Direito praticado no Brasil e o criterialismo dominante na dogmática jurídica, afirmo que o realismo brasileiro é retrô: remete sempre ao passado, mas quer estar na moda. Tem relação direta com o ativismo judicial (sempre indesejável, diferentemente da judicialização, esta última inevitável e contingencial, sobretudo em países de modernidade tardia como o Brasil).

O texto jurídico produto do legislador é, para o realista jurídico (confessadamente ou não), uma ficção e, por essa razão, não constrange e não limita. É por isso que seus instrumentos são artifícios como "verdade real", "livre convencimento" e "livre apreciação".

Estamos diante do realismo jurídico quando os tribunais: criam direitos/deveres; valem-se de posturas arcaicas como o "livre convencimento" e a "livre apreciação" da prova; promovem atos de vontade; atuam de maneira pragmática e/ou casuisticamente; atuam com viés utilitarista ou, ainda, permitem que predadores externos e internos violem a autonomia do Direito. Em síntese, essa repristinação do realismo jurídico busca transferir aos tribunais (antidemocraticamente) o papel de dizer o Direito.

Para os realistas – e isso é facilmente perceptível nas práticas judiciarias brasileiras e na própria doutrina –, o Direito estaria muito próximo de uma técnica operacional e decorreria daquilo que o intérprete diz que ele é. Daí se dizer que o Direito se realiza pela decisão mesma. O realismo jurídico traduz-se numa forma acabada de positivismo fático que, ao buscar superar o formalismo exegético, acaba por abrir caminho para discricionariedades e decisionismos.

A tensão que surge aqui, na relação entre a jurisprudencialização (criação do Direito pelo Judiciário, que é o mesmo que realismo) e democracia, decorre do fato de que essas posturas *não possuem compromisso com a autonomia do Direito*. Caracterizam-se, pelo contrário, por uma aposta no ativismo judicial por meio da fé no protagonismo dos juízes. Segundo tal perspectiva, o juiz, dentro de uma pluralidade de opções corretas fornecidas pelo ordenamento jurídico, estaria autorizado, mediante um ato de vontade, a *escolher* uma delas a partir do seu exclusivo arbítrio.

Em outros termos: o realismo tem fundamentos pragmaticistas que favorecem o agir de predadores externos (moral, economia, política) sobre a formulação do Direito. Esse verdadeiro "estado de exceção hermenêutico" consagra a ideia do juiz que opera como *protagonista* – isto é, aquele que resolverá os casos a partir de raciocínios e argumentos finalísticos.

Por tais razões, realmente não é de causar espanto que estudiosos como José Luis Martí chegam até mesmo a colocar em dúvida a possibilidade de compatibilização do realismo com os ideais políticos democráticos e liberais. Eis um bom tema para seminários na graduação e na pós-graduação. Nesse sentido, Marti alerta que o ceticismo realista sobre a intepretação jurídica – ao deslocar toda a aplicação do Direito do plano do conhecimento para o plano da vontade – acaba produzindo *incompatibilidades incontornáveis* com o princípio da separação dos Poderes, com o Estado Democrático de Direito, com a proteção de direitos individuais (cuja preservação passa a depender unicamente da vontade dos magistrados) e com a própria noção elementar de democracia, na medida em que as noções de representação política e de exercício popular do poder pressupõem normas jurídicas anteriores que as fundamentem.

A decorrência lógica da postura cético-realista se materializa, também, no fato de que, se as normas não podem ser conhecidas aprioristicamente, então, não faz mais sentido falar em previsibilidade jurídica, segurança jurídica e, ao fim e ao cabo, nem mesmo em leis gerais, abstratas e preexistentes.

Disso retiramos a seguinte cadeia de raciocínio: se (i) Direito, no realismo jurídico, é o que o tribunal diz que é, e (ii) o tribunal, mormente no último grau da cadeia do sistema de justiça, pode dizer qualquer coisa, então, (iii) Direito pode ser qualquer coisa.

Desse modo, se (i), (ii) e (iii) forem verdadeiros – como faz crer e ser o realismo –, então, o tribunal "de agora" pode dizer qualquer coisa sobre aquilo que o tribunal "de antes" disse ser o Direito. Qualquer coisa pode ser precedente e qualquer coisa pode ser dita sobre o texto do precedente – que também é texto. E, depois, qualquer coisa pode ser dita sobre o que se disse sobre o texto do precedente.

O realismo nasce para "prever o que os juízes farão" e "explicar o que os juízes fazem" e, no fim, não é capaz de prever nada ou explicar qualquer coisa.

No Brasil, o precedentalismo, para dar "segurança" e "racionalidade", ao não propor uma teoria da decisão, não dá conta daquilo que se pode dizer sobre a identificação do que vem a ser a *holding*. E não dá segurança e racionalidade.

Tem-se assim que, em um país como o Brasil em que a teoria dominante é o realismo (jurisprudencialização do Direito), os precedentes, construídos como atos de vontade pelos tribunais, acabam não sendo obedecidos. E por quê? Por uma razão muito simples. O precedente editado pelos tribunais é também uma norma. Como as normas jurídicas, para o realismo, não tem valor *a priori*, valendo apenas depois de sua aplicação, também os juízes e tribunais de segundo grau não se sentem obrigados a seguir precedentes. Isso confirma a tese de que o realismo é uma postura cética. O ceticismo gera outros ceticismos. A maior demonstração disso é o fato de os próprios Tribunais Superiores terem imensas dificuldades de seguir a si mesmos. Veja-se a criação criterialista da classificação "precedentes qualificados" e "precedentes persuasivos". Em nenhum lugar do mundo, existe esse tipo de distinção. Assim, do mesmo modo, nos demais países, não existe a prática de editar precedentes para o futuro. Importante, nesse sentido, verificar o modo como funcionam os precedentes nos países de *common law* e nos países de *civil law*. Em nenhuma das duas famílias, os precedentes são "produtos". Sua aplicação é contingencial. Precedentes não nascem precedentes.

Por fim, em uma análise abrangente, o realismo jurídico emerge como uma perspectiva inerentemente não cognitivista, particularmente no contexto da metaética. Os realistas concebem o Direito como uma abordagem operacional, resultante do que o intérprete declara ser. Sustentam que o Direito se concretiza por meio da própria decisão. Essa corrente, representada por uma forma refinada de positivismo fático, embora busque superar as diversas formas de formalismo-textualismo (o que muitos chamam de "positivismo jurídico clássico"), contudo, paradoxalmente, abre espaço para interpretações discricionárias e decisionismos.

Nesse contexto, observa-se que as posturas realistas carecem, por suas exigências morais elevadas em relação ao Direito, de um compromisso inequívoco com a autonomia do sistema jurídico. O enfoque na decisão como a expressão máxima do Direito, apesar de desafiar as amarras do formalismo, inadvertidamente desafia também a noção de autonomia, destacando uma tensão intrínseca entre a busca pela flexibilidade interpretativa e a preservação da integridade do ordenamento jurídico.

Verdade

A definição teórica do conceito de verdade é um dos problemas mais antigos e fundamentais da filosofia. Observe-se: o Direito tem uma dependência de outros ramos, especialmente da filosofia. Não dá para "inventar" um conceito de verdade que seja próprio do Direito.

Apesar disso, empregamos o conceito em nosso cotidiano, nas mais diversas situações, de maneira irrefletida. As salas de aula nos cursos de Direito, inclusive da pós-graduação, são pródigas nisso. Seja na dimensão processual, em que a apuração dos fatos ocorridos é determinante para o julgamento de casos, seja em relação à compreensão das normas a serem aplicadas, a verdade exsurge como um dever epistêmico e (também) político da atuação jurisdicional. Mas, afinal, o que é isto – a verdade?

No julgamento do Mensalão, ouvi muitos participantes falarem da e sobre a verdade. Ouvi que a verdade "estava nos autos" e que "as provas fala(ri)am por si" (o processo revelaria uma verdade intrínseca); e, por outro lado, falou-se também que "a verdade não existe; que é relativa". Com efeito, ao consultarmos manuais, deparamo-nos com as mais diversas definições de verdade: verdade material, verdade processual, verdade real (...).

De acordo com determinada doutrina, "a existência da verdade é sempre relativa, pois o que é verdadeiro para uns, pode ser falso para outros". Em outro texto – e isso se repete em vários –, leio que *a verdade é inatingível* em face das *deficiências humanas de cognição*. Mas, paradoxalmente, diz-se que "*não se deve prescindir da investigação sobre como os fatos se deram*". Ora, se a verdade não existe, se ela é incognoscível/inatingível (lembro que os sofistas já diziam isso), como é possível investigar a maneira "*como os fatos se deram*"?

Afinal, se a verdade não existe, como tantos autores de Direito dizem, como admitir a existência de "fatos"? Aliás, se a verdade não existe, então, é por isso mesmo que não é verdadeiro dizer que a verdade não existe. O autor do enunciado cai em um paradoxo. E, como também sabemos, paradoxos são coisas sobre as quais não podemos decidir (assim nos ensinam os sistêmicos). Por exemplo, o mais famoso paradoxo é o do mentiroso. "Todos os que estão na sala são mentirosos. Eu, quem disse a frase, estou na sala, logo, sou mentiroso e acabo de dizer uma mentira, cujo contrário é a verdade".

O mesmo ocorre quanto à aplicação de normas – princípios e regras. Diz-se, por exemplo, que "apenas as afirmações dotadas de significado ou de referência empírica, quer dizer, que descrevem fatos ou situações determinadas a partir do ponto de vista da observação",[234] são aptas à verdade. Portanto, o raciocínio normativo sobre o sentido dos conceitos jurídicos não empíricos está sempre sujeito à discricionariedade/subjetividade do intérprete.[235]

---

234 FERRAJOLI, Luigi. *Direito e Razão*. Trad. Ana Paula Zomer, Juarez Tavares, Fauzi Hassan Chokur, Luiz Flávio Gomes. São Paulo: Revista dos Tribunais, 2002.

235 A partir desta definição verificacionista/empirista sobre a verdade, Ferrajoli critica não somente o neoconstitucionalismo e sua aposta em valores, aquilo que denominei de panprincipiologismo, mas, também, a crítica de autores como Ronald Dworkin à discricionariedade judicial. Em debate com o jusfilósofo italiano, concordo com a necessária crítica à fragilização normativa do Direito provocada por correntes teóricas que propõem uma suposta abertura interpretativa a valores e/ou princípios e/ou interesses sem, contudo, apresentarem marcos epistemológicos que limitem o subjetivismo interpretativo. No entanto, no mesmo debate, reafirmo a importância de se desenvolver uma concepção de respostas corretas ou adequadas no Direito. Nesse sentido, ver: FERRAJOLI, Luigi; STRECK, Lenio Luiz; TRINDADE, André Karam (Coord.). *Garantismo, hermenêutica e (neo)constitucionalismo*. 1ª ed. Porto Alegre: Livraria do Advogado, 2012, p. 260. Ver, também, a

As premissas sobre o tema da verdade, nesse sentido, amparam teses e conclusões que impactam diretamente a maneira como compreendemos as diversas instâncias da prática jurídica, no sentido acima afirmado. Podemos afirmar, portanto, que é impossível trabalhar epistemologicamente o tema Direito sem uma teoria acerca do que é verdade. Temos de dizer "como conhecemos as coisas". Por que x é x e somente x e não y? Quais as condições pelas quais posso dizer x?

A teoria mais conhecida é a teoria da verdade como correspondência, segundo a qual uma proposição x é verdadeira se e somente se x corresponde a um fato. Vem de Aristóteles: "falso é dizer que o ser não é ou que o não ser é. Consequentemente, quem diz de uma coisa que é ou que não é, ou dirá o verdadeiro ou dirá o falso". Já em termos escolásticos, essa concepção de verdade traduz-se na expressão *adaequatio intellectus et rei* (a verdade é a adequação do intelecto à coisa).

Pode parecer estranho, mas, na Teoria do Direito e no Direito Processual, as teorias da verdade como correspondência são (ainda) as dominantes. Com pequenas variações, estão baseadas na ideia de que "verdade é correspondência com a realidade". Pode-se chamá-las de teorias robustas da verdade, porque nelas a verdade tem uma natureza. São teorias objetivistas-realistas, porque o mundo existe independentemente do que dizemos sobre ele. Sendo mais simples, por esse conceito a verdade depende do que nos é exterior e não do que nos é interior. Aqui já temos, de pronto, um problema: se a verdade tem um caráter objetivo e que exsurge da adequação-correspondência do intelecto com a coisa (correspondência com a realidade), como compatibilizá-la com subjetivismos como "livre apreciação da prova e livre convencimento"? Talvez este seja o calcanhar de Aquiles da

---

segunda edição do debate: FERRAJOLI, Luigi; STRECK, Lenio Luiz; TRINDADE, André Karam (Coord.). *Garantismo, hermenêutica e (neo) constitucionalismo*: um debate com Luigi Ferrajoli. 2ª ed. São Paulo: Tirant lo Blanch, 2022.

dogmática jurídica em autores como Michelle Taruffo, Gustavo Badaró e Luigi Ferrajoli, para falar apenas destes.[236]

Pode-se afirmar, pelo caráter empirista das teorias positivistas (teorias descritivas), que essas utilizam a verdade correspondencial, divergindo em alguns pontos sobre a sua aplicação. Portanto, são concepções positivistas sobre a verdade e o processo. Mas também as teorias jusnaturalistas usam esse conceito de verdade (externo ao sujeito).

Deixando mais claro, para as correntes positivistas os fatos existentes aos quais nossas proposições correspondem limitam-se aos fatos estudados pelas ciências naturais, de maneira que nossas afirmações normativas, principalmente as relativas à atividade jurisdicional, são sempre relativas ou subjetivas. Já para as teorias do Direito Natural, bens jurídicos existem como um dado da realidade e podem ser correspondidos pela gramática da moral e da ética.

Luã Jung[237] lembra que a crítica geral à ideia de correspondência diz respeito à problemática noção de que nossas ideias, proposições ou sentenças possam, de alguma forma, ser equivalentes aos fatos por elas descritos. Nesse sentido, o filósofo e matemático Gottlob Frege afirma que

> comparar uma ideia com a coisa só seria possível se a coisa também fosse uma ideia (...) é absolutamente essencial que a realidade seja distinta das ideias. Mas então não pode haver completa correspondência, uma verdade completa. Então nada

---

236 Nesse sentido, ver: STRECK, Lenio Luiz; JUNG, Luã N. "Livre convencimento judicial e verdade: crítica hermenêutica às teorias de Ferrajoli, Taruffo e Guzmán". *Novos Estudos Jurídicos*, Itajaí, vol. 27, nº 1, 2022, pp. 2-21.

237 Cf. JUNG, Luã N. "A Filosofia do Direito e o problema da verdade". *Conjur*, 15 jan. 2022. Disponível em: https://www.conjur.com.br/2022-jan-15/diario-classe-filosofia-direito-problema-verdade/\. Acessado em: 17.02.2024.

> seria verdadeiro; pois aquilo que é apenas parcialmente verdadeiro é falso. A verdade não pode tolerar mais ou menos.[238]

Observe-se o beco sem saída em que se meteram as teorias da verdade como correspondência – ficaram reféns do positivismo.

Outra teoria da verdade é a teoria da verdade como coerência ou como justificação, para a qual a corroboração de uma proposição é dependente da totalidade de enunciados que o precedem e o sustentam. Essa concepção também está associada ao que na epistemologia e ontologia chamamos de holismo, ou seja, a ideia de que a determinação de todo ente é dada pela sua relação com a totalidade (*holos* significa, em grego, especificamente "todo"). Nesse sentido, G. W. F. Hegel, cujo sistema filosófico representa o melhor exemplo de holismo na modernidade, afirma, em sua *Fenomenologia do Espírito*, que "o verdadeiro é o todo" (*Das Wahre ist das Ganze*).

No âmbito da Teoria do Direito, o representante contemporâneo dessa concepção coerentista e holística é Ronald Dworkin. A sua tese do Direito como integridade consiste em reconhecer que a adequação de determinada interpretação jurídica ocorre na medida em que esta se revele como a mais coerente em relação à totalidade do sistema legal e de precedentes no exercício do romance em cadeia que é por ele proposto. Na medida em que a interpretação em geral é um processo normativo no qual se demanda por justificações em vez de causas, o autor expandirá a sua concepção coerentista e holística para outros campos normativos como o da moral, de maneira a desenvolver, em *Justice for hedgehogs*,[239] uma teoria que integre a sua Teoria do Direito com a sua concepção ética, moral e política.

---

238 FREGE, Gottlob. "The Thought: a Logical Inquiry". *Mind*, vol. 65, nº 269, jul. 1956, p. 291 (tradução nossa).

239 Ver JUNG, Luã N. *O espinho do ouriço*: metaética, interpretação e objetividade moral em Ronald Dworkin. São Paulo: Juspodivm, 2023.

O desafio comum à teoria coerentista da verdade é o de que, se o critério e definição da verdade constituem a coerência interna de um determinado conjunto de proposições, seria possível tornar qualquer proposição coerente com outras, pois qualquer conjunto de proposições que mostrem coerência entre si passaria pelo teste de não contradição. Outra crítica plausível à tese da verdade como coerência diz respeito ao vício de circularidade: afinal, se não há um elemento externo que sirva de fundamento ao conjunto de proposições coerentes entre si, corremos o risco de repetir as premissas na conclusão de nossos raciocínios.[240]

A terceira teoria da verdade que gostaria de destacar é a pragmatista. A versão mais crua dessa corrente é associada à ideia de que a verdade consiste naquilo que é útil. Assim, determinada proposição X é verdadeira se e somente se é útil. William James afirma, nesse sentido, que "a posse de pensamentos verdadeiros significa em qualquer lugar a posse de inestimáveis instrumentos de ação"[241] e que "o verdadeiro é o nome de qualquer coisa que se prove boa em termos de crença".[242] De acordo com o pragmatismo de autores como James, John Dewey e Richard Rorty, a linguagem é uma ferramenta que utilizamos de acordo com as nossas necessidades, não um mero "espelho da natureza". Para Rorty,

> quando os pragmatistas identificaram a verdade com "aquilo que acreditaremos se continuarmos a investigar sob a presente luz" ou "aquilo que melhor para nós acreditarmos" ou com "assertividade garantida", eles pensaram estar seguindo os passos de Mill e fazendo pela ciência o que os utilitaristas

---

240 É a crítica que faz, por exemplo, FERREIRA NETO, Arthur Maria. *Metaética e a fundamentação do Direito*. Porto Alegre: Elegantia Juris, 2015.

241 JAMES, William. *Pragmatism*. Nova York: Dover publications Inc., 1995, p. 86.

242 JAMES, William. *The meaning of truth*. Londres: Longmans and Green, 1907, p. 42.

> fizeram pela moral – fazendo dela algo que você pode usar ao invés de algo que poderia meramente respeitar, algo contínuo com o senso comum ao invés de algo que poderia ser tão remoto do senso comum quanto a mente de Deus.[243]

O representante mais conhecido do pragmatismo na Teoria do Direito é Richard A. Posner. Para o autor, "o pragmatismo deve ser entendido como a disposição de basear as decisões públicas em fatos e consequências, não em conceitualismos e generalizações".[244]

O grande problema do conceito pragmático de verdade é que, se define a utilidade como critério daquilo que é verdadeiro, precisaremos adicionar premissas que explicitem e justifiquem o que se entende por utilidade nesse contexto. Deve-se destacar, todavia, que o pragmatismo é uma corrente multifacetada, cujas principais críticas devem ser dirigidas especificamente a cada autor. Como comenta Engel, algumas teorias pragmatistas,

> quando somadas ao coerentismo, são mais próximas do idealismo e teorias epistêmicas da verdade; outras, quando incluem uma concepção de uma correspondência ideal com a realidade e uma visão realista das condições da verdade, são mais próximas do realismo; e algumas outras, como veremos, flertam com o relativismo. Mas, no momento, é possível afirmar que o pragmatismo é, na melhor das hipóteses, uma concepção da verdade bastante instável.[245]

Essas são as principais correntes da teoria da verdade, desenvolvidas e ramificadas no âmbito da filosofia analítica.

---

243 RORTY, Richard. *Philosophy and the Mirror of Nature*. Princeton: Princeton University Press, 2009, p. 308.

244 POSNER, Richard A. *A problemática da teoria moral e jurídica*. São Paulo: Martins Fontes, 2012, p. 358.

245 ENGEL, Pascal. *Truth*. Montreal: McGill-Queen's University Press, 2002, p. 37.

Levando-se em consideração a perspectiva hermenêutica, inserida no debate teórico-jurídico brasileiro a partir da CHD – Crítica Hermenêutica do Direito, a partir de *Ser e Tempo*, Heidegger apresenta à questão da verdade uma confrontação com toda a tradição metafísica ocidental, na medida em que, há 25 séculos, se tentava colocar a questão da verdade ali onde se falava de conceitos puros, idealidade e, enfim, de um fundamento ontológico em que a verdade era tratada como *sub specie aeternitatis*, de uma imutabilidade temporal, enquanto que o filósofo aborda a questão da verdade no horizonte do tempo.

Se olharmos o parágrafo 44 da obra, teremos uma crítica ao conceito adequacionista-correspondencial de verdade sem a finalidade de propor uma (nova) teoria da verdade, mas de levantar a questão da verdade para além do nível lógico-semântico, ao nível que lhe seja condição de possibilidade. A proposta heideggeriana é mostrar que há algo mais originário, quando se fala em verdade, do que um juízo ideal sobre algo real. O filósofo revê e critica a ideia de verdade de um horizonte da imutabilidade temporal, como uma forma lógica ou de forma pura ou ideal, tratando-a, agora, como condição de possibilidade do discurso. Por isso, o conceito de verdade como adequação, para Heidegger, se mantém em um nível de um discurso meramente explicitador (apofântico), sem levar em consideração o discurso hermenêutico enraizado na faticidade, sua condição de possibilidade.

A partir do giro ontológico-linguístico, o conceito de verdade passa a ter uma característica que, de um lado, afasta-se da ideia de verdade como propriedade das proposições verdadeiras ou falsas (verdade correspondencial/adequacionista) e, de outro, da ideia de verdade como qualidade de um sujeito solipsista (certeza de si do pensamento pensante), como elemento transcendental sustentado pela subjetividade que fundamentaria a verdade. Houve, principalmente com Heidegger, realmente a inauguração de um paradigma novo com relação ao pensamento subjetivista da modernidade.

Levando adiante as inovações filosóficas empreendidas por Heidegger, já nos meados do século XX, Hans-Georg Gadamer também se ocupará do problema da verdade como tema central de sua hermenêutica filosófica. Em sua obra magna, *Verdade e Método* (*Wahrheit und Methode*), o filósofo demonstra que na tradição lógico-semântica todo o problema da verdade está ligado ao método (dedutivo e indutivo, fundamentalmente), devendo, assim, o título dessa obra ser lido como Verdade contra o Método. Por quê? Porque o autor tenta mostrar que, no nível da linguagem (assim como no da experiência da arte e no do conhecimento histórico), manifesta-se uma verdade que não é produzida pelo método lógico-analítico, que não é de caráter lógico-semântico. E é um tipo de verdade à qual temos acesso por caminhos distintos dos que estão estabelecidos pelo conhecimento científico em geral.

Gadamer nos deu, com sua hermenêutica filosófica, a lição nova de que é necessário inserir a interpretação num contexto com as características do acontecer da tradição na história do ser, em que interpretar permite ser compreendido progressivamente como uma autocompreensão de quem interpreta.

Assim, não significa que, se a hermenêutica filosófica – aqui recepcionada pela Crítica Hermenêutica do Direito – não aposta em um método para alcançar a verdade, automaticamente, cair-se-ia em relativismos interpretativos. Pelo contrário: justamente pelo fato de que o método das ciências naturais não é o caminho exclusivo para se chegar à verdade é que aumenta a responsabilidade da comunidade acadêmica em lidar com essa questão para não resvalar para relativismos interpretativos.

Nesse sentido, concordo com Jean Grondin[246] quando diz que jamais existiu um relativismo para a hermenêutica, mas que são antes os seus adversários que conjuram esse fantasma, pois suspeitam que

---

246 GRONDIN, Jean. *Introdução à hermenêutica filosófica*. São Leopoldo: Ed. Unisinos, 1999.

a hermenêutica possibilita fornecer verdades que não compactuam com suas expectativas. É preciso levar muito a sério essa advertência de Grondin, uma vez que é muito difundida a tese de que a hermenêutica, por se contrapor ao método das ciências naturais e superar o objetivismo, seria refém do relativismo. Na verdade, Gadamer se irritava com essa mera suspeita levantada em relação à hermenêutica.

A hermenêutica filosófica se coloca onde não temos nem o puramente empírico ou o puramente lógico como fundamento, aquilo que é afirmado dentro de um contexto rígido, nem aquilo que pode ser estabelecido tendo por base o fundamento último (*fundamentum inconcussum*), mas naquilo que se dá na fluidez da própria história, da própria cultura. Nas palavras insistentemente repetidas por Ernildo Stein, a hermenêutica é essa incômoda verdade que se assenta entre as duas cadeiras.[247] Não é nem uma verdade empírica, nem uma verdade *a priori*. É, sim, uma verdade que se estabelece dentro do caráter intersubjetivo da linguagem, que exsurge a partir de uma dimensão simbólica compartilhada, em que as convicções subjetivistas são constrangidas externamente.

Por outro lado, a hermenêutica com que trabalho no âmbito da CHD que fundei há cerca de duas décadas, também não concorda com a teoria habermasiana da verdade consensual, e isso porque, com a ideia do procedimento, Habermas quer eliminar toda a ideia de pré-compreensão; esquece, entretanto, que sempre chegamos ao procedimento com elementos anteriores ao procedimento, inelimináveis, que é o nosso modo de compreender (prático).

Portanto, se não é possível concordar com a tese da verdade correspondencial e com a concepção subjetivista de verdade da filosofia da consciência, também não é possível concordar com a tese de que a verdade é puramente consensual ou resultante de uma *praxis* argumentativa. Se a verdade é consenso, então, ela não é verdade. É,

---

247 STEIN, Ernildo. *Aproximações sobre Hermenêutica*. 2ª ed. Porto Alegre: EDIPUCRS, 2010.

pois, apenas uma herança convencionalista ou nominalista. Como bem refere Perez Tapias,[248] nada alcança o estatuto de verdade pelo simples motivo de que muitas pessoas se tenham posto de acordo para estabelecer que seja assim (aqui se encaixa a ilusão de verdade propugnada pela maior parte da dogmática processual); alcançamos consenso porque há possibilidade de dizer verdades e não dizemos verdades porque convencionamos a respeito de algo.

No mesmo sentido, mesmo após a revisão do seu conceito de verdade, não houve grandes alterações na concepção habermasiana, pois continua sendo epistemológica. Com efeito, Habermas, em obra posterior à *Verdade e Justificação*, admite que percebeu que a verdade enquanto justificabilidade ideal deveria ser reformulada, pois reconhece que essa concepção é incompleta. No entanto, tudo está a indicar que a verdade, apesar das pretendidas correções de rota empreendidas por Habermas, continua sendo produto da discussão de proposições, a partir de situações "quase ideais" de fala, cujo resultado – a verdade "racionalmente aceitável" – servirá como fundamento prévio (validade) de um discurso, contrafaticamente.

No âmbito do Direito Processual, todavia, até mesmo a virada linguística é renegada. Para Taruffo, por exemplo,

> o *linguistic turn* teve o efeito de extinguir todas as conexões entre a linguagem e o mundo, bem como de mover todo o problema da verdade para dentro da dimensão linguística da experiência e do conhecimento. Afirmando que o conhecimento, a realidade e a verdade são exclusivamente produtos da linguagem, acaba-se, de fato, por negar a existência de

248 PÉREZ TAPIAS, José Antonio. "Hermenéutica de las tradiciones y diálogo entre culturas. Aportaciones desde Gadamer". *In*: ACERO FERNÁNDEZ, Juan José *et al*. *El legado de Gadamer*. Granada: Editorial de la Universidad de Granada, 2004, pp. 497-518.

> qualquer realidade independente da linguagem que pudesse determinar a veracidade ou a falsidade de cada pensamento.[249]

Em contraposição ao suposto relativismo linguístico, o jusfilósofo italiano propõe um "realismo crítico". A propósito de uma (ou sua) concepção de verdade, Taruffo exige a correta apuração dos fatos da causa. Assim, para ele, o processo judicial adequado deveria ser epistemicamente direcionado à descoberta destes. Trata-se de uma estruturação *truth aqcuring* do sistema de justiça, para a qual vários institutos processualísticos são repensados. Para tanto, a maior consequência prática está no papel de destaque confiado ao juiz. Enquanto agente pessoalmente desinteressado, faria jus a amplos poderes instrutórios para otimização da função epistêmica do processo.

Essa – equivocada – tese de Taruffo, entretanto, mostra o seu caráter contraditório, porque se a verdade é correspondencial (a tese clássica da *adaequatio*), então, não se poderia colocar como preponderante o papel do juiz, tese defendida por ele. Ao mesmo tempo que propõem uma concepção correspondencial de verdade, limitada às proposições empíricas, na linha do positivismo que lhes é característico, não apenas Taruffo, mas também Ferrajoli propõem uma distinção entre a verdade absoluta, inatingível, e uma verdade relativa (e, nisso, portanto, não se distinguem da doutrina anteriormente explorada). Para Ferrajoli, a livre convicção do juiz significa:

> *A fim de condenar, excluindo a possibilidade de alcançar alguma vez a verdade absoluta no processo, é necessário pelo menos, como um substituto fraco mas essencial para uma certeza objetiva impossível, a certeza subjetiva, ou seja, a convicção (livre) do juiz: a convicção, especificamente, não*

---

249 TARUFFO, Michele. *Uma simples verdade*: o juiz e a construção dos fatos. Rio de Janeiro: Marcial Pons, 2016, p. 97.

sobre a verdade do que realmente aconteceu ou não, mas apenas sobre a verdade do julgamento de culpabilidade.[250]

No mesmo sentido, para Taruffo, o ceticismo em relação à verdade está relacionado a um movimento de reação teórica por parte de "perfeccionistas" ou "desiludidos". Isso porque "*diz-se que quem percebeu que a verdade absoluta não é possível passa ao extremo oposto e apoia a impossibilidade de qualquer compreensão racional*".[251]

Constata-se, mais uma vez, a problemática comunhão entre a noção de verdade como correspondência de um lado e a ideia simultânea de que uma verdade objetiva não seria alcançável, cabendo ao juiz, portanto, buscar uma verdade relativa que lhe propicie um juízo de probabilidade. A partir desse ponto, o pêndulo epistemológico dos processualistas vai, mais uma vez, do objetivismo fático ao subjetivismo da consciência no qual se baseia a tese do livre convencimento judicial por eles também defendida. Duas teses contraditórias entre si acabam se somando. E criam uma grande confusão.

Esse é também o equívoco principal de parcela considerável da dogmática processual não somente no Brasil como no restante do mundo continental: a aposta na figura condutora do processo, o que acaba sendo uma espécie de delegação em favor do Privilégio Cognitivo do Juiz. Nesse sentido, Badaró, em que pese reconhecer a importância do *linguistic turn* "para demonstrar o papel de intermediação da linguagem com a linguagem", afirma que, ainda assim, "a realidade externa existe e constitui o padrão de medida, o critério de referência que determina a verdade ou falsidade dos enunciados

---

250 FERRAJOLI, Luigi. "Prefacio". *In*: GUZMÁN, Nicolás. *La verdad em el proceso penal*. Ciudad Autónoma de Buenos Aires: Didot, 2018, p. 11 (tradução nossa).

251 TARUFFO, Michele. *La prueba de los hechos*. Trad. Jordi Ferrer Beltrán. Madrid: Editorial Trotta, 2005, p. 30.

fáticos, no caso, da imputação penal". Defende, por fim, que a verdade deve ser "concebida segundo a teoria da correspondência".

Fazendo o mesmo movimento dos teóricos italianos acima mencionados, Badaró, ao mesmo tempo em que propõe a teoria da verdade como correspondência (objetivismo), sustenta a ideia de livre convencimento (subjetivismo):

> Se os juízes têm feito um mau uso do seu 'livre convencimento', o remédio não será eliminar esse princípio de valoração livre, mas estabelecer e aplicar mecanismos racionais e procedimentais que possam assegurar um bom uso da discricionariedade nas escolhas feitas na valoração da prova.[252]

No fundo, uma verdade ancorada no objetivismo é traduzida ao mundo pelo subjetivismo do intérprete.

Traços do destaque da figura do juiz no processo (penal e civil) podem ser historicamente detectados no que convencionalmente se chamou de (busca da) "verdade real". Em um modelo inquisidor do "juiz presidente da instrução" – no Brasil, isso aparece claramente – a "verdade real" acaba por ser usada como um álibi teórico que serve para justificar tanto a busca de elementos de "convicção" pelo juiz (a questão do gerenciamento da prova) quanto de argumento performático para motivar uma decisão que padece de coerência e integridade, vale dizer, de uma decisão que possui pouco – ou nenhum – fundamento jurídico. No Brasil, incrivelmente ainda existe a defesa da verdade real, mesmo quando se está diante do modelo acusatório do processo.

O que parece ocorrer com o conceito de "verdade real", nessa perspectiva da busca de uma espécie de verdade ontológica-clássica ou derivações desta elaboradas a partir de uma espécie de realismo

---

252 BADARÓ, Gustavo Henrique. *Epistemologia judiciária e prova penal*. São Paulo: Thomson Reuters Brasil, 2019, pp. 84-86.

crítico, é uma mixagem de dois paradigmas filosóficos inconciliáveis: ao mesmo tempo que se propala algo "real" que subsiste por si só, não se abre mão do sujeito solipsista da modernidade para dar sentido a esse "real". Em outras palavras, é inconsistente o conceito ou a noção de "verdade real" utilizada no Direito, não passando de um elemento fortemente ideológico empregado para sustentar raciocínios teleológicos-inquisitoriais.

No mais, há que se ter sempre presente que a verdade real é algo que cresce na esteira do chamado socialismo processual, que está no gérmen do chamado "protagonismo judicial". Esse tipo de postura tende a relativizar os direitos individuais – cerne das estruturas de garantias de um processo penal – em *prol* de um interesse maior, no mais das vezes difuso e opaco, que ora recebe o nome de público, ora de social, mas que, em nenhuma dessas modalidades, poderia prevalecer na seara de um processo penal acusatório.

Em contrapartida, o controle intersubjetivo das decisões reivindicado pela Crítica Hermenêutica do Direito não se funda em uma objetividade da realidade exterior, nem em uma epistemologia virtuosa de um sujeito "não envolvido", como parece querer Taruffo. A verdade reivindicada pela Crítica Hermenêutica do Direito está fundada naquilo que a "*com-unidade*" já compartilha e que não se pode alcançar em sua total radicalidade: a indisponibilidade histórica dos sentidos. Dessa perspectiva, não se justifica o apego à verificação empírica (*certitude*) como estruturante do procedimento e muito menos o empoderamento do juiz.

Com a fenomenologia hermenêutica e sua recepção pela Crítica Hermenêutica do Direito, tem-se a ruptura com qualquer possibilidade de prevalência do esquema sujeito-objeto, presente, ainda, na quase totalidade da dogmática jurídica. A Crítica Hermenêutica do Direito não mede esforços na busca da superação da barbárie interior do sujeito da modernidade, ainda facilmente perceptível pelas apostas no livre convencimento, livre apreciação da prova e no protagonismo do juiz no processo judicial. O conceito de verdade postulada pela CHD está fundado filosoficamente, chegando antes das discussões da dogmática jurídica, que parecem relegar a verdade a uma mera instrumentalidade ou a um segundo plano, de cariz meramente argumentativo.

Com o conceito de verdade intersubjetivamente construída, a partir da noção de *a priori* compartilhada e da autoridade da tradição (autêntica), superam-se os paradigmas metafísico clássico e da filosofia da consciência (ver verbete "Positivismo", do meu *Dicionário de Hermenêutica*).[253] A verdade não é nem o produto de uma objetividade, nem da subjetividade refém do Privilégio Cognitivo do Sujeito da Modernidade. Trata-se da superação da epistemologia pela fenomenologia hermenêutica (por isso, repita-se, *Verdade e Método*, de Gadamer, pode ser lido como verdade contra o método).

Por tais razões, assume absoluta relevância o rompimento paradigmático proporcionado pela hermenêutica – adotada pela CHD – exatamente pela circunstância de que a verdade não mais será uma "questão de método", passando a ser filosofia, facticidade, existência. E isso não é mera observação de Gadamer ou capricho retórico do mestre de Tübingen. Ademais, a pretensão de verdade faz parte de toda e qualquer compreensão.

A verdade, finalmente, tem sempre um sentido histórico. Tem uma dimensão retrospectiva, mas também tem uma dimensão prospectiva.[254] Nesse sentido, para o âmbito do Direito, interessa dizer que a verdade não pode ser nem uma verdade representacional, como se a filosofia fosse o espelho da natureza, nem uma verdade que exsurge como certeza de si do pensamento pensante. Daí a referência à tese intermediária da Filosofia Hermenêutica e da Hermenêutica Filosófica, aquilo que Ernildo Stein chama de terceira cadeira que

---

253 STRECK, Lenio Luiz. *Dicionário de Hermenêutica*: 50 verbetes fundamentais da Teoria do Direito à luz da Crítica Hermenêutica do Direito. Belo Horizonte: Letramento, 2020.

254 NICOLÁS, Juan A. "Novedad Experiencial y Verdad". *In*: NICOLÁS, Juan; GRNDIN, Jean (Coord.). *Verdad, Hermenêutica y Adecuación*. Madrid: Tecnos, 2016.

se coloca entre o objetivismo e o subjetivismo, que ainda povoam o imaginário dos juristas. Dworkin, ao elaborar a tese da resposta correta, só consegue lograr seu intento ao abraçar a tese interpretacionista. E esta se coloca no âmbito desse lugar intermediário, no qual nem o sujeito é assujeitado, nem o sujeito é assujeitador.

Afinal, qual a importância do debate acerca da verdade no âmbito jurídico? Se essa questão for direcionada à dimensão teórica, percebemos que as distintas teorias do Direito e da interpretação jurídica carregam consigo de forma explícita ou implícita concepções sobre o tema, como os parágrafos acima tentam de forma muito sintética indicar. E o que dizer sobre a prática? Bem, o discurso cotidiano dos juristas não está dissociado de concepções teóricas. Como os meus textos denunciam, a prática jurídica brasileira apresenta reiteradamente idiossincrasias cuja origem está na reprodução de confusões conceituais, ainda que de forma silenciada.

Se afirmamos que os juízes possuem livre convencimento, por exemplo, pressupomos uma concepção relativista acerca da possibilidade de avaliação de provas ou interpretação dos códigos. Caso contrário, do que serviria a noção de liberdade nesse caso? Quando o CNJ propõe que temas como pragmatismo, análise econômica do Direito e economia comportamental devem integrar, em detrimento de outras teorias, as provas para juízes e quando o seu presidente afirma que a LINDB consagra "o pragmatismo e seus alicerces, o antifundacionalismo, contextualismo e consequencialismo", percebemos que os problemas aqui abordados repercutem (positiva ou negativamente) na formação e, portanto, na própria prática judicial.

O que importa é reiterar (mais uma vez) o fato de que o Direito não é um fenômeno isolado das demais instâncias teóricas e que, ao contrário, nossas concepções sobre problemas filosóficos, ainda que não tematizadas, influenciam diretamente a nossa prática. Por esse motivo, cunhei a expressão Filosofia *no* Direito. Precisamos retomar a consciência de que o Direito é um fenômeno complexo cuja compreensão demanda reflexão sobre questões fundamentais.

REFERÊNCIAS BIBLIOGRÁFICAS

ABBOUD, Georges. *Processo constitucional brasileiro*. 4ª ed. São Paulo: Thomson Reuters Brasil, 2020.

ABBOUD, Georges; OLIVEIRA, Rafael Tomaz de; CARNIO, Henrique Garbellini. *Introdução ao Direito*: Teoria, Filosofia e Sociologia do Direito. São Paulo: Saraiva, 2022.

ABEL, Henrique. *Epistemologia e neoconstitucionalismo*. Rio de Janeiro: Lumen Juris, 2023.

______. *Epistemologia jurídica e constitucionalismo contemporâneo*. Rio de Janeiro: Lumen Juris, 2022.

ALEXY, Robert. *Teoria da Argumentação Jurídica*. 4ª ed. Trad. Zilda Hutchinson Schild Silva. Rio de Janeiro: Forense, 2017.

ALLEN, Carleton Kemp. *Law in the Making*. 3ª ed. Oxford: Clarendon Press, 1939.

ALVES, Rubem. *Entre a ciência e a sapiência*: o dilema da educação. São Paulo: Loyola, 1999.

AMB. *Pesquisa da AMB revela pensamento da Magistratura brasileira*. Disponível em: https://www.amb.com.br/pesquisa-da-amb-revela-pensamento-da-magistratura-brasileira/?doing_wp_cron=1573525630.350987911224365234375O. Acessado em: 13.05.2024.

ARRUDA, Laura Patricio de. *Interpretação Radical e Princípio de Caridade*: conceitos-chave da filosofia de Donald Davidson. Rio Grande do Sul: PUCRS, 2008. (Dissertação de Mestrado).

AYER, A. J. *Language, Truth and Logic*. Londres: Penguin, 1990.

BACHELARD, Gáston. *Epistemologia*. Rio de Janeiro: Zahar, 1983.

BADARÓ, Gustavo Henrique. *Epistemologia judiciária e prova penal*. São Paulo: Revista dos Tribunais, 2019.

______. "Editorial dossiê 'Prova penal: fundamentos epistemológicos e jurídicos'". *Revista Brasileira de Direito Processual Penal*, Porto Alegre, vol. 4, nº 1, 2018.

BARROSO, Luís Roberto. *Curso de Direito Constitucional contemporâneo*: os conceitos fundamentais e a construção do novo modelo. 7ª ed. São Paulo: Saraiva Jur, 2017.

BERNSTS, Luisa. "O ofício do professor e sua repercussão no modo-de--ser antropofágico da crítica hermenêutica do Direito". *In*: STRECK, Lenio Luiz (Coord.). *Um Tributo a Hermenêutica Jurídica e(m) Crise, de Lenio Streck*: 25 anos depois. Florianópolis: Tirant lo Blanch, 2023.

BORGES, Jorge Luís. "O dicionário analítico de John Wilkins". *In*: ______. *Outras inquisições*. Trad. Sérgio Molina. São Paulo: Globo, 2000. (Obras Completas, vol. 2).

BRUM, Nilo Bairros De. *Requisitos retóricos da sentença penal*. Porto Alegre: RT, 1980.

CALADO, Vinicius de Negreiros. "'Porte ilegal de fala': o 'crime' de discurso crítico contra-hegemônico". *In*: COLARES, Virginia (Coord.). *Linguagem e Direito*. Recife: Universitária da UFPE, 2010.

CAMARGO MASSAÚ, G. "A Fé e o Direito: a Escola dos Glosadores (o início da ciência do Direito)". *Razão e Fé*, [S. l.], vol. 8, nº 2, 2019.

CAMPOS, Ricardo Resende. "A fórmula Barroso e as frágeis fundações do (neo)constitucionalismo". *Revista de Direito Civil Contemporâneo*, vol. 6, nº 20, jul./set. 2019.

CANOTILHO, José Joaquim Gomes *et al*. *Comentários à Constituição do Brasil*. 2ª ed. São Paulo: Saraiva Educação, 2018.

CARDOSO, Oscar Valente. *As três vinculações da fundamentação das decisões judiciais no processo civil*: pedidos, provas e precedentes. São Paulo: Dialética, 2022.

CHAUI, Marilena de Souza. "Ideologia e educação". *Educação e pesquisa*, vol. 42, 2016.

CHIASSONI, Pierluigi. *El discreto placer del positivismo jurídico*. Bogotá: Universidad Externado de Colombia, 2016.

COUTO, Karen; VITAL, Danilo. "Aprovação de PEC sobre relevância preocupa advogados e professores". *Conjur*, 14 jul. 2022. Disponível em: https://www.conjur.com.br/2022-jul-14/aprovacao-pec-relevancia-preocupa-advogados-professores/\. Acessado em: 17.02.2024.

CROSS, Rupert. *Precedent in English Law*. Oxford: Clarendon Press, 1977.

CRUZ E TUCCI, José Rogério. *Precedente judicial como fonte do Direito*. São Paulo: Revista dos Tribunais, 2004

DAKOLIAS, Maria. "O Setor Judiciário na América Latina e no Caribe: elementos para reforma". *Documento técnico*, vol. 319, 1996.

DIETRICH, William Galle. *Metódica em transformação*: a ponderação no Direito Civil brasileiro. São Paulo: USP, 2023. (Tese de Doutorado).

DORTIER, Jean-François. *Dicionário de Ciências Humanas*. São Paulo: WMF Martins Fontes, 2010.

DUXBURY, Neil. *The Nature and Authority of Precedent*. Cambridge: Cambridge University Press, 2008.

DWORKIN, Ronald. *O império do Direito*. 3ª ed. São Paulo: Martin Fontes, 2014.

______. *The philosophy of law*. Oxford: Oxford University Press, 1977.

ENGEL, Pascal. *Truth*. Montreal: McGill-Queen's University Press, 2002.

ESPINDOLA, Angela A. da S. "A refundação da jurisdição e a concretização dos direitos fundamentais". *Revista Eletrônica Direito e Política*, vol. 8, nº 3, 2014.

______. "A teoria da decisão e o homem que confundiu a mulher com um chapéu". *ANAMORPHOSIS – Revista Internacional de Direito e Literatura*, Porto Alegre, vol. 4, nº 2, 2018.

ESPINDOLA, Angela A. da S.; SEEGER, Luana da S. "O ensino jurídico no Brasil e o senso comum teórico dos juristas: um 'olhar' a partir de Warat". *Revista de Direito da Faculdade Guanambi*, Guanambi, vol. 5, nº 2, 2019.

FARIA, José Eduardo. *Reforma do ensino jurídico*. Porto Alegre: Fabris editor, 1987.

FERRAJOLI, Luigi. "Prefacio". *In*: GUZMÁN, Nicolás. *La verdad em el proceso penal*. Ciudad Autónoma de Buenos Aires: Didot, 2018.

______. *Direito e razão*. Trad. Ana Paula Zomer, Juarez Tavares, Fauzi Hassan Chokur e Luiz Flávio Gomes. São Paulo: Revista dos Tribunais, 2002.

FERRAJOLI, Luigi; STRECK, Lenio Luiz; TRINDADE, André Karam (Coord.). *Garantismo, hermenêutica e (neo)constitucionalismo*. 1ª ed. Porto Alegre: Livraria do Advogado, 2012.

______. *Garantismo, hermenêutica e (neo)constitucionalismo*: um debate com Luigi Ferrajoli. 2ª ed. São Paulo: Tirant lo Blanch, 2022.

FERRAZ JUNIOR, Tercio Sampaio. *Função social da dogmática jurídica*. 2ª ed. São Paulo: Atlas, 2015.

______. *Introdução ao estudo do Direito*. São Paulo: Atlas, 1987.

______. *Introdução ao estudo do Direito*: técnica, decisão e dominação. 2ª ed. São Paulo: Atlas, 1994.

______. *Introdução ao estudo do Direito*: técnica, decisão, dominação. 4ª edição revista e ampliada. São Paulo: Atlas, 2003.

______. *Introdução ao estudo do Direito*: técnica, decisão, dominação. 11ª ed. São Paulo: Atlas, 2019.

FERREIRA LOPES, Ziel. "Educação jurídica pelo debate". *Contraditor*, São Paulo, 22 set. 2021.

______. *Onde habita o juiz Hércules?* Uma aproximação entre teorias da interpretação e questões institucionais. São Leopoldo: Universidade do Vale do Rio dos Sinos, 2020. (Tese de Doutorado).

FERREIRA NETO, Arthur Maria. *Metaética e a fundamentação do Direito*. Porto Alegre: Elegantia Juris, 2015.

FERREIRA, Daniel Brantes. *Realismo Jurídico Norte-Americano*: uma contribuição para o ensino jurídico. Rio de Janeiro: PUCRJ, 2011. (Tese de Doutorado).

FIGUEROA, Alfonso García. "A motivação: conceitos fundamentais". *In*: MOREIRA, Eduardo Ribeiro (Coord.). *Argumentação e Estado constitucional*. São Paulo: Ícone, 2012.

FOLHA DE S. PAULO. *Big Bang e multiverso são religião, não ciência, diz pesquisadora*. Disponível em: https://www1.folha.uol.com.br/ciencia/2023/10/big-bang-e-multiverso-sao-religiao-nao-ciencia-diz-pesquisadora.shtml. Acessado em: 17.02.2024.

______. *Descaminhos da Atenção*. Disponível em: https://www1.folha.uol.com.br/colunas/muniz-sodre/2023/10/descaminhos-da-atencao.shtml. Acessado em: 17.02.2024.

______. *Paul Valéry desafia as vanglórias do mundo intelectual*. Disponível em: https://www1.folha.uol.com.br/fsp/1996/1/07/mais!/13.html. Acessado em: 17.02.2024.

______. *Simone Weil, 100 anos*. Disponível em: https://www1.folha.uol.com.br/fsp/ilustrad/fq0302200915.htm. Acessado em: 17.02.2024.

______. *Sob estigma da pizza, CPI da Americanas propõe leis contra corrupção corporativa*. Disponível em: https://www1.folha.uol.com.br/mercado/2023/10/sob-estigma-da-pizza-cpi-da-americanas-propoe-leis-contra-corrupcao-corporativa.shtml. Acessado em: 17.02.2024.

______. *A falsa promessa do ChatGPT*. Disponível em: https://www1.folha.uol.com.br/tec/2023/03/a-falsa-promessa-do-chatgpt.shtml. Acessado em: 17.02.2024.

______. *Escritora muda obra de Machado de Assis para facilitar a leitura*. Disponível em: https://www1.folha.uol.com.br/colunas/cidadona/2014/05/1445858-escritora-muda-obra-de-machado-de-assis-para-facilitar-a-leitura.shtml. Acessado em: 17.02.2024.

______. *Julian Fuks é o convidado de julho do Encontro de Leituras*. Disponível em: https://www1.folha.uol.com.br/ilustrada/2022/07/julian-fuks-e-o-convidado-de-julho-do-encontro-de-leituras.shtml. Acessado em: 17.02.2024.

______. *Justiça de SP nega duas vezes liberdade a mãe de 5 filhos que furtou miojo e refrigerante de mercado*. Disponível em: https://www1.folha.uol.com.br/cotidiano/2021/10/justica-de-sp-nega-duas-vezes-liberdade-a-mae-de-5-filhos-que-furtou-miojo-e-refrigerante-de-mercado.shtml. Acessado em: 17.02.2024.

______. *Militar condenado pelo 81 manterá pensão mesmo se expulso das Forças Armadas*. Disponível em: https://www1.folha.uol.com.br/poder/2023/10/militar-condenado-pelo-81-mantera-pensao-mesmo-se-expulso-das-forcas-armadas.shtml\. Acessado em: 17.02.2024.

FONSECA, Regina Lúcia Teixeira M. da. *Dilemas da decisão judicial*: as representações de juízes brasileiros sobre o princípio do livre convencimento motivado. Rio de Janeiro: Universidade Gama Filho, 2008. (Tese de Doutorado).

FOUCAULT, Michel. *A Verdade e as formas jurídicas*. Trad. Roberto Cabral de Melo Machado e Eduardo Jardim Morais. Rio de Janeiro: NAU, 2002.

FUKS, Julián. "Sobre escrever bem: uma declaração contra o império da simplicidade". *Uol*, 07 out. 2023. Disponível em: https://www.uol.com.br/ecoa/colunas/julian-fuks/2023/10/07/sobre-escrever-bem--uma-declaracao-contra-o-imperio-da-simplicidade.htm?cmpid=copiaecola. Acessado em: 21.05.2024.

FREGE, Gottlob. "The Thought: a Logical Inquiry". *Mind*, vol. 65, nº 269, jul. 1956.

FREITAS, Hyndara. "Xampu, miojo e frango: pequenos furtos levam pobres à prisão e mobilizam até o STF". *Metrópoles*, 16 out. 2021. Disponível em: https://www.metropoles.com/brasil/xampu-miojo-e-frango-pequenos-furtos-levam-pobres-a-prisao-e-mobilizam-ate-o-stf. Acessado em: 17.02.2024.

FRICKER, Miranda. *Injustiça epistêmica*: o poder e a ética do conhecimento. São Paulo: Edusp, 2023.

FUKS, Julián. "Sobre escrever bem: uma declaração contra o império da simplicidade". *Folha de S. Paulo*, 12 out. 2023.

GABRIEL, Markus. *Neo-Existentialism*: How to Conceive of the Human Mind after Naturalism's Failure. Cambridge: Polity Press, 2018.

GADAMER, Hans-Georg. *Verdade e método II*: a história do conceito como filosofia. Trad. Ênio Paulo Giachini. 12ª ed. Petrópolis: Vozes, 2012.

______. *Verdade e método II*: complementos e índices. 2ª ed. Petrópolis: Vozes, 2002.

GALIMBERTI, Umberto. *Psiche e techne*: o homem na idade da técnica. São Paulo: Paulus, 2006.

GEERTZ, Clifford. *O saber local*: novos ensaios em antropologia interpretativa. 13ª ed. Petrópolis: Vozes, 2013.

GLOECKNER, Ricardo Jacobsen; KHALED JR., Salah H.; DIVAN, Gabriel. "Verdade, processo penal e epistemologia: da pretensa fundamentação filosófica aos efeitos jurídicos e políticos da adoção de premissas racionalistas". *Revista Brasileira de Ciências Criminais*, vol. 199, ano 31, nov./dez. 2023.

GOODHART, Arthur L. "Determining the ratio decidendi of a case". *The Yale Law Journal*, vol. 40, nº 2, dez. 1930.

GRONDIN, Jean. *Introdução à hermenêutica filosófica*. São Leopoldo: Unisinos, 1999.

GUEDES, Carlos Eduardo Paletta; FERES, Marcos Vinício Chein. "Educação jurídica para além da dogmática: um estudo de caso a partir da perspectiva humanista de Nussbaum". *Revista de Sociologia, Antropologia e Cultura Jurídica*, vol. 2, nº 2, 2016.

HAACK, Susan. *Evidence Matters*: Science, Proof, and Truth in the Law. Cambridge: Cambridge University Press, 2014.

HAACK, Susan; OLIVEIRA, Tiago Luís Teixeira de. "Epistemologia: quem precisa dela?" *Griot – Revista de Filosofia*, vol. 19, nº 2, 2019.

HARE, Richard M. *The Language of Morals*. Oxford: Clarendon Press, 1952.

HARI, Johann. *Stolen focus*: why you can't pay attention and how to think deeply again. Nova York: Crown Publishing, 2023.

HEGEL, Georg Wilhelm Friedrich. *Fenomenologia do Espírito*. 1ª parte. Petrópolis: Vozes, 1992.

HEIDEGGER, Martin. *Nietzsche II*. São Paulo: Forense, 2007.

HORTA, Raul Machado. *Direito Constitucional*. Belo Horizonte: Del Rey, 2002.

HOSSENFELDE, Sabine. *A Ciência tem todas as respostas?* São Paulo: Contexto, 2023.

HUPFFER, Haide Maria. *Ensino jurídico*: um novo caminho a partir da hermenêutica filosófica. Viamão: Entremeios, 2008.

JAKOBS, Gunther. *A imputação objetiva no Direito Penal*. Trad. André Luís Callegari. 3ª ed. rev. São Paulo: Revista dos Tribunais, 2010.

JAMES, William. *Pragmatism*. Nova York: Dover publications Inc., 1995.

______. *The meaning of truth*. Londres: Longmans and Green., 1907.

JHERING, Rudolf von. *Paraíso dos conceitos*. Trad. Thiago Aguiar de Pádua e Jefferson Guedes. São Paulo: Contracorrente (no prelo).

JUNG, Luã N. "A Filosofia do Direito e o problema da verdade". *Conjur*, 15 jan. 2022. Disponível em: https://www.conjur.com.br/2022-jan-15/diario-classe-filosofia-direito-problema-verdade/\. Acessado em: 17.02.2024.

______. *O espinho do ouriço*: metaética, interpretação e objetividade moral em Ronald Dworkin. São Paulo: Juspodivm, 2023.

KAMMERHOFER, Jörg. "Hans Kelsen as the Epitome of Legal Modernism". *University of Freiburg – Faculty of Law*, 23 mar. 2007.

KORIOTH, Stefan. "The Shattering of Methods in Late Wilhelmine Germany". *In*: JACOBSON, Arthur J.; SCHLINK, Bernhard (Coord.). *Weimar*: a Jurisprudence of Crisis Berkeley. Berkeley: University of California Press, 2000.

KRIELE, M. *Theorie der Rechtsgewinnung entwickelt am Problem der Verfassungsinterpretation*. Berlim: Duncker & Humblot, 1967.

LABAND, Paul. *Das Staatsrecht des deutschen Reiches*. 3 vols. 2ª ed. Tübingen: Mohr, 1888.

LEITER, Brian. "Why Legal Positivism?" *University of Chicago Public Law & Legal Theory*, nº 298, 2009.

LEONARDO, Rodrigo Xavier. "O pensamento tipológico no Direito Civil e os tipos contratuais gerais". *Revista de Direito Civil Contemporâneo*, vol. 16, jul./set. 2018.

LIMA, Danilo. P. *Legalidade e autoritarismo*: o papel dos juristas na consolidação da ditadura militar. 1ª ed. Salvador: Juspodivm, 2018.

LIMA, Martonio Mont'Alverne Barreto; DIAS, Thaís Araújo. "O Poder Judiciário não cai do céu: autopreservação hegemônica brasileira e a transição para a juristocracia na hermenêutica em crise". *In*: STRECK, Lenio Luiz (Coord.). *Um Tributo a Hermenêutica Jurídica e(m) Crise, de Lenio Streck*: 25 anos depois. Florianópolis: Tirant lo Blanch, 2023.

LOPES FILHO, Juraci Mourão. *Os precedentes judiciais no constitucionalismo brasileiro contemporâneo*. Salvador: Juspodivm, 2016.

LOPES, Ziel Ferreira. *Onde habita o Juiz Hércules?* Uma aproximação entre teorias da interpretação e questões institucionais. São Leopoldo: Universidade do Vale do Rio dos Sinos, 2020. (Tese de Doutorado).

LORENZONI, Pietro Cardia. *Jurisdição Constitucional de Crise*: o papel do STF no enfrentamento das crises constitucionais. 1ª ed. Rio de Janeiro: Forense, 2023.

LUIZ, Fernando Vieira. *Teoria da Decisão Judicial*: dos paradigmas de Ricardo Lorenzetti à resposta. Porto Alegre: Livraria do Advogado, 2021.

LYNCH, Christian Edward Cyril. "Ascensão, fastígio e declínio da 'Revolução Judiciária'". *Insight Inteligência*, Rio de Janeiro, vol. 79, 2017.

MacCORMICK, Neil. *Argumentação Jurídica e Teoria do Direito*. São Paulo: Martins Fontes, 2006.

MACEDO JUNIOR, Ronaldo Porto. *Do xadrez à cortesia*: Dworkin e a Teoria do Direito contemporânea. São Paulo: Saraiva, 2013.

MacINTYRE, Alasdair. *After virtue*: a study in moral theory. Londres: Bloomsbury, 2007.

MARINONI, Luiz Guilherme; ARENHART, Sérgio Cruz; MITIDIERO, Daniel. *O novo processo civil*. São Paulo: Revista dos Tribunais, 2015.

MARTÍ, José Luis. "El realismo jurídico: una amenaza para el liberalismo y la democracia". *Revista Isonomía*, Cidade do México, nº 17, jun. 2002.

MARTINEZ MUÑOZ, Juan Antonio. *El Conocimiento Jurídico*. 5ª ed. Granada: Editorial Pomares, 2022.

MARTINS-COSTA, Judith. *Modelos de Direito Privado*. São Paulo: Marcial Pons, 2014.

MASCARO, Alysson Leandro. "Novo marxismo e críticas das formas sociais". *Anais do IV Seminário Crítica do Direito e Subjetividade Jurídica*. São Paulo: Boitempo-USP, 2024.

MATIDA, Janaina. "Limite penal preciso superar injustiças epistêmicas na prova testemunhal". *Conjur*, 22 mai. 2020. Disponível em: https://www.conjur.com.br/2020-mai-22/limite-penal-preciso-superar-injusticas-epistemicas-prova-testemunhal/\. Acessado em: 17.02.2024.

MEIERHENRICH, Jens. "Uma Etnografia do direito nazista: os fundamentos intelectuais da teoria da ditadura de Ernst Fraenkel". *In*: FRAENKEL, Ernst. *O Estado Dual*. São Paulo: Contracorrente, 2023.

MELLO, Patrícia Perrone Campos; BARROSO, Luís Roberto. "Trabalhando com uma nova lógica: a ascensão dos precedentes no Direito brasileiro". *Revista da AGU*, vol. 15, nº 3, jul./set. 2016.

MENDONÇA, Samuel; ADAID, Felipe Alves P. "Tendências teóricas sobre o Ensino Jurídico entre 2004 e 2014: busca pela formação crítica". *Revista Direito FGV*, vol. 14, nº 3, set./dez. 2018.

METRÓPOLES. *Xampu, miojo e frango*: pequenos furtos levam pobres à prisão e mobilizam até o STF. Disponível em: https://www.metropoles.com/brasil/xampu-miojo-e-frango-pequenos-furtos-levam-pobres-a-prisao-e-mobilizam-ate-o-stf. Acessado em: 17.02.2024.

MITIDIERO, Daniel. *Cortes Superiores e Cortes Supremas*: do controle à interpretação, da jurisprudência ao precedente. São Paulo: Revista do Tribunais, 2017.

______. *Precedentes*: da persuasão à vinculação. 2ª ed. São Paulo: Revista dos Tribunais, 2018.

______. *Precedentes*: da persuasão à vinculação. 4ª ed. São Paulo: Revista dos Tribunais, 2021.

MORAES, Élcio Aláudio Silva. *A educação jurídica positivista e as diretrizes do ensino jurídico*: currículo e prática pedagógica no curso de direito da UFPA no horizonte das competências e habilidades. Pará: Programa de Pós-Graduação em Direito da UFPA, 2012. (Tese de Doutorado).

MORAIS, Fausto Santos de. *Ponderação e arbitrariedade*: a inadequada recepção de Alexy pelo STF. 3ª ed. São Paulo: Juspodivm, 2022.

MORBACH, Gilberto. "A Hermenêutica da legalidade e do império do Direito, em que é explicitado o conceito de autonomia". *In*: STRECK,

Lenio Luiz (Coord.). *Um Tributo a Hermenêutica Jurídica e(m) Crise, de Lenio Streck*: 25 anos depois. Florianópolis: Tirant lo Blanch, 2023.

______. "A problemática questão do positivismo em concurso do MP-DF". *Conjur*, 10 jun. 2021. Disponível em: https://www.conjur.com.br/2021-jul-10/diario-classe-problematica-questao-positivismo-concurso-mp-df/. Acessado em: 17.02.2024.

______. "Lon Fuller e como a moralidade torna o Direito possível". *Conjur*, 23 fev. 2019. Disponível em: https://www.conjur.com.br/2019-fev-23/diario-classe-lon-fuller-moralidade-torna-direito-possivel/. Acessado em: 17.02.2024.

NEVES, Antônio Castanheira. *O instituto dos "assentos" e a função jurídica dos supremos tribunais*. Coimbra: Coimbra, 1983.

NEVES, Isadora Ferreira. *As três perguntas fundamentais da Crítica Hermenêutica do Direito*: a aplicabilidade de uma proposta de limites à atuação do Poder Judiciário no Brasil. São Leopoldo: Universidade do Vale do Rio dos Sinos, 2022. (Tese de Doutorado).

NICOLÁS, Juan A. "Novedad Experiencial y Verdad". *In*: NICOLÁS, Juan; GRNDIN, Jean (Coord.). *Verdad, Hermenêutica y Adecuación*. Madrid: Tecnos, 2016.

NUCCI, Guilherme de Souza. *Código de Processo Penal Comentado*. São Paulo: Revista dos Tribunais, 2008.

NUNES, Diele; SALOMÃO, George; STRECK, Lenio Luiz (Coord.). *O fim do livre convencimento motivado*. Florianópolis: Tirant lo Blanch, 2016.

O ESTADO DE S. PAULO. *A face humana da sociologia*. Disponível em: https://www.estadao.com.br/cultura/a-face-humana-da-sociologia-imp-. Acessado em: 17.02.2024.

______. *IA já ajuda a reduzir tempo e agilizar processos no Judiciário*. Disponível em: https://www.estadao.com.br/politica/blog-do-fausto-macedo/ia-ja-ajuda-a-reduzir-tempo-e-agilizar-processos-no-judiciario/. Acessado em: 17.02.2024.

O GLOBO. *O prazer do foco, maior que retuítes e curtidas, afirma autor que já escreveu sobre depressão e vício*. Disponível em: https://oglobo.globo.com/saude/o-prazer-do-foco-maior-que-de-retuites-curtidas-afirma-autor-que-ja-escreveu-sobre-depressao-vicio-25399772. Acessado em: 17.02.2024.

OLIVEIRA, Marcelo Andrade C. de. *Teoria da Constituição*. Belo Horizonte: Conhecimento Livraria e Distribuidora, 2023.

OLIVEIRA, Marcelo Andrade C. de; GOMES, David. "O que permanece naquilo que muda? Lenio Streck e a Teoria da Constituição Dirigente Adequada a Países de Modernidade Tardia, no marco da Crítica Hermenêutica do Direito". *In*: STRECK, Lenio Luiz (Coord.). *Um Tributo a Hermenêutica Jurídica e(m) Crise, de Lenio Streck*: 25 anos depois. Florianópolis: Tirant lo Blanch, 2023.

OLIVEIRA, Rafael Tomas de. "A viravolta Fenomenológica na Interpretação do Direito – Os 25 anos de Hermenêutica Juridica e(m) Crise". *In*: STRECK, Lenio (Coord.). *Um Tributo a Hermenêutica Juridica e(m) Crise, de Lenio Streck*: 25 anos depois. Florianópolis: Tirant Lo Blanch, 2023.

OLIVEIRA, Raphaela Marques Ribeiro de; SILVA, Marcos Victor Florentino da. "Os três caminhos do racismo contemporâneo: uma crítica marxista". *Anais do IV Seminário Crítica do Direito e Subjetividade Jurídica*, São Paulo: Boitempo-USP, 2024.

PAREYSON, Luigi. *Verdade e interpretação*. São Paulo: Martins Fontes, 2005.

PASSOS, Maria Clara Araújo dos; PINHEIRO, Bárbara Carine Soares. "Do epistemicídio à insurgência: o currículo decolonial da Escola Afro-Brasileira Maria Felipa (2018-2020)". *Cadernos de Gênero e Diversidade*, vol. 7, nº 1, jan./mar. 2021.

PEREIRA, Guilherme Setoguti J. "Verdade e finalidade da prova". *Revista de Processo*, ano 37, nº 213, nov. 2012.

PEREIRA, Renato Machado. "A concepção da verdade-como-correspondência". *Anais do VII Seminário de Pós-Graduação em Filosofia da UFSCar*, 2011.

PÉREZ TAPIAS, José Antonio. "Hermenéutica de las tradiciones y diálogo entre culturas. Aportaciones desde Gadamer". *In*: ACERO FERNÁNDEZ, Juan José *et al*. *El legado de Gadamer*. Granada: Editorial de la Universidad de Granada, 2004.

PINKER, Steven. *O novo iluminismo*: em defesa da razão, da ciência e do humanismo. São Paulo: Companhia das Letras, 2018.

PIRES, Michel Hernane Noronha. *A superação dos precedentes vinculantes*: como se justifica a revogação do precedente? Curitiba: Direito Contemporâneo, 2023.

PLUTARCO. *Sobre a Ttagarelice*. São Paulo: Landy, 2008.

POPPER, Karl. *Lógica das Ciências Sociais*. Brasília: Universidade de Brasília, 1978.

PORTANOVA, Rui. *Motivações ideológicas da sentença*. 3ª ed. Porto Alegre: Livraria do Advogado, 1997.

______. *Princípios do processo civil*. 4ª ed. Porto Alegre: Livraria do Advogado, 2001.

POSNER, Richard A. *A problemática da teoria moral e jurídica*. São Paulo: Martins Fontes, 2012.

REIS, Thiago. "Dogmática e incerteza normativa: crítica ao substancialismo jurídico do Direito Civil Constitucional". *Revista de Direito Civil Contemporâneo*, vol. 11, abr./jun. 2017.

RODRIGUES JR., Otavio Luiz. "Dogmática e crítica da jurisprudência (ou da vocação da doutrina em nosso tempo)". *Revista dos Tribunais*, vol. 891, out. 2010.

______. "Dogmática e dogmatismo". *In*: STRECK, Lenio Luiz (Coord.). *Um Tributo a Hermenêutica Jurídica e(m) Crise, de Lenio Streck*: 25 anos depois. Florianópolis: Tirant lo Blanch, 2023.

RODRIGUEZ, José Rodrigo. *Como decidem as cortes?* Para uma crítica do Direito brasileiro. Rio de Janeiro: FGV, 2013.

RORTY, Richard. *Philosophy and the Mirror of Nature*. Princeton: Princeton University Press, 2009.

ROSS, Alf. *Direito e justiça*. São Paulo: Edições Profissionais, 2000.

RÜTHERS, Bernd. *Die Unbegrenzte Auslegung*: Zum Wandel Der Privatrechtsordnung Im Nationalsozialismus. Heidelberg: Mohr Siebeck, 2017.

SANTOS JÚNIOR, Rosivaldo Toscano dos. "Crime, reparação do dano, falácias e princípio da igualdade: Themis pode usar uma venda, mas o juiz não". *Revista do CEJUR/TJSC*: Prestação Jurisdicional, Florianópolis, vol. 1, nº 1, 2013.

SARLET, Ingo Wolfgang. *A eficácia dos direitos fundamentais*. 7ª ed. Porto Alegre: Livraria do Advogado, 2007.

SCHUSTER, Diego Henrique. "Direito Previdenciário do inimigo: um discurso sobre um direito de exceção". *Plenum*, Porto Alegre, 2019.

______. "O Direito Previdenciário anda em círculos atrás de conceitos perfeitos". *Conjur*, 12 fev. 2024. Disponível em: https://www.conjur.com.br/2024-fev-12/o-direito-previdenciario-anda-em-circulos-atras-de-conceitos-perfeitos/. Acessado em: 17.02.2024.

SIMPSON, Alfred W. Brian. "Determining the ratio decidendi of a case". *Modern Law Review*, vol. 21, nº 2, mar. 1958.

SOUZA, Draiton Gonzaga de. "Entrevista a Luã Jung". *In*: STRECK, Lenio Luiz (Coord.). *Um Tributo a Hermenêutica Jurídica e(m) Crise, de Lenio Streck*: 25 anos depois. Florianópolis: Tirant lo Blanch, 2023.

STEIN, Ernildo. *Aproximações sobre Hhermenêutica*. 2ª ed. Porto Alegre: EDIPUCRS, 2010.

______. *Diferença e metafísica*. Porto Alegre: Edipucrs, 2000.

______. *Pensar é pensar a diferença*. Ijuí: Unijuí, 2006.

STEUP, Matthias; NETA, Ram. "Epistemology". *In*: ZALTA, Edward N. (Coord.). *The Stanford Encyclopedia of Philosophy*: Fall 2020 Edition. Disponível em: https://plato.stanford.edu/archives/fall2020/entries/epistemology/. Acessado em: 20.12.2023.

STONE, Julius. "The ratio of the ratio decidendi". *The Modern Law Review*, Oxford, vol. 22, nº 6, nov. 1957.

STRECK, Lenio; JUNG, Luã N. "Livre convencimento judicial e verdade: crítica hermenêutica às teorias de Ferrajoli, Taruffo e Guzmán". *Novos Estudos Jurídicos*, Itajaí (SC), vol. 27, nº 1, 2022.

STRECK, Lenio Luiz (Coord.). *Um Tributo a Hermenêutica Jurídica e(m) Crise, de Lenio Streck*: 25 anos depois. Florianópolis: Tirant lo Blanch, 2023.

STRECK, Lenio Luiz. "A legitima defesa da honra é incompatível com a íntima convicção?" *Conjur*, 13 jul. 2023. Disponível em: https://www.conjur.com.br/2023-jul-13/senso-incomum-legitima-defesa-honra-incompativel-intima-conviccao/. Acessado em: 17.02.2024.

______. "Aplicar a 'letra da lei' é uma atitude positivista?" *Novos estudos jurídicos*, vol. 15, nº 1, 2010.

______. "De como o positivismo jurídico tomou o caminho da ontoteologia". *In*: STRECK, Lenio Luiz; CULLETON, Alfredo; REIS, Róbson Ramos dos (Coord.). *Festschrift* [um tributo a Ernildo Stein]. vol. 1. São Leopoldo: Unisinos, 2015.

______. "Direito penal – fato ou autor? Insignificância e reincidência". *Conjur*, 9 out. 2014. Disponível em: https://www.conjur.com.br/2014-out-09/senso-incomum-direito-penal-fato-ou-autor-insignificancia-reincidencia/. Acessado em: 17.02.2024.

______. "Filhos ou café da manhã influenciam decisões judiciais?" *Conjur*, 20 jul. 2017. Disponível em: https://www.conjur.com.br/2017-jul-20/

senso-incomum-filhos-ou-cafe-manha-influenciam-decisoes-judiciais/. Acessado em: 17.02.2024.

______. "Golpe de Estado: como o gêmeo xifópago Caio esfaqueou seu irmão Tício". *Conjur*, 15 fev. 2024. Disponível em: https://www.conjur.com.br/2024-fev-15/golpe-de-estado-como-o-gemeo-xifopago-caio-esfaqueou-seu-irmao-ticio/. Acessado em: 29.02.2024.

______. "Insignificância no descaminho de R$ 20 mil é furto de R$ 10". *Conjur*, 5 jul. 2018. Disponível em: https://www.conjur.com.br/2018-jul-05/senso-incomum-insignificancia-descaminho-20-mil-furto-10-nao/. Acessado em: 17.02.2024.

______. "Juiz com fome ou que almoçou mal deve julgar nossas causas?" *Conjur*, 5 jun. 2014. Disponível em: https://www.conjur.com.br/2014-jun-05/juiz-fome-ou-almocou-mal-julgar-nossas-causas/. Acessado em: 17.02.2024.

______. "Na prova da OAB, Ivo viu a uva ou onde fica o MT?" *Conjur*, 25 jun. 2013. Disponível em: https://www.conjur.com.br/2013-jul-25/senso-incomum-prova-oab-ivo-viu-uva-ou-onde-fica-mt/. Acessado em: 17.02.2024.

______. "O Direito como jogo de baseball – qual é mesmo a jogada, professora?" *Conjur*, 9 nov. 2017. Disponível em: https://www.conjur.com.br/2017-nov-09/senso-incomum-direito-jogo-baseball-qual-mesmo-jogada-professora/. Acessado em: 17.02.2024.

______. "O STF, a prisão no júri e o voto equivocado do Ministro Luis Roberto Barroso". *Conjur*, 3 jul. 2023. Disponível em: https://www.conjur.com.br/2023-jul-03/lenio-streck-stf-prisao-juri-voto-equivocado-ministro-barroso/#:~:text=O%20imbr%C3%B3glio.,das%20ADC%2043%20e%2044. Acessado em: 15.05.2024.

______. "Processo judicial como espelho da realidade? Notas Hhermenêuticas à Teoria da Verdade em Michele Taruffo". *Sequência Estudos Jurídicos e Políticos*, [S. l.], vol. 37, nº 74, 2016.

______. "Quando o senhor de engenho vira diretor de concursos". *Conjur*, 14 mar. 2013. Disponível em: https://www.conjur.com.br/2013-mar-14/senso-incomum-quando-senhor-engenho-vira-diretor-concursos/. Acessado em: 17.02.2024.

______. "Que tal exigir evidências científicas nas decisões do seu tribunal?" *Conjur*, 7 jun. 2018. Disponível em: https://www.conjur.com.br/2018-jun-07/senso-incomum-tal-exigir-evidencias-cientificas-decisoes-tribunal/. Acessado em: 17.02.2024.

______. "Resumocracia, concursocracia e a pedagogia da prosperidade". *Conjur*, 11 mai. 2017. Disponível em: https://www.conjur.com.br/2017-mai-11/senso-incomum-resumocracia-concursocracia-pedagogia-prosperidade. Acessado em: 17.02.2024.

______. "Seria a discricionariedade transparente?" *Conjur*, 26 fev. 2018. Disponível em: https://www.conjur.com.br/2018-fev-26/streck-seria-discricionariedade-transparente-barroso/\. Acessado em: 17.02.2024.

______. "STF obedecer à voz das ruas – qual o valor da Constituição?" *Conjur*, 28 abr. 2018. Disponível em: https://www.conjur.com.br/2018-abr-28/observatorio-constitucional-stf-obedecer-voz-ruas-qual-valor-constituicao/. Acessado em: 17.02.2024.

______. "Venham logo intelectuais ensinarem aos especialistas". *Conjur*, 30 mai. 2019. Disponível em: https://www.conjur.com.br/2019-mai-30/senso-incomum-venham-logo-intelectuais-ensinarem-aos-especialistas/. Acessado em: 17.02.2024.

______. "Vestiu-se de 'cliente', furtou chocolate e pegou a pena de quadrilha ou bando". *Conjur*, 3 jul. 2014. Disponível em: https://www.conjur.com.br/2014-jul-03/vestiu-cliente-furtou-chocolate-pegou-pena-quadrilha-ou-bando/. Acessado em: 17.02.2024.

______. *30 anos da CF em 30 julgamentos*: uma radiografia do STF. Rio de Janeiro: Forense, 2018.

______. *Dicionário de Hermenêutica*: 50 verbetes fundamentais da Teoria do Direito à luz da Crítica Hermenêutica do Direito. 2ª ed. Belo Horizonte: Letramento, 2020.

______. *Dicionário Senso Incomum*: mapeando as perplexidades do Direito. Belo Horizonte: Dialética, 2023.

______. *Hermenêutica e Jurisprudência*: diálogos com Lenio Streck. 2ª ed. rev. e ampl. Porto Alegre: Livraria do Advogado, 2018.

______. *Hermenêutica Jurídica e(m) crise*. 11ª ed. rev. atual. e ampl. Porto Alegre: Livraria do Advogado, 2014.

______. *La llamada "consciência de los jueces"*: su papel em la práctica jurídica. Buenos Aires: B de F, 2000.

______. *Lições de Crítica Hermenêutica do Direito*. Porto Alegre: Livraria do Advogado, 2017.

______. *O que é fazer a coisa certa no Direito*. Belo Horizonte: Dialética, 2023.

______. *O que é isto*: decido conforme minha consciência? 2ª ed. rev. e ampl. Porto Alegre: Livraria do Advogado, 2010.

______. *Precedentes judiciais e hermenêutica*: o sentido da vinculação no CPC/2015. 2ª ed. Salvador: Juspodivm, 2019.

______. *Precedentes judiciais e hermenêutica*: o sentido da vinculação no CPC/2015. 4ª ed. Salvador: Juspodivm, 2023.

______. *Verdade e consenso*: Constituição, hermenêutica e teorias discursivas. 6ª ed. São Paulo: Saraiva, 2017.

STRECK, Lenio Luiz; BREDA, Juliano (Coord.). *O dia em que a Constituição foi julgada*: a história das ADCs 43, 44 e 54. São Paulo: Revista dos Tribunais, 2020.

STRECK, Lenio Luiz; JUNG, Luã N. "Livre convencimento judicial e verdade: crítica hermenêutica às teorias de Ferrajoli, Taruffo e Guzmán". *Novos Estudos Jurídicos*, Itajaí, vol. 27, nº 1, 2022.

STRECK, Lenio Luiz; SANTOS, Igor Raatz dos; MORBACH, Gilberto. "Da genealogia dos mecanismos vinculantes brasileiros: dos assentos portugueses às 'teses' dos Tribunais Superiores". *Revista Eletrônica do Curso de Direito da Ufsm*, vol. 14, nº 1, 8 abr. 2019. Disponível em: http://dx.doi.org/10.5902/1981369437204. Acessado em: 14.05.2024.

STRECK, Lenio Luiz; TRINDADE, André K. *Os modelos de Juiz*: ensaios de Direito e Literatura. São Paulo: Atlas, 2015.

TARUFFO, Michele. *La prueba de los hechos*. Trad. Jordi Ferrer Beltrán. Madrid: Editorial Trotta, 2005.

______. *Uma simples verdade*: o juiz e a construção dos fatos. Rio de Janeiro: Marcial Pons, 2016.

TAYLOR, Charles. "Gabriel's refutation". *In*: GABRIEL, Markus. *Neo-Existentialism*: How to Conceive of the Human Mind after Naturalism's Failure. Cambridge: Polity Press, 2018.

TRINDADE, André K.; STRECK, Lenio Luiz. *Superinterpretação no Direito*. Florianópolis: Tirant lo Blanch, 2023.

VERDÚ, Pablo Lucas. *Curso de Direito Político*. Madrid: Tecnos, 1984.

VIANA, Eduardo. *Dolo como compromisso cognitivo*. 1ª ed. São Paulo: Marcial Pons, 2017.

VIDAL, Norberto Smilg. "Posibilidades y límites de la comprensión de la verdad". *In*: NICOLÁS, Juan Antonio; GRONDIN, Jean (Coord.). *Verdad, hermenéutica, adecuación*. Madrid: Tecnos, 2016.

VITAL, Danilo. "STJ julga mérito de apenas 4% dos recursos que os tribunais não admitem". *Conjur*, 20 dez. 2023. Disponível em: https://www.conjur.com.br/2023-dez-20/stj-julga-merito-de-apenas-4-dos-recursos-que-os-tribunais-nao-admitem/. Acessado em: 17.02.2024.

WAMBAUGH, Eugene. *The Study of Cases*: a course of instruction in reading and stating reported cases. 2ª ed. Boston: Little, Brown & Co., 1894.

WARAT, Luís Alberto. *A pureza do poder*: uma análise crítica de teoria jurídica. Florianópolis: UFSC, 1983.

______. *O Direito e sua linguagem*. 2ª ed. Porto Alegre: S. A. Fabris, 1995.

______. "Saber crítico e senso comum teórico dos juristas". *Revista Sequência*, Florianópolis, vol. 3, nº 5, 1982.

______. *Introdução geral ao Direito*. vol. I. Porto Alegre: S. A. Fabris, 1994.

______. *Introdução geral ao Direito*. vol. II. Porto Alegre: S. A. Fabris, 1995.

WELSCH, Gisele Mazzoni. "A autoridade dos precedentes judiciais e a unidade do Direito: uma análise comparada Brasil-Alemanha (II)". *Revista de Processo*, vol. 313, ano 46, mar. 2021.

WITTGENSTEIN, Ludwig. *Observações filosóficas*. Trad. Adail Sobral e Maria Stela Gonçalves. São Paulo: Loyola, 2005.

A Editora Contracorrente se preocupa com todos os detalhes de suas obras! Aos curiosos, informamos que este livro foi impresso no mês de agosto de 2024, em papel Polén Soft Natural 80 g/m².